高职高专示范专业课程改革系列教材

汽车单片机应用技术
第 2 版

黄 鹏 编著

机械工业出版社

本书根据职业教育的特点,以项目为载体,用任务训练职业岗位能力,对教学内容进行理论知识和实践一体化的课程设计。

本书从项目入手,对 MCS-51 单片机硬件系统、开发系统、指令系统、汇编语言程序设计、C 语言程序设计、定时/计数器与中断系统和单片机接口技术进行了详细介绍,可使初学者能尽快掌握单片机的基础知识,在此基础上,讲述了汽车单个信号灯的点亮、汽车转向灯的单片机控制、汽车信号灯的循环点亮控制、汽车直流电动机正反转控制、汽车温度传感器的读取和显示、汽车单片机片内存储器的读写和汽车 CAN 总线系统智能节点的设计等与汽车电子控制系统相关的核心理论,使读者掌握汽车电子控制系统、汽车电脑和汽车车载局域网电路识图、故障诊断和电路检查的基本方法,这将对从事汽车电子装置的使用与维修工作起到很好的帮助作用,也可为从事汽车电子控制系统的开发与设计工作打下一定的基础。

本书可作为高等职业院校、高等专科院校、成人高校、民办高校及本科院校举办的二级职业技术学院数控及相关专业的教学用书,也适用于五年制高职、中职相关专业,并可作为社会从业人士的业务参考书及培训用书。

图书在版编目(CIP)数据

汽车单片机应用技术/黄鹏编著. —2 版. —北京:机械工业出版社,2019.7(2023.8 重印)
高职高专示范专业课程改革系列教材
ISBN 978-7-111-62850-7

Ⅰ.①汽… Ⅱ.①黄… Ⅲ.①汽车-单片微型计算机-高等职业教育-教材 Ⅳ.①U463.6

中国版本图书馆 CIP 数据核字(2019)第 098973 号

机械工业出版社(北京市百万庄大街 22 号　邮政编码 100037)
策划编辑:赵海青　责任编辑:赵海青
责任校对:肖　琳　封面设计:陈　沛
责任印制:常天培
北京机工印刷厂有限公司印刷
2023 年 8 月第 2 版第 10 次印刷
184mm×260mm・15.75 印张・387 千字
标准书号:ISBN 978-7-111-62850-7
定价:40.00 元

电话服务　　　　　　　　　　网络服务
客服电话:010-88361066　　机 工 官 网:www.cmpbook.com
　　　　　010-88379833　　机 工 官 博:weibo.com/cmp1952
　　　　　010-68326294　　金 书 网:www.golden-book.com
封底无防伪标均为盗版　　　机工教育服务网:www.cmpedu.com

前言

随着人们对舒适性、安全性的需求提高以及汽车自动化、智能化的不断升级，汽车电子系统在整车中的地位也越来越高，高级豪华轿车的汽车电子产品的价格占整车价格的近一半。由于单片机已广泛地应用于汽车安全、环保、动力装置、传动、底盘、舒适、娱乐和故障诊断等系统中，使得汽车的动力性、安全性、经济性、排放性等使用性能大为提高，完美地实现了人—汽车—环境三者的和谐相处。

为了适应汽车电子技术的发展，更好地把单片机技术与汽车电子技术整合起来，结合汽车类专业的教学标准，立足先进的职业教育理念，注重理论与实践相结合，突出实践应用能力的培养，体现"工学结合"的人才培养理念，注重学生技能的提升，特编写该教材。

本书从项目入手，对MCS-51单片机硬件系统、开发系统、指令系统、汇编语言程序设计、C语言程序设计、定时/计数器与中断系统和单片机接口技术进行了详细介绍，可使初学者能尽快掌握单片机的基础知识，在此基础上，讲述了汽车单个信号灯的点亮、汽车转向灯的单片机控制、汽车信号灯的循环点亮控制、汽车直流电动机正反转控制、汽车温度传感器的读取和显示、汽车单片机片内存储器的读写和汽车CAN总线系统智能节点的设计等与汽车电子控制系统相关的核心理论，使读者掌握汽车电子控制系统、汽车电脑和汽车车载局域网电路识图、故障诊断和电路检查的基本方法，这将对从事汽车电子装置的使用与维修工作起到很好的帮助作用，也可为从事汽车电子控制系统的开发与设计工作打下一定的基础。

本书为机械工业出版社组织的"高职高专示范专业课程改革系列教材"，由湖南交通职业技术学院黄鹏编著。由于编者水平有限，书中难免有不足和疏漏，恳请广大读者批评指正。

编　者

目录

前言
学习情境 1　点亮汽车上的单个信号灯 … 1
1.1　概述 …………………………………… 1
1.1.1　单片机及其应用 ……………… 1
1.1.2　MCS-51 系列单片机 …………… 7
1.2　MCS-51 单片机结构和原理 …………… 8
1.2.1　MCS-51 单片机的内部组成及信号引脚 …………………………………… 8
1.2.2　MCS-51 单片机的数据存储器 …… 10
1.2.3　MCS-51 单片机的程序存储器 …… 15
1.3　并行输入/输出口电路结构 …………… 16
1.4　时钟电路与复位电路 …………………… 18
1.4.1　时钟电路与时序 ……………… 18
1.4.2　单片机的复位电路 …………… 20
1.5　单片机的工作过程 ……………………… 21
1.6　单片机 I/O 扩展 ………………………… 23
1.7　MOTOROLA 公司单片机在汽车控制中的应用 …………………………………… 24
1.7.1　8 位单片机 MC68HC11F1 在汽车控制技术中的应用 …………… 24
1.7.2　16 位单片机 MC9S12DP256 在汽车控制技术中的应用 ………… 33
1.7.3　32 位单片机 MPC500 在汽车控制技术中的应用 …………………… 35
项目实践 ……………………………………… 35
项目拓展 ……………………………………… 37
小结 …………………………………………… 39
习题 …………………………………………… 39

学习情境 2　汽车转向灯的单片机控制 …… 41
2.1　指令简介 ………………………………… 41
2.2　寻址方式 ………………………………… 42
2.3　指令系统 ………………………………… 44
2.3.1　指令系统中的符号说明 ……… 45
2.3.2　数据传送类指令 ……………… 45
2.3.3　算术运算类指令 ……………… 49
2.3.4　逻辑运算及移位类指令 ……… 52
2.3.5　控制转移类指令 ……………… 54
2.3.6　位操作类指令 ………………… 56
2.3.7　常用伪指令 …………………… 58
2.3.8　汇编子程序举例 ……………… 60
2.4　C 语言指令系统 ………………………… 60
2.4.1　C 语言概述 …………………… 60
2.4.2　C 语言程序结构 ……………… 61
2.4.3　C 语言基本语句 ……………… 62
2.4.4　C 语言数据与运算 …………… 67
2.4.5　常量和变量 …………………… 74
2.4.6　C 语言函数 …………………… 76
2.5　单片机开发系统 ………………………… 79
2.5.1　单片机开发系统的功能 ……… 79
2.5.2　单片机应用系统设计 ………… 80
项目实践 ……………………………………… 82
项目拓展 ……………………………………… 85
小结 …………………………………………… 87
习题 …………………………………………… 87

学习情境 3　汽车信号灯的循环点亮控制 …………………………………… 89
3.1　定时/计数器 …………………………… 89
3.1.1　定时/计数器的结构和工作原理 … 89
3.1.2　定时/计数器的控制 …………… 90
3.1.3　定时/计数器的工作方式 ……… 92
3.1.4　定时/计数器的编程和应用 …… 99
3.2　中断系统 ………………………………… 100
3.2.1　MCS-51 的中断系统 …………… 100
3.2.2　中断源和中断标志 …………… 101

  3.2.3 中断处理过程 ………………… 104
  3.2.4 外部中断源的扩展 …………… 105
  3.2.5 中断系统的应用举例 ………… 107
项目实践 ……………………………………… 110
项目拓展 ……………………………………… 112
小结 …………………………………………… 114
习题 …………………………………………… 114

学习情境 4　汽车直流电动机正反转控制 ……………………………… 116

4.1 单片机与键盘接口 …………………… 116
  4.1.1 键盘工作原理 ………………… 116
  4.1.2 独立式键盘及其接口 ………… 117
  4.1.3 矩阵式按键及其接口 ………… 120
4.2 显示器与单片机接口 ………………… 124
  4.2.1 LED 显示及其接口 …………… 125
  4.2.2 静态显示接口 ………………… 126
  4.2.3 动态显示接口 ………………… 127
4.3 汽车发动机怠速系统单片机控制技术 ……………………………………… 131
  4.3.1 步进电动机控制技术 ………… 131
  4.3.2 直流电动机调速控制技术 …… 136
项目实践 ……………………………………… 141
项目拓展 ……………………………………… 143
小结 …………………………………………… 149
习题 …………………………………………… 150

学习情境 5　汽车温度传感器的读取与显示 ……………………………… 151

5.1 A/D 转换器 …………………………… 151
  5.1.1 ADC0809 的性能指标 ………… 152
  5.1.2 ADC0809 的结构及原理 ……… 152
  5.1.3 ADC0809 引脚功能 …………… 153
  5.1.4 89C51 与 ADC0809 接口设计 … 154
5.2 D/A 转换器 …………………………… 156
  5.2.1 DAC0832 的性能指标 ………… 156
  5.2.2 DAC0832 的结构及原理 ……… 157
  5.2.3 DAC0832 引脚功能 …………… 157
  5.2.4 8 位 D/A 转换器输入端的接口方法 ……………………………… 158
  5.2.5 D/A 转换器的输出方式 ……… 160
  5.2.6 D/A 转换器接口技术应用举例 … 162
  5.2.7 双路 D/A 同步控制系统设计 … 164
项目实践 ……………………………………… 165
项目拓展 ……………………………………… 169

小结 …………………………………………… 172
习题 …………………………………………… 172

学习情境 6　汽车单片机片内存储器的读写 ……………………………… 173

6.1 汽车电脑原理 ………………………… 173
  6.1.1 汽车控制电脑介绍 …………… 173
  6.1.2 汽车输入信号处理 …………… 177
6.2 汽车电脑内部电路的分析 …………… 180
6.3 汽车电脑数据综合处理与检修 ……… 187
  6.3.1 电脑芯片的识别 ……………… 187
  6.3.2 汽车电脑的检修过程 ………… 189
  6.3.3 玛瑞利单点电脑逻辑电路的检修 …………………………… 190
  6.3.4 电脑芯片的参数测量对比法 … 191
  6.3.5 汽车电脑软件数据的检修过程 … 194
项目实践 ……………………………………… 199
项目拓展 ……………………………………… 201
小结 …………………………………………… 203
习题 …………………………………………… 203

学习情境 7　汽车 CAN 总线系统智能节点的设计 ………………………… 204

7.1 汽车车载网络系统的组成和基本原理 ……………………………………… 204
  7.1.1 汽车网络技术概述 …………… 204
  7.1.2 汽车单片机局域网的基本概念 … 208
  7.1.3 汽车网络参考模型 …………… 210
7.2 CAN 总线 ……………………………… 213
  7.2.1 CAN-BUS 概述 ………………… 213
  7.2.2 CAN 总线的特点 ……………… 215
  7.2.3 CAN 协议 ……………………… 217
  7.2.4 CAN 控制器局域网 …………… 219
  7.2.5 CAN 芯片 ……………………… 221
7.3 CAN 总线的维修与检测 ……………… 225
  7.3.1 故障类型及检测诊断方法 …… 225
  7.3.2 故障实例分析 ………………… 227
7.4 新数据总线系统 ……………………… 231
  7.4.1 LIN 总线 ……………………… 231
  7.4.2 MOST 总线 …………………… 234
项目实践 ……………………………………… 237
项目拓展 ……………………………………… 240
小结 …………………………………………… 243
习题 …………………………………………… 243

参考文献 ……………………………………… 245

学习情境1
点亮汽车上的单个信号灯

学习目标：

通过本次项目的完成，你应能够：

1. 描述 MCS-51 单片机内部的基本组成及引脚功能。
2. 描述 MCS-51 单片机存储器的结构特点。
3. 分析 MCS-51 单片机的基本工作过程。
4. 分析 MCS-51 单片机最小应用系统电路的工作原理。
5. 完成单片机最小应用系统电路的焊接和检测。
6. 用编程器完成对 MCS-51 单片机程序的烧录。

情境描述：

制作单片机最小应用系统，点亮或闪烁控制汽车单个信号灯。

想一想：

1. 单片机的基本工作过程？
2. 单片机硬件接口和软件指令编程方法？
3. 单片机如何控制汽车单个信号灯的点亮？

1.1 概述

单片微型计算机（Single Chip Microcomputer）简称单片机，是指集成在一块芯片上的计算机，它具有结构简单、控制功能强、可靠性高、体积小、价格低等优点，在许多行业都得到了广泛的应用。

1.1.1 单片机及其应用

1. 单片机芯片技术的发展概况

单片机的发展历史并不长，但其发展速度很快，目前已普及到各行各业，而且正朝着多系列、多型号方向发展。从它的发展历程上看，大体经历了四个发展阶段：

第一阶段是单片机的初级阶段，时间在 1971~1974 年。1971 年，Intel 公司首次宣布推出 4004 的 4 位微处理器。1974 年 12 月，仙童公司推出了 8 位单片机 F8，从此开创了单片机发展的初级阶段。F8 单片机只包含了 8 位 CPU、64B 数据存储器和 2 个并行输入/输出接口，必须外加一片 3815（内含 1KB ROM、1 个定时/计数器和 2 个并行 I/O 口）才能构成一个完整的微型计算机。

第二阶段是低性能单片机阶段，时间在 1974~1978 年。此时的单片机是真正的 8 位单片微型计算机，它具有体积小、功能全的特点，在单块芯片上已集成了 CPU、并行口、定时器、RAM 和 ROM 等。如 1976 年，Intel 公司推出了 MCS-48 单片机，1977 年，GI 公司推出了 PIC1650，但这个阶段的单片机仍然处于低性能阶段。

第三阶段是高性能单片机阶段，时间在 1978~1983 年。此时的单片机品种多、功能强，一般片内 RAM、ROM 都相对增大，而且寻址范围可达 64KB，并有串行输入/输出接口，还可以进行多级中断处理。1980 年，Intel 公司在 MCS-48 的基础上推出的 MCS-51，使单片机的应用跃上了一个新的台阶。此后，各公司的 8 位单片机迅速发展起来，如 Mortorola 公司的 6801 系列等。

第四阶段是单片机的发展、巩固、提高阶段，时间 1983 年至现在，单片机朝着高性能和多品种方向发展。1983 年，Intel 公司开始推出 MCS-96 系列 16 位单片机，1988 年，Intel 公司又推出了 MCS-96 系列中的 8098/8398/8798 单片机，使 MCS-96 系列单片机的应用更为广泛。20 世纪 90 年代，是单片机制造业大发展时期。这个时期的 MOTOROLA、Intel、ATMEL、德州仪器、三菱、日立、飞利浦、LG 等公司也开发了一大批性能优越的单片机，极大地推动了单片机的应用。此阶段单片机的一个重要标志就是超 8 位单片机的各档机种增加了直接数据存取通道、特殊串行接口等，而且近几年发展的单片机又增加了看门狗、A/D 转换、D/A 转换、LCD 直接驱动等功能。例如 80C552 片内带 8 路 10 位 A/D、2 路 PWM、1 个输入捕捉和 1 个输出比较的 16 位定时器等。带 LCD 驱动的单片机有 8xC055、83CL167/168、83CL267/268 等。出现了单片机市场丰富多彩的局面。此阶段的主要特点是片内面向测控系统外围电路增强，使单片机可以方便灵活地用于复杂的自动测控系统及设备。"微控制器"的称谓更能反映单片机的本质。

2．单片机的特点

（1）体积小　由于单片机已将微计算机的所有结构浓缩于单一芯片内，因此可使产品符合轻薄短小的要求。

（2）接线简单　由于单片机的外部只要接上少许器件即可动作，接线简单，可靠性高，不论装配或检修都容易操作。

（3）价格低廉　由于各制造商展开市场争夺战，单片机的价格不断下降。若大量采购，则价格已足以与一般传统的逻辑（数字）电路较量。

（4）简单易学　由于单片机所需的外部器件甚少，初学者只需花费极少的时间学习硬件电路的设计，而把大部分的时间放在软件（设计程序）的学习上，可缩短学会单片机应用所需的时间。

3．单片机的应用

单片机之所以能够发展至今天，而且发展势头强劲，关键在于它的应用非常广阔。自 20 世纪 80 年代以来，单片机的应用已经深入到工业、农业、国防、科研、机关、教育、商业以及家电、生活、娱乐、玩具等各个领域之中。

（1）主要应用领域

1）智能产品。单片机与传统的机械产品结合，使传统机械产品结构简化，控制智能化，构成新一代的机电一体化产品。

2）智能仪表。用单片机改造原有的测量、控制仪表，能促进仪表向数字化、智能化、多功能化、综合化、柔性化发展。

3）测控系统。用单片机可以构成各种工业控制系统、适应控制系统、数据采集系统等。

4）数控控制机。在目前机床数控系统的建议控制中，采用单片机可提高其可靠性及增强功能，降低控制成本。

5）智能接口。计算机系统特别是较大型的工业测、控系统中，除通用外部设备外，还有许多外部通信、采集、多路分配管理、驱动控制等接口。这些外部设备与接口如果完全由主机进行管理，势必造成主机负担过重，降低运行速度，接口的管理水平也不可能提高。如果用单片机进行接口的控制与管理，单片机与主机均可单独进行工作，大大提高了系统的运行速度。同时，由于单片机可对接口信息进行加工处理，可以大量减少接口界面的通信密度，极大地提高接口控制管理水平。

（2）单片机在各个领域中的典型应用举例

1）工业控制。数控机床、温度控制、可编程顺序控制、电动机控制、工业机器人、智能传感器、离散与连续过程控制等。

2）仪器仪表。智能仪器、医疗器械、液晶和气体色谱仪、数字示波器、金属探测仪等。

3）电信技术。调制解调器、声像处理、数字滤波、智能线路运行控制、通信设备等。

4）办公自动化和计算机外部设备。图形终端机、传真机、复印机、打印机、绘图仪、磁盘驱动器、智能终端机等。

5）汽车与节能。点火控制、排放控制、喷油控制、变速控制、防滑控制、安全气囊控制、门锁控制、刮水器控制、座椅控制、防盗报警控制、空调控制、前照灯控制、导航控制、计费器、交通控制等。

6）导航。导弹控制、鱼雷制导、智能武器装置、航天导航系统等。

7）商用产品。自动售货机、电子收款机、电子秤、银行统计机等。

8）家用电器。微波炉、电视机、空调机、洗衣机、录像机、摄像机、数码相机、音响设备、游戏机、智能玩具等。

综上所述，单片机技术遍布每一个角落，从家用电器、智能仪器与仪表、工业控制直到导弹火箭导航等尖端技术领域，单片机都发挥着十分重要的作用。

4. 主流单片机简介

随着微电子设计技术及计算机技术的不断发展，单片机产品和技术日新月异。单片机产品近况可以归纳为以下两个方面。

1）80C51系列单片机产品繁多，主流地位已经形成。通用微型计算机计算速度的提高主要体现在CPU位数的提高（16位、32位、64位），而单片机更注重的是产品的可靠性、经济性和嵌入性。多年来的应用实践已经证明，80C51的系统结构合理、技术成熟。因此，许多单片机芯片生产厂商倾力于提高80C51单片机产品的综合功能，从而形成了80C51的主流产品地位。近年来推出的与80C51兼容的主要产品如下：

- ATMEL公司融入Flash存储器技术推出的AT89系列单片机。
- Philips公司推出的80C51、80C52系列高性能单片机。

- Winbond 公司推出的 W78C51、W77C51 系列高速低价单片机。
- ADI 公司推出的 ADuC8xx 系列高精度 ADC 单片机。
- LG 公司推出的 GMS90/97 系列低电压高速单片机。
- Cygnal 公司推出的 C8051F 系列高速 SOC 单片机等。
- Maxim 公司推出的 DS89C420 高速（50MIPS）单片机。

由此可见，80C51 已经成为事实上的单片机主流系列。

2）非 80C51 结构单片机不断推出，给用户提供了更为广泛的选择空间。

在 80C51 及其兼容产品流行的同时，一些单片机芯片生产厂商也推出了一些非 80C51 结构的产品，影响比较大的如下：

- MOTOROLA 单片机。品种全、选择余地大、新产品多是其特点，MOTOROLA 是世界上最大的单片机厂商。
- Microchip 公司推出的 PIC 系列 RISC 结构单片机。
- ATMEL 公司推出的 AVR 系列 RISC 结构单片机。
- TI 公司推出的 MSP430F 系列 16 位低电压、低功耗单片机。

5. 微型计算机及微型计算机系统

微型计算机（Microcomputer）简称微机，是计算机的一个重要分支。微型计算机不但具有其他计算机快速、精确、程序控制等特点，最突出的是它具有体积小、重量轻、功耗低、价格便宜等优点。个人计算机简称 PC（Personal Computer）机，是微型计算机中应用最为广泛的一种，也是近年来计算机领域中发展最快的一个分支。

通过分析人们如何利用算盘这种工具来解题的过程，就很容易了解计算机的工作过程和基本的结构组成。人们利用算盘进行计算时，必须具有以下装置。

- 运算装置：算盘。
- 记录（存放）计算步骤、计算结果的装置：纸张和笔。
- 控制装置：上述计算过程都是在人脑的控制下，由手去执行。
- 输入输出装置。

下面把组成计算机的六个基本部件作简单说明：

（1）运算器 运算器是计算机的运算部件，用于实现算术和逻辑运算。计算机的数据运算和处理都在这里进行（相当于算盘）。

（2）控制器 控制器是计算机的指挥控制部件，使计算机各部分能自动协调地工作（相当于使用纸、笔、算盘的人的大脑）。运算器和控制器是计算机的核心部分，常把它们合在一起称为中央处理器，简称 CPU。

（3）存储器 存储器是计算机的记忆部件，用于存放程序和数据（相当于纸和笔）。

按功能可以分为只读和随机存取存储器两大类。

所谓随机存取存储器，英文缩写为 RAM（Random Access Memory）。汽车运行时，需要暂时存储的信息由微处理器传送到 RAM。RAM 中存储的信息随时都可以更改。由于传感器输出到微型计算机的信息，随着汽车工况的变化而频繁地变化，这类信息就得存在 RAM 中，既能从 RAM 中读出信息，还能擦除 RAM 中的信息。

所谓只读存储器，英文缩写为 ROM（Read Only Memory）。微处理器能从 ROM 中读取信息，但不能把信息写入 ROM 中。而且，微处理器不能擦除 ROM 中的信息。在 ROM 芯片的制造过程中，各种永久性的程序和数据经编程送入 ROM 内，如电子控制燃油喷射发动机系统中的一系列控制程序软件、喷油特性脉谱、点火控制特性脉谱以及其他特性数据等，即使蓄电池的接线断开，ROM 中的信息也不会丢失。

ROM 中有查询表，其中包括汽车该如何运行的信息。图 1-1 所示为点火提前和混合气空燃比脉谱图，微处理器根据传感器的输入信息获知发动机的转速和负荷信息，从 ROM 中查取相应的理想点火提前角和理想空燃比，并进行相应的控制。

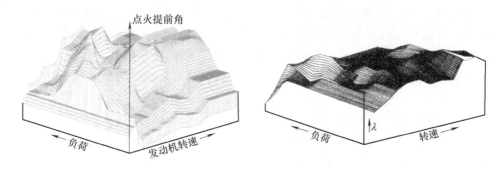

图 1-1　点火提前和混合气空燃比脉谱图

注意：所谓的只读和随机存取都是指在正常工作情况下而言，也就是在使用这块存储器的时候，而不是指制造这块芯片的时候。

程序存储器的类型：

PROM，称之为可编程程序只读存储器。这就像我们的练习本，买来的时候是空白的，可以写东西上去，可一旦写上去，就擦不掉了，因此它只能写一次，要是写错了，就报销了。

EPROM，称之为紫外线擦除的可编程只读存储器。它里面的内容写上去之后，如果觉得不满意，可以用一种特殊的方法去掉后重写，这就是用紫外线照射，紫外线就像"消字灵"，可以把字去掉，然后再重写。

EEPROM，称之为电可擦除的可编程只读存储器。这种存储器和 EPROM 类似，写上去的东西也可以擦掉重写，但它要方便一些，不需要光照了，只要用电学方法就可以擦除，所以就方便许多。它是上述几种只读存储器中价格最贵的一种，常用于在使用过程中需要时常修改其重要数据的存储器。汽车里程表的数据存储器就常用这种存储器。根据需要更改汽车里程数据或更换微机时，都需要将原来存储的数据擦掉，写入新的数据。

Flash ROM，称之为闪速存储器，Flash ROM 是一种新型的电可擦除、非易失性存储器，使用方便、价格低廉，可多次擦写，近年来应用广泛。

串行 EEPROM，称之为 I^2C 接口存储器，内部有页写入缓冲器，页写入缓冲器容量 P 的大小与芯片生产厂家、型号有关，例如汽车 AT93C46/56/57/66 型防盗芯片和 AT24C01A/02/04/08/16 型音响防盗芯片。

（4）接口　一种在微处理器和外部设备之间控制数据流动和数据格式的电路称为接口。简单地说，接口就是连接两个电子设备单元的部件。单片机要通过外部设备与外界联系，例如，在发动机的优化控制中，CPU 要在极短的时间内对发动机的许多工况（通过传感器）进行巡回检测。另外，CPU 又要对点火提前角、燃油喷射、自动变速等进行自动控制或是优化控制。因此，许多输入、输出设备与微机连接时，必须有其专用的接口电路。

接口一般可分为并行和串行接口两种。

1) 串行接口。一次传输一位数据称为串行传输，以串行传输方式通信时使用的接口叫串行接口。串行接口由接收器、发送器和控制器三部分组成。接收器把外部设备送来的串行数据变为并行数据送到数据总线；发送器把数据总线上的并行数据变为串行数据发送到外部设备去；控制器是控制上面两种变换过程的电路。串行接口的主要用途是进行串/并、并/串转换。

2) 并行接口。同时传输两位或两位以上的数据称为并行传输，以并行传输方式通信是把多位数据，例如8位数据的各位同时传送。微机内部几乎都是使用并行传输方式。由于CPU与外部设备的速度不同，外部设备的数据线不能直接接到总线上。为使CPU与外部设备的动作匹配，中间需要有缓冲器和锁存器，用于暂时保存数据。由上述器件组成的电路称为并行接口。

串行和并行接口统称为输入、输出接口。

(5) 输入设备　输入设备用于将程序和数据输入到计算机中，如键盘。

汽车上用的微机系统一般尺寸很小，不便于安装键盘。微机是专门用于汽车检测与自动控制（如点火、喷油、防滑制动等）的。它的程序是固定不变的，是事先编好存在微机存储器内的。只要通过传感器等信号启动相应的程序即可完成相应的自动控制。如果汽车的自动控制系统出现问题，需要调用系统的自诊断程序时，通过开关或简单的连接线即可实现人机对话的目的。有的高级汽车装有微型键盘，以方便进行较多的人机对话。

(6) 输出设备　输出设备用于把计算机数据计算或加工的结果，以用户需要的形式显示或保存，如显示器、打印机。

通常把外存储器（微机用的较多的外部存储器是磁盘，磁盘又分为硬盘和软盘）、输入设备和输出设备合在一起称为计算机的外部设备，简称"外设"。

微型计算机系统由硬件系统和软件系统两大部分组成。

硬件系统是指构成微机系统的实体和装置，通常由运算器、控制器、存储器、输入接口电路和输入设备、输出接口电路和输出设备等组成。其中，运算器和控制器一般做在一个集成芯片上，统称中央处理单元（Central Processing Unit，CPU），是微机的核心部件，配上存放程序和数据的存储器、输入输出（Input/Output，I/O）接口电路及外部设备即构成微机的硬件系统，如图1-2所示。

软件系统是指微机系统所使用的各种程序的总体。软件的主体驻留在存储器中，人们通过它对整机进行控制并与微机系统进行信息交换，使微机按照人的意图完成预定的项目。

软件系统与硬件系统共同构成实用的微机系统，两者是相辅相成、缺一不可的。

6. 单片微型计算机

单片微型计算机（Single Chip Microcomputer，SCM）简称单片机，又称微控制器或嵌入式计算机，是指集成在一个芯片上的微型计算机，也就是把组成微型计算机的各种功能部件，包括CPU（Central Processing

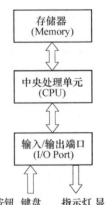

图1-2　微型计算机硬件系统示意图

Unit)、随机存取存储器 RAM（Random Access Memory）、只读存储器 ROM（Read Only Memory）、基本输入/输出（Input/Output）接口电路、定时器/计数器等部件制作在一块集成芯片上，构成一个完整的微型计算机，从而实现微型计算机的基本功能。

单片机应用系统是以单片机为核心，配以输入、输出、显示、控制等外围电路和软件，能实现一种或多种功能的实用系统。本书的项目电路也是一个单片机的应用系统，它除了有单片机芯片以外，还有许多的外围电路，再配以后续章节一系列的项目程序，可以完成很多功能。单片机应用系统是由硬件和软件组成，硬件是应用系统的基础，软件是在硬件的基础上对其资源进行合理调配和使用，从而完成应用系统所要求的项目，二者相互依赖，缺一不可。

1.1.2 MCS-51 系列单片机

MCS-51 系列单片机主要包括 8031、8051 和 8751 等通用产品。下面对 MCS-51 系列单片机进一步说明。

1. 51 子系列和 52 子系列

MCS-51 系列又分为 51 和 52 两个子系列，并以芯片型号的最末位数字作为标志。其中 51 子系列是基本型，而 52 子系列属于增强型。52 子系列功能增强的具体方面如下：

① 片内 ROM 从 4KB 增加到 8KB。
② 片内 RAM 从 128B 增加到 256B。
③ 定时器/计数器从 2 个增加到 3 个。
④ 中断源从 5 个增加到 6 个。

2. 单片机芯片半导体工艺

MCS-51 系列单片机采用两种半导体工艺生产。一种是 HMOS 工艺，即高速度高密度短沟道 MOS 工艺。另外一种是 CHMOS 工艺，即互补金属氧化物的 HMOS 工艺。

CHMOS 是 CMOS 和 HMOS 的结合，除保持了 HMOS 高速度和高密度的特点之外，还具有 CMOS 低功耗的特点。例如 8051 的功耗为 630mW，而 80C51 的功耗只有 120mW。在便携式、手提式或野外作业仪器设备上，低功耗是非常有意义的。因此，在这些产品中必须使用 CHMOS 的单片机芯片。

3. 80C51 系列单片机

80C51 是 MCS-51 系列单片机的典型品种，所有生产厂商以 80C51 为核开发出的 CHMOS 工艺单片机产品称为 80C51 系列单片机。

80C51 系列单片机基本组成虽然相同，但不同型号的产品在某些方面仍会有一些差异。80C51 系列单片机分类见表 1-1。

表 1-1　80C51 系列单片机分类

分类	芯片型号	存储器类型及字节数		片内其他功能单元数量			
		ROM	RAM	并口	串口	定时/计数器	中断源
基本型	80C51	4KB 掩膜	128B	4 个	1 个	2 个	5 个
	87C51	4KB EPROM	128B	4 个	1 个	2 个	5 个
	89C51	4KB Flash	128B	4 个	1 个	2 个	5 个

（续）

分类	芯片型号	存储器类型及字节数		片内其他功能单元数量			
		ROM	RAM	并口	串口	定时/计数器	中断源
增强型	80C52	8KB 掩膜	256B	4个	1个	3个	6个
	87C52	8KB EPROM	256B	4个	1个	3个	6个
	89C52	8KB Flash	256B	4个	1个	3个	6个

表中列出了 80C51 系列单片机的芯片型号，以及它们的技术性能指标，使我们对它们的基本情况有一个概括的了解。

1.2　MCS-51 单片机结构和原理

1.2.1　MCS-51 单片机的内部组成及信号引脚

MCS-51 单片机的典型芯片是 8031、8051、8751。8051 内部有 4KB ROM，8751 内部有 4KB EPROM，8031 片内无 ROM；除此之外，三者的内部结构及引脚完全相同。因此以 8051 为例，说明本系列单片机的内部组成及信号引脚。

1. 8051 单片机的基本组成

8051 单片机的基本组成如图 1-3 所示。各部分情况介绍如下：

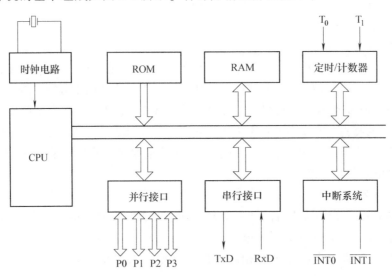

图 1-3　8051 单片机结构框图

（1）中央处理器（CPU）　中央处理器是单片机的核心，完成运算和控制功能。MCS-51 的 CPU 能处理 8 位二进制数或代码。

（2）内部数据存储器（内部 RAM）　8051 芯片中共有 256 个 RAM 单元，但其中后 128 单元被专用寄存器占用，能作为寄存器供用户使用的只是前 128 单元，用于存放可读/写的数据。因此通常所说的内部数据存储器就是指前 128 单元，简称内部 RAM。

（3）内部程序存储器（内部 ROM）　8051 共有 4KB 掩膜 ROM，用于存放程序和原始表格常数，因此称之为程序存储器，简称内部 ROM。

（4）定时器/计数器　8051 共有 2 个 16 位的可编程定时/计数器，以实现定时或计数功能，当定时/计数器产生溢出时，可用中断方式控制程序转向。

（5）并行输入输出（I/O）口　MCS-51 共有 4 个 8 位的并行 I/O 口（P0、P1、P2、P3），以实现数据的并行输入输出。在项目实践中我们使用了 P1 口，通过 P1 口 P1.0 连接 1 个汽车信号灯。

（6）全双工串行口　MCS-51 单片机有一个全双工的串行口，以实现单片机和其他设备之间的串行数据传送。该串行口功能较强，既可作为全双工异步通信收发器使用，也可作为同步移位器使用。

（7）中断控制系统　MCS-51 单片机的中断功能较强，以满足控制应用的需要。8051 共有 5 个中断源，即外中断 2 个，定时/计数中断 2 个，串行中断 1 个。全部中断分为高级和低级共两个优先级别。

（8）时钟电路　MCS-51 芯片的内部有时钟电路，但石英晶体和微调电容需外接。时钟电路为单片机产生时钟脉冲序列。系统允许的晶振频率一般为 6MHz 和 12MHz。

从上述内容可以看出，MCS-51 虽然是一个单片机芯片，但作为计算机应该具有的基本部件它都包括。因此，实际上它已是一个简单的微型计算机系统了。

2. MCS-51 的信号引脚

MCS-51 是标准的 40 引脚双列直插式集成电路芯片，引脚排列如图 1-4 所示。

（1）电源及时钟引脚（4 个）

- V_{SS}（20）：地线。
- V_{CC}（40）：+5V 电源。
- XTAL1（19）和 XTAL2（18）：外接晶体引线端。当使用芯片内部时钟时，这两个引线端用于外接石英晶体和微调电容；当使用外部时钟时，用于接外部时钟脉冲信号。

（2）控制线引脚（4 个）

- ALE（30）：地址锁存控制信号。

在系统扩展时，ALE 用于控制把 P0 口输出的低 8 位地址锁存器锁存起来，以实现低位地址和数据的隔离。此外由于 ALE 是以晶振 1/6 的固定频率输出的正脉冲，因此可作为外部时钟或外部定时脉冲使用。

- $\overline{PSEN}$（29）：外部程序存储器读选通信号。在读外部 ROM 时 $\overline{PSEN}$ 有效（低电平），以实现外部 ROM 单元的读操作。

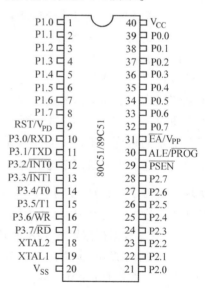

图 1-4　MCS-51 引脚图

- $\overline{EA}$（31）：访问程序存储器控制信号。当 $\overline{EA}$ 信号为低电平时，对 ROM 的读操作限定在外部程序存储器；而当 $\overline{EA}$ 信号为高电平时，对 ROM 的读操作则是从内部程序存储器开始，并可延至外部程序存储器。

- RST（9）：复位信号。当输入的复位信号延续 2 个机器周期以上高电平即为有效，用以完成单片机的复位初始化操作。

（3）并行 I/O 引脚（32 个，分成 4 个 8 位口）
- P0.0~P0.7：通用 I/O 引脚或数据/低位地址总线复用引脚。
- P1.0~P1.7：通用 I/O 引脚。
- P2.0~P2.7：通用 I/O 引脚或高位地址总线引脚。
- P3.0~P3.7：通用 I/O 引脚或第二功能引脚。

1.2.2 MCS-51 单片机的数据存储器

MCS-51 单片机的数据存储器分为内部 RAM 和外部 RAM，RAM 的配置图如图 1-5 所示。

8051 片内 RAM 共有 128B，分成工作寄存器区、位寻址区、通用 RAM 区三部分。

基本型单片机片内 RAM 地址范围是 00H~7FH。增强型单片机（如 80C52）片内除地址范围在 00H~7FH 的 128B RAM 外，又增加了 80H~FFH 的高 128B 的 RAM。增加的这一部分 RAM 仅能采用间接寻址方式访问（以与特殊功能寄存器 SFR 的访问相区别）。

片外 RAM 地址空间为 64KB，地址范围是 0000H~FFFFH。与程序存储器地址空间不同的是，片外 RAM 地址空间与片内 RAM 地址空间在地址的低端 0000H~007FH 是

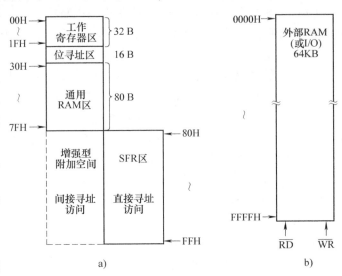

图 1-5 MCS-51 单片机 RAM 的配置图
a) 内部 RAM 及 SFR　b) 外部 RAM

重叠的。这就需要采用不同的寻址方式加以区分。访问片外 RAM 时采用专门的指令 MOVX 实现，这时读（$\overline{RD}$）或写（$\overline{WR}$）信号有效；而访问片内 RAM 使用 MOV 指令，无读写信号产生。另外，与片内 RAM 不同，片外 RAM 不能进行堆栈操作。

1. 内部数据存储器低 128 单元

8051 的内部 RAM 共有 256 个单元，通常把这 256 个单元按其功能划分为两部分：低 128 单元（单元地址 00H~7FH）和高 128 单元（单元地址 80H~FFH），低 128 单元的配置情况见表 1-2。

表 1-2 低 128 单元的配置

地 址 区 间	低 128 单元	地 址 区 间	低 128 单元
00H~07H	工作寄存器 0 区（R0~R7）	18H~1FH	工作寄存器 3 区（R0~R7）
08H~0FH	工作寄存器 1 区（R0~R7）	20H~2FH	位寻址区（00H~7FH）
10H~17H	工作寄存器 2 区（R0~R7）	30H~7FH	数据缓冲区

低 128 单元是单片机的真正 RAM 存储器，按其用途划分为三个区域：

(1) 寄存器区　8051 单片机片内 RAM 低端的 00H~1FH 共 32B，分成 4 个工作寄存器组，每组占 8 个单元。

- 寄存器 0 组：地址 00H~07H
- 寄存器 1 组：地址 08H~0FH
- 寄存器 2 组：地址 10H~17H
- 寄存器 3 组：地址 18H~1FH

在任一时刻，CPU 只能使用其中的一组寄存器，并且把正在使用的那组寄存器称为当前寄存器组。到底是哪一组，由程序状态字寄存器 PSW 中 RS_1、RS_0 位的状态组合来决定。

通用寄存器为 CPU 提供了就近数据存储的便利，有利于提高单片机的运算速度。此外，使用通用寄存器还能提高程序编制的灵活性。因此，在单片机的应用编程中应充分利用这些寄存器，以简化程序设计，提高程序运行速度。

(2) 位寻址区　位的含义：1 盏灯亮或者说 1 根线的电平的高低，可以代表 2 种状态：0 和 1。实际上这就是 1 个二进制位，用 bit 表示。字节的含义：1 根线可以表示 0 和 1，2 根线可以表示 00、01、10、11 共 4 种状态，而 3 根线可以表达 0~7 共 8 种状态，计算机中通常将 8 根线放在一起，同时计数，就可以表示 0~255 一共 256 种状态。这 8 根线或者 8 位就称为一个字节（BYTE）。

内部 RAM 的 20H~2FH 单元，既可作为一般 RAM 单元使用，进行字节操作，也可以对单元中每一位进行位操作，因此，把该区称为位寻址区。位寻址区共有 16 个 RAM 单元，计 128 位，位地址为 00H~7FH。MCS-51 具有布尔处理机功能，这个位寻址区可以构成布尔处理机的存储空间。这种位寻址能力是 MCS-51 的一个重要特点。表 1-3 为片内 RAM 位寻址区的位地址表。

表 1-3　片内 RAM 位寻址区的位地址

字节地址	位 地 址							
	D7	D6	D5	D4	D3	D2	D1	D0
2FH	7F	7E	7D	7C	7B	7A	79	78
2EH	77	76	75	74	73	72	71	70
2DH	6F	6E	6D	6C	6B	6A	69	68
2CH	67	66	65	64	63	62	61	60
2BH	5F	5E	5D	5C	5B	5A	59	58
2AH	57	56	55	54	53	52	51	50
29H	4F	4E	4D	4C	4B	4A	49	48
28H	47	46	45	44	43	42	41	40
27H	3F	3E	3D	3C	3B	3A	39	38
26H	37	36	35	34	33	32	31	30
25H	2F	2E	2D	2C	2B	2A	29	28
24H	27	26	25	24	23	22	21	20
23H	1F	1E	1D	1C	1B	1A	19	18
22H	17	16	15	14	13	12	11	10
21H	0F	0E	0D	0C	0B	0A	09	08
20H	07	06	05	04	03	02	01	00

(3) 用户 RAM 区　在内部 RAM 低 128 单元中，通用寄存器占去 32 个单元，位寻址区占去 16 个单元，剩下 80 个单元，这就是供用户使用的一般 RAM 区，其单元地址为 30H~7FH。对用户 RAM 区的使用没有任何规定或限制。但在一般应用中常把堆栈开辟在此区中。

2. 内部数据存储器高 128 单元

内部 RAM 的高 128 单元是供给专用寄存器使用的，其单元地址为 80H~FFH。因这些寄存器的功能已作专门规定，故而称之为专用寄存器（Special Function Register，SFR），也可称为特殊功能寄存器。

8051 共有 21 个专用寄存器，现对其中部分寄存器进行简单介绍。

1) 程序计数器（PC——Program Counter）。PC 是一个 16 位的计数器，它总是存放着下一个要取的指令的 16 位存储单元地址，它的作用是控制程序的执行顺序。其内容为将要执行指令的地址，寻址范围达 64KB。PC 有自动加 1 功能，从而实现程序的顺序执行。PC 没有地址，是不可寻址的。因此，用户无法对它进行读写。但可以通过转移、调用、返回等指令改变其内容，以实现程序的转移。因地址不在 SFR 之内，一般不计作专用寄存器。

2) 与运算器相关的寄存器（3 个）。

① 累加器（ACC——Accumulator）。累加器为 8 位寄存器，是最常用的专用寄存器，功能较多，地位重要。它既可用于存放操作数，也可用来存放运算的中间结果。MCS-51 单片机中大部分单操作数指令的操作数就取自累加器，许多双操作数指令中的一个操作数也取自累加器。

② B 寄存器。B 寄存器是一个 8 位寄存器，主要用于乘除运算。乘法运算时，B 是乘数。乘法操作后，乘积的高 8 位存于 B 中，除法运算时，B 是除数。除法操作后，余数存于 B 中。此外，B 寄存器也可作为一般数据寄存器使用。

③ 程序状态字（PSW——Program Status Word）。程序状态字内部含有程序在运行时的相关信息，其详细情况见表 1-4。现说明如下：

表 1-4 程序状态字 PSW

程序状态字 PSW，位寻址							
PSW:	CY	AC	F0	RS1	RS0	OV	—	P

符　号	地　址	说　明
CY	PSW.7	进位标志位，在指令中以 C 表示
AC	PSW.6	辅助进位标志位
F0	PSW.5	用户自定义标志位，可供任意应用
RS1 RS0	PSW.4 PSW.3	寄存器组选择位 寄存器组选择位 说明： <table><tr><td>RS1</td><td>RS0</td><td>寄存器区</td><td>地　址</td></tr><tr><td>0</td><td>0</td><td>0</td><td>00H~07H</td></tr><tr><td>0</td><td>1</td><td>1</td><td>08H~0FH</td></tr><tr><td>1</td><td>0</td><td>2</td><td>10H~17H</td></tr><tr><td>1</td><td>1</td><td>3</td><td>18H~1FH</td></tr></table>
OV	PSW.2	溢出标志位
—	PSW.1	保留未用
P	PSW.0	奇偶标志位（parity flag） P=1，表示累加器中为"1"的位有奇数个 P=0，表示累加器中为"1"的位有偶数个

进位标志 CY（Carry），可简写为 C，它的用途如下：
- 当 CPU 在做加法运算时，若有进位，则 CY = 1；否则 CY = 0。
- 当 CPU 在做减法运算时，若有借位，则 CY = 1；否则 CY = 0。
- 作为位处理的运算中心即位累加器。

辅助进位标志 AC（Auxiliary Carry）
- 在相加的过程中，若两数的 bit3 相加后有进位产生，则 AC = 1；否则 AC = 0。
- 在相减的过程中，若 bit3 不够减，必须向 bit4 借位，则 AC = 1；否则 AC = 0。

用户标志位 F0（Flag Zero）
- 由用户根据程序执行的需要通过软件来使它置位或清除。

RS1、RS0：工作寄存器组选择位
- 80C51 的 RAM 区域地址 00H~1FH 单元(32B)为工作寄存器区，共分四组，每组有 8 个 8 位寄存器，用 R0~R7 表示。
- RS1、RS0 可以用软件来置位或清零以确定当前使用的工作寄存器组。

溢出标志 OV（Overflow）
- 当两个数相加时，若 bit6 及 bit7 同时有进位或没有进位，则 OV = 0；否则 OV = 1。
- 当两个数相减时，若 bit6 及 bit7 同时有借位或没有借位，则 OV = 0；否则 OV = 1。
- 根据执行运算指令后 OV 的状态，可判断累加器中的结果是否正确。

奇偶位标志 P（Parity）
- 对于累加器的内容，若等于 1 的位有奇数个，则 P = 1；否则 P = 0。

3）与指针相关的寄存器（3 个）。

① 数据指针（DPTR）。数据指针为 16 位寄存器，它是 MCS-51 中一个 16 位寄存器。编程时，DPTR 既可以按 16 位寄存器使用，也可以按两个 8 位寄存器分开使用，即：

DPH　DPTR 高位字节

DPL　DPTR 低位字节

DPTR 通常在访问外部数据存储器时作地址指针使用，由于外部数据存储器的寻址范围为 64KB，故把 DPTR 设计为 16 位。

② 堆栈指针（SP——Stack Pointer）。堆栈是一个特殊的存储区，用来暂存数据和地址，它是按"先进后出"的原则存取数据的。堆栈共有两种操作：进栈和出栈。

MCS-51 单片机由于堆栈设在内部 RAM 中，因此 SP 是一个 8 位寄存器。系统复位后，SP 的内容为 07H，使得堆栈实际上从 08H 单元开始。但 08H~1FH 单元分别属于工作寄存器 1~3 区，若程序中要用到这些区，最好把 SP 值改为 1FH 或更大的值。一般地，堆栈最好在内部 RAM 的 30H~7FH 单元中开辟。SP 的内容一经确定，堆栈的位置也就跟着确定下来，由于 SP 可初始化为不同值，因此堆栈位置是浮动的。

4）与接口相关的寄存器（7 个）。

① 并行 I/O 接口 P0、P1、P2、P3，均为 8 位；通过对这 4 个寄存器的读和写，可以实现数据从相应接口的输入和输出。

② 串行接口数据缓冲器 SBUF。

③ 串行接口控制寄存器 SCON。

④ 串行通信波特率倍增寄存器 PCON（由于一些位还与电源控制相关，所以又称为电

源控制寄存器)。

5)与中断相关的寄存器(2个)。

① 中断允许控制寄存器 IE。

② 中断优先级控制寄存器 IP。

6)与定时/计数器相关的寄存器(6个)。

① 定时/计数器 T0 的 2 个 8 位计数初值寄存器 TH0、TL0,它们可以构成 16 位的计数器,TH0 存放高 8 位,TL0 存放低 8 位。

② 定时/计数器 T1 的 2 个 8 位计数初值寄存器 TH1、TL1,它们可以构成 16 位的计数器,TH1 存放高 8 位,TL1 存放低 8 位。

③ 定时/计数器的工作方式寄存器 TMOD。

④ 定时/计数器的控制寄存器 TCON。

3. 专用寄存器中的字节寻址和位地址

MCS-51 系列单片机有 21 个可寻址的专用寄存器,其中有 11 个专用寄存器(字节地址能被 8 整除的)是可以位寻址的。MCS-51 专用寄存器地址见表 1-5。对专用寄存器只能使用直接寻址方式,书写时既可使用寄存器符号,也可使用寄存器单元地址。

表 1-5 MCS-51 专用寄存器地址

SFR		MSB 位地址/位定义 LSB								字节地址
B	位地址	F7	F6	F5	F4	F3	F2	F1	F0	F0H
	位定义	B.7	B.6	B.5	B.4	B.3	B.2	B.1	B.0	
ACC	位地址	E7	E6	E5	E4	E3	E2	E1	E0	E0H
	位定义	ACC.7	ACC.6	ACC.5	ACC.4	ACC.3	ACC.2	ACC.1	ACC.0	
PSW	位地址	D7	D6	D5	D4	D3	D2	D1	D0	D0H
	位定义	CY	AC	F0	RS1	RS0	OV	/	P	
IP	位地址	BF	BE	BD	BC	BB	BA	B9	B8	B8H
	位定义	/	/	/	PS	PT1	PX1	PT0	PX0	
P3	位地址	B7	B6	B5	B4	B3	B2	B1	B0	B0H
	位定义	P3.7	P3.6	P3.5	P3.4	P3.3	P3.2	P3.1	P3.0	
IE	位地址	AF	AE	AD	AC	AB	AA	A9	A8	A8H
	位定义	EA	/	/	ES	ET1	EX1	ET0	EX0	
P2	位地址	A7	A6	A5	A4	A3	A2	A1	A0	A0H
	位定义	P2.7	P2.6	P2.5	P2.4	P2.3	P2.2	P2.1	P2.0	
SBUF	不能位寻址									99H
SCON	位地址	9F	9E	9D	9C	9B	9A	99	98	98H
	位定义	SM0	SM1	SM2	REN	TB8	RB8	TI	RI	
P1	位地址	97	96	95	94	93	92	91	90	90H
	位定义	P1.7	P1.6	P1.5	P1.4	P1.3	P1.2	P1.1	P1.0	
TH1	不能位寻址									8DH
TH0	不能位寻址									8CH

SFR		MSB 位地址/位定义 LSB								字节地址
TL1	不能位寻址									8BH
TL0	不能位寻址									8AH
TMOD	位定义	GATE	C/T	M1	M0	GATE	C/T	M1	M0	89H
TCON	位地址	8F	8E	8D	8C	8B	8A	89	88	88H
	位定义	TF1	TR1	TF0	TR0	IE1	IT1	IE0	IT0	
PCON	位定义	SM0	/	/	/	/	/	/	/	87H
DPH	不能位寻址									83H
DPL	不能位寻址									82H
SP	不能位寻址									81H
P0	位地址	87	86	85	84	83	82	81	80	80H
	位定义	P0.7	P0.6	P0.5	P0.4	P0.3	P0.2	P0.1	P0.0	

1.2.3 MCS-51 单片机的程序存储器

MCS-51 的程序存储器用于存放编好的程序和表格常数，以 8051 为例，其配置图如图 1-6 所示。8051 片内有 4KB 的 ROM，8751 片内有 4KB 的 EPROM，8031 片内无程序存储器。MCS-51 的片外最多能扩展 64KB 程序存储器，片内外的 ROM 是统一编址的。如 $\overline{EA}$ 端保持高电平，8051 的程序计数器 PC 在 0000H~0FFFH 地址范围内（即前 4KB 地址）是执行片内 ROM 中的程序，当 PC 在 1000H~FFFFH 地址范围时，自动执行片外程序存储器中的程序；当 $\overline{EA}$ 保持低电平时，只能寻址外部程序存储器，片外存储器可以从 0000H 开始编址。

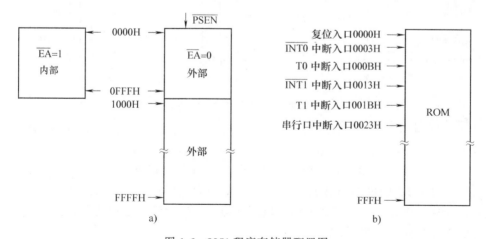

图 1-6 8051 程序存储器配置图
a）ROM 配置 b）ROM 低端的特殊单元

MCS-51 的程序存储器中有些单元具有特殊功能，使用时应予以注意。

其中一组特殊单元是 0000H~0002H。系统复位后，PC = 0000H，单片机从 0000H 单元开始取指令执行程序。如果程序不从 0000H 单元开始，应在这三个单元中存放一条无条件转移指令，以便直接转去执行指定的程序。

还有一组特殊单元是0003H~002AH。共40个单元，这40个单元被均匀地分为5段，作为5个中断源的中断地址区。其中：
- 0003H~000AH 外部中断0中断地址区
- 000BH~0012H 定时器/计数器0中断地址区
- 0013H~001AH 外部中断1中断地址区
- 001BH~0022H 定时器/计数器1中断地址区
- 0023H~002AH 串行中断地址区

中断响应后，按中断种类，自动转到各中断区的首地址去执行程序。因此，在中断地址区中理应存放中断服务程序。但通常情况下，8个单元难以存下一个完整的中断服务程序。因此，通常也是从中断地址区首地址开始存放一条无条件转移指令，以便中断响应后，通过中断地址区，再转到中断服务程序的实际入口地址去。

1.3 并行输入/输出口电路结构

所有MCS-51的端口都是双向性的，既可当输入端口用，也可当输出端口用。在特殊功能寄存器中分别被称为P0、P1、P2和P3。每一个端口都由锁存器（D型）、输出驱动电路组成，结构如图1-7~图1-10所示。

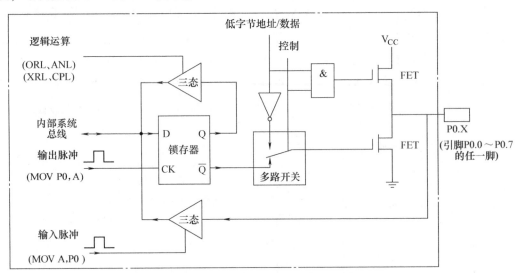

图1-7　MCS-51的P0任一引脚的内部结构图

1) P1、P2和P3的内部均有上拉电阻器。P0则为漏极输出，没有内部上拉电阻器。每一只端口都能独立作为输入端口或输出端口用，但是想作为输入端口使用时，必须先在该口写入1，使输出驱动FET截止。

2) MCS-51的所有端口在复位（RESET）后都会自动被写入1。

3) 输入功能时，引脚的输入信号是经由三态（tri-state）缓冲器到达内部系统总线。

4) 输出功能时，输出的数据会被锁存（latch）在D型锁存器，直到下一批数据输出时，D型锁存器的内容才会改变。

5) 当存取外部存储器的数据时，P0会先输出外部存储器的低字节地址（low byte

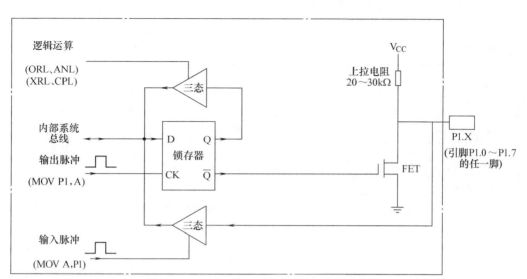

图1-8 MCS-51的P1任一引脚的内部结构图

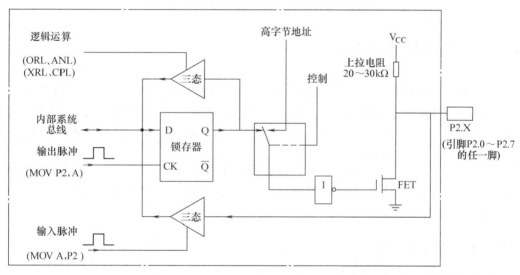

图1-9 MCS-51的P2任一引脚的内部结构图

address),并利用时间多任务(time multiplexed)方式读入或写出字节数据。若外部存储器的地址为16位时,则高字节地址(high byte address)会由P2输出。在存取外部存储器的数据时,地址/数据总线(address/data BUS)使用,不能再兼做通用的输入/输出端口使用。

6) P3的所有引脚是多功能的,不仅可当作一般的输入/输出端口使用,也可工作在特殊功能之下,详见表1-6。

表1-6 P3口各引脚与第二功能表

引　脚	第 二 功 能	信 号 名 称	引　脚	第 二 功 能	信 号 名 称
P3.0	RXD	串行数据接收	P3.4	T0	定时器/计数器0的外部输入
P3.1	TXD	串行数据发送	P3.5	T1	定时器/计数器1的外部输入
P3.2	$\overline{INT0}$	外部中断0申请	P3.6	$\overline{WR}$	外部RAM写选通
P3.3	$\overline{INT1}$	外部中断1申请	P3.7	$\overline{RD}$	外部RAM读选通

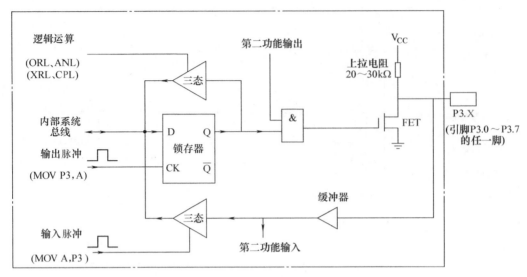

图 1-10　MCS-51 的 P3 任一引脚的内部结构图

1.4　时钟电路与复位电路

时序：即时间的顺序。一个由人组成的单位尚且要有一定的时序，计算机当然更要有严格的时序。计算机要完成的事更复杂，因此它的时序也更复杂。我们已知，计算机工作时，是一条一条地从 ROM 中取指令，然后一步一步地执行。我们规定：计算机访问一次存储器的时间，称为一个机器周期。

时钟电路用于产生单片机工作所需要的时钟信号，而时序所研究的是指令执行中各信号之间的相互关系。单片机本身就如一个复杂的同步时序电路，为了保证同步工作方式的实现，电路应在唯一的时钟信号控制下严格地按时序进行工作。

1.4.1　时钟电路与时序

1. 时钟信号的产生

（1）内部时钟方式　内部时钟方式如图 1-11 所示。在 8051 单片机内部有一振荡电路，只要在单片机的 XTAL1 和 XTAL2 引脚外接石英晶体（简称晶振），就构成了自激振荡器并在单片机内部产生时钟脉冲信号。

一般电容 C1 和 C2 取 30pF 左右，晶体的振荡频率范围是 1.2~12MHz。晶体振荡频率高，则系统的时钟频率也高，单片机运行速度也就快。MCS-51 在通常应用情况下，使用振荡频率为 6MHz 或 12MHz。

（2）外部时钟方式　在由多片单片机组成的系统中，为了各单片机之间时钟信号的同步，应当引入唯一的公用外部脉冲信号作为各单片机的振荡脉冲。这时外部的脉冲信号是经 XTAL2 引脚注入，其连接如图 1-12 所示。

2. 时序

时序是用定时单位来说明的。MCS-51 的时序定时单位共有 4 个，从小到大依次是：节拍、状态、机器周期和指令周期，下面分别加以说明。

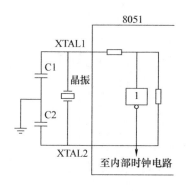

图 1-11 内部时钟方式

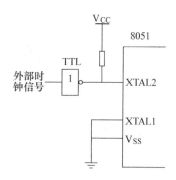

图 1-12 外部时钟方式

（1）节拍与状态　把振荡脉冲的周期定义为节拍（用 P 表示）。振荡脉冲经过二分频后，就是单片机的时钟信号的周期，定义为状态（用 S 表示）。

这样，一个状态就包含两个节拍，前半周期对应的节拍叫节拍 1（P1），后半周期对应的是节拍 2（P2）。

（2）机器周期　MCS-51 采用定时控制方式，因此它有固定的机器周期。规定一个机器周期的宽度为 6 个状态，并依次表示为 S1~S6。由于一个状态又包括两个节拍，因此一个机器周期总共有 12 个节拍，分别记作 S1P1、S1P2……S6P1、S6P2。由于一个机器周期共有 12 个振荡脉冲周期，因此机器周期就是振荡脉冲的十二分频。

当振荡脉冲频率为 12MHz 时，一个机器周期为 1μs。

当振荡脉冲频率为 6MHz 时，一个机器周期为 2μs。

（3）指令周期　指令周期是最大的时序定时单位，执行一条指令所需要的时间称为指令周期。它一般由若干个机器周期组成。不同的指令，所需要的机器周期数也不相同。通常，包含 1 个机器周期的指令称为单周期指令，包含 2 个机器周期的指令称为双周期指令。

指令的运算速度和指令所包含的机器周期有关，机器周期数越少的指令执行速度越快。MCS-51 单片机通常可以分为单周期指令、双周期指令和四周期指令。四周期指令只有乘法和除法指令两条，其余均为单周期和双周期指令。

单片机执行任何一条指令时都可以分为取指令阶段和执行指令阶段。ALE 引脚上出现的信号是周期性的，在每个机器周期内两次出现高电平。第一次出现在 S1P2 和 S2P1 期间，第二次出现在 S4P2 和 S5P1 期间。ALE 信号每出现一次，CPU 就进行一次取指操作，但由于不同指令的字节数和机器周期数不同，因此取指令操作也随指令不同而有小的差异。

按照指令字节数和机器周期数，8051 的 111 条指令可分为六类，分别是单字节单周期指令、单字节双周期指令、单字节四周期指令、双字节单周期指令、双字节双周期指令、三字节双周期指令。

图 1-13a、b 所示分别为单字节单周期和双字节单周期指令的时序。单周期指令的执行始于 S1P2，这时操作码被锁存到指令寄存器内。若是双字节则在同一机器周期的 S4 读第二字节。若是单字节指令，则在 S4 仍有读出操作，但被读入的字节无效，且程序计数器 PC 并不增量。

图 1-14 给出了单字节双周期指令的时序，两个机器周期内进行 4 次读操作码操作。因为是单字节指令，后三次读操作都是无效的。

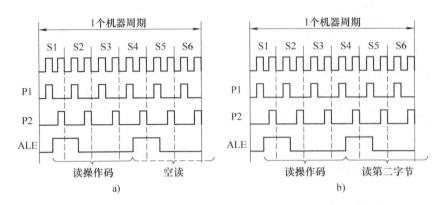

图 1-13 MCS-51 单周期指令时序
a) 单字节指令 b) 双字节指令

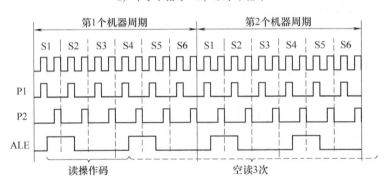

图 1-14 MCS-51 单字节双周期指令时序

1.4.2 单片机的复位电路

单片机复位如同计算机在启动运行前需要复位一样,也是使 CPU 和系统中的其他功能部件都处在一个确定的初始状态,并从这个状态开始工作。例如:复位后 PC=0000H,使单片机从第一个单元取指令。无论是在单片机刚开始接上电源时,还是断电后或者发生故障后都要复位。所以我们必须弄清楚 MCS-51 型单片机复位的条件、复位电路和复位后的状态。

单片机复位的条件是必须使 RST 引脚(9)加上持续 2 个机器周期(即 24 个振荡周期)的高电平。例如:若时钟频率为 12MHz,每机器周期为 1μs,则只需 2μs 以上时间的高电平。在 RST 引脚出现高电平后的第二个机器周期执行复位。单片机常见的复位电路如图 1-15a、b 所示。

图 1-15a 为上电自动复位电路,

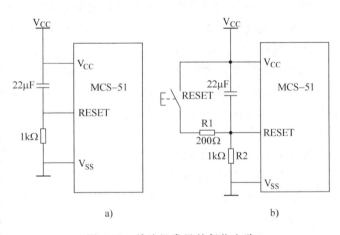

图 1-15 单片机常见的复位电路
a) 上电自动复位电路 b) 按键复位电路

它是利用电容充电来实现的。在加电瞬间,RST 端的电位与 V_{CC} 相同,随着充电电流的减少,RST 的电位逐渐下降。只要保证 RST 为高电平的时间大于 2 个机器周期,便能正常复位。

图 1-15b 为按键复位电路。该电路除具有上电复位功能外,还有按键复位功能,只需按图 1-15b 中的 RESET 键,此时电源 V_{CC} 经电阻 R1、R2 分压,便会在 RST 端产生一个复位高电平。

单片机复位期间不产生 $\overline{ALE}$ 和 $\overline{PSEN}$ 信号,即 $\overline{ALE} = 1$ 和 $\overline{PSEN} = 1$。这表明单片机复位期间不会有任何取指操作。复位后,内部各专用寄存器状态如下:

PC:	0000H	TMOD:	00H
ACC:	00H	TCON:	00H
B:	00H	TH0:	00H
PSW:	00H	TL0:	00H
SP:	07H	TH1:	00H
DPTR:	0000H	TL1:	00H
P0~P3:	FFH	SCON:	00H
IP:	＊＊＊00000B	SBUF:	不定
IE:	0＊＊00000B	PCON:	0＊＊＊0000B

其中＊表示无关位。请注意:

1) 复位后 PC 值为 0000H,表明复位后程序从 0000H 开始执行。

2) SP 值为 07H,表明堆栈底部在 07H。一般需重新设置 SP 值。

3) P0~P3 口值为 FFH。P0~P3 口用作输入口时,必须先写入"1"。单片机在复位后,已使 P0~P3 口每一端线为"1",为这些端线用作输入口做准备。

1.5 单片机的工作过程

1. 单片机的工作过程

单片机的工作过程实质上是执行用户编制程序的过程,一般程序的机器码都已固化到存储器中,因此开机复位后,就可以执行指令。执行指令又是取指令和执行指令的周而复始的过程。

假设指令 MOV A,#08H 机器码 74H、08H 已存在 0000H 开始的单元中,表示把 08H 这个值送入 A 累加器。下面我们来说明单片机的工作过程。

接通电源开机后,PC=0000H,取指令过程如下:

1) PC 中的 0000H 送到片内的地址寄存器。

2) PC 的内容自动加 1 变为 0001H 指向下一个指令字节。

3) 地址寄存器中的内容 0000H 通过地址总线送到存储器,经存储器中的地址译码选中 0000H 单元。

4) CPU 通过控制总线发出读命令。

5) 被选中单元的内容 74H 送到内部数据总线上,该内容通过内部数据总线送到单片机内部的指令寄存器。到此取指令过程结束,进入执行指令过程。

执行指令的过程：

1）指令寄存器中的内容经指令译码器译码后，说明这条指令是取数命令，即把一个立即数送入 A 中。

2）PC 的内容为 0001H 送地址寄存器，译码后选中 0001H 单元，同时 PC 的内容自动加 1 变为 0002H。

3）CPU 同样通过控制总线发出读命令。

4）0001H 单元的内容 08H 读出经内部数据总线送至 A，至此本指令执行结束。PC＝0002H，机器又进入下一条指令的取指令过程。一直重复上述过程直到程序中的所有指令执行完毕，这就是单片机的基本工作过程。

2. ECU 的工作原理

ECU（Electronic Control Unit）为"电子控制单元"缩写，俗称汽车电脑。其基本构成如图 1-16 所示。ECU 的主要工作是按照特定的程序对输入信号进行处理，并形成相应的控制指令，向执行器输出驱动信号。由图可知，它由输入信号处理电路、输出信号电路和微机系统构成。ECU 的主要工作过程由微处理器进行，而微处理器是通过读取系统指令进行工作的。在存储器的特定区段中存储着指令和数据，其中存放着处理器下一指令所在地址的寄存器称为程序计数器，用于临时存放从存储器中读出指令的寄存器称为指令寄存器。

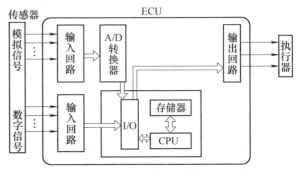

图 1-16 汽车电子控制单元（ECU）的基本构成

微处理器工作是根据程序计数器中的地址将指令读入指令寄存器中，然后对指令进行翻译，而程序计数器则存储下一条指令所在的地址。微处理器在获得执行该指令所必需的信息以后，将执行该指令所定义的过程，指令定义的过程主要包括对数据进行存储、运算、逻辑判断和函数转换等。当一条指令执行结束以后，微处理器将重复进行确定指令存储器地址、读取指令、解译指令和执行指令这一循环过程，执行下一条指令，直到程序中的全部指令执行完毕。为了改善程序的结构，程序中往往会包含一些子程序，每个子程序用于实现一个特定的功能，主程序需要调用子程序时，将有一条指令使程序计数器设置为子程序第一条程序所在的地址，然后微处理器将运行该子程序，当子程序运行结束时，子程序的最后一条指令又使微处理器返回到当初离开主程序的位置。

微处理器的另一个重要工作是对来自输入、输出和反馈电路的优先信号做出反应，当这些优先信号输入微处理器时，微处理器将停止正在进行的工作，转向运行处理这些优先信号的子程序，这一过程称为中断服务，这些需要优先处理的信号称为中断信号。中断服务功能可以使微处理器不必对控制系统进行连续监测，又可以在进行其他控制过程中按照需要对中断信号进行处理，使处理这些信号的时效性得到保证。例如，发动机点火过于提前导致爆燃发生时，由爆燃传感器反馈的爆燃信号将使微处理器中断正在进行的工作，而转向运行延迟点火正时的子程序，使爆燃燃烧得到抑制。

1.6 单片机 I/O 扩展

1. 最小应用系统的构成

用单片机组成应用系统时，使单片机能够正常工作而必须辅以的最少外围电路一起构成单片机的最小应用系统。最小应用系统一般包括单片机、时钟电路、复位电路、电源电路、存储器等。

任何一个复杂的应用系统都是以最小应用系统为基础，通过扩展外部功能模块的方法实现的，所以要学好单片机还必须掌握单片机的外部扩展性。

2. MCS-51 单片机的外部扩展特性

当单片机最小系统不能满足系统功能要求时，就需要进行扩展。单片机的系统扩展采用三总线结构，即由地址总线、数据总线和控制总线组成。三总线的结构如图 1-17 所示。

（1）地址总线 AB（Address Bus） 地址总线宽度为 16 位，最大寻址范围为 64KB。

地址总线由 P0 口提供地址低 8 位 $A_0 \sim A_7$，P2 口提供地址高 8 位 $A_8 \sim A_{15}$。由于 P0 口是数据/地址复用线，只能分时作地址线使用，故 P0 口输出的地址低 8 位只能在地址有效时，由 ALE 的下降沿锁存到地址锁存器中保持。P2 口具有输出锁存功能，故不需外加锁存器便可保持地址高 8 位。P0 口和 P2 口作系统扩展的地址线后，便不能再作一般的 I/O 口使用。

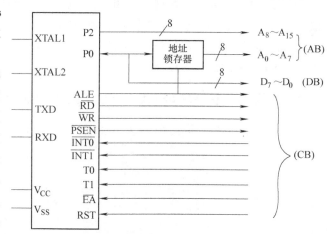

图 1-17 单片机的三总线结构示意图

（2）数据总线 DB（Data Bus） 数据总线由 P0 口提供，其宽度为 8 位，该口为三态双向口，是应用系统中使用最为频繁的通道。单片机与外部交换的数据、指令、信息，几乎全部由 P0 口传送。

通常系统数据总线上往往连有很多芯片，而在某一时刻，数据总线上只能有一个有效的数据，则由地址控制各个芯片的片选线来选择哪个芯片的数据有效。

（3）控制总线 CB（Control Bus） 系统扩展的控制线有 $\overline{WR}$、$\overline{RD}$、$\overline{PSEN}$、ALE、$\overline{EA}$。系统扩展时作为数据/地址复用总线的 P0 口本身无锁存功能，作为地址输出时必须外接锁存器，常用地址锁存器有 73 系列的 373 和 273；逻辑图和功能如图 1-18 所示。而且 P0 口只可驱动 8 个 LSTTL 门电路，P1、P2、P3 口只能驱动 4 个 LSTTL 门电路。当应用系统规模较大，超过其负载能力时，系统便不能稳定可靠地工作。在这种情况下，系统设计时应加总线驱动器，以增强系统总线的驱动能力。常被用户选择的有单向总线驱动器 74LS244、双向驱动器 74LS245 等芯片。

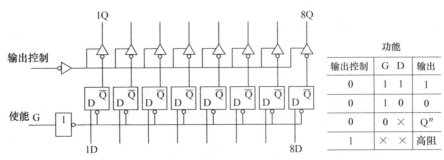

图 1-18　8 位锁存器 74LS373 逻辑图和功能

1.7　MOTOROLA 公司单片机在汽车控制中的应用

MOTOROLA 拥有丰富的微处理单元（MCU），可广泛用于电控发动机、车身控制、乘员安全、车门和座椅控制、车窗控制、通风和空调、天窗和灯光、汽车局域网的网关、通信设备、全球定位系统及其他汽车控制单元中。其产品主要包括：8/16 位微控制器（包括 HC08/HCS08、HC12/HCS12 等）、32 位微控制器（包括 PowerPC、ColdFire 等）。

1.7.1　8 位单片机 MC68HC11F1 在汽车控制技术中的应用

玛瑞利单点电喷发动机 ECU 实物如图 1-19 所示，外部接线如图 1-20 所示。自玛瑞利推

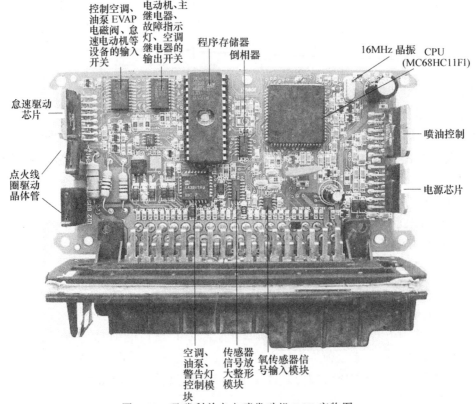

图 1-19　玛瑞利单点电喷发动机 ECU 实物图

出单点电喷发动机管理系统起,包括沈阳金杯海狮客车、金杯中华轿车、安徽奇瑞轿车、天津夏利轿车等车型都已采用了这种基于玛瑞利单点电控发动机管理系统。下面以此为例,介绍 MC68HC11F1 在汽车电子中的应用。

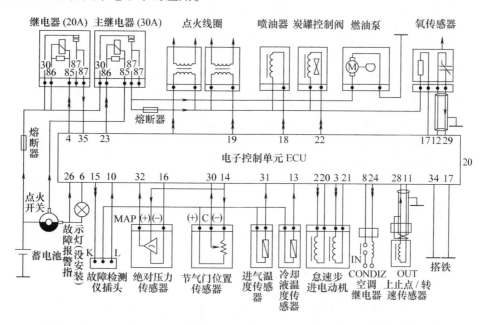

图 1-20 玛瑞利单点电喷发动机 ECU 外部接线图

1. 系统组成

图 1-21 为金杯单点玛瑞利逻辑电路的原理框图,它主要由以下部件组成:

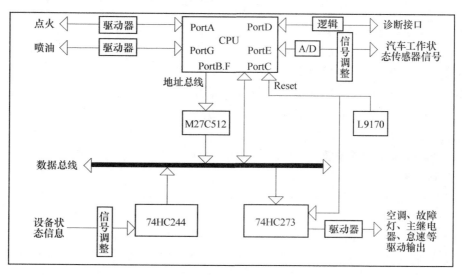

图 1-21 金杯单点玛瑞利逻辑电路的原理框图

(1) MC68HC11F1 本电路的控制核心:MC68HC11F1(CPU)为摩托罗拉 8bit 汽车专用 MCU,其内部资源如图 1-22 所示。MC68HC11F1 8 位微控制器是基于 8 位 HC08 CPU 的高性能闪存技术的低成本芯片。

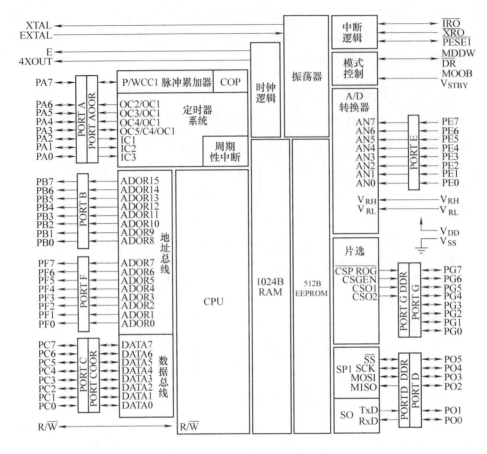

图 1-22　MC68HC11F1 内部资源图

MC68HC11F1 的主要特征如下：

- 两种省电模式：停止和等待
- 3.0~5.5V 电压均可正常工作
- 1024B 的片内 RAM，RAM 数据在待机时保留
- 512B 的片内 EEPROM，带区域数据保护功能
- 8 通道，8 位 A/D 转换器
- 增强的 16 位定时器系统
- 8 位脉冲累加器
- 实时中断电路
- CPU 看门狗系统
- 可达 5MHz 的总线时钟
- 异步串行通信接口 SCI
- 同步外部设备接口 SPI
- 两种封装形式：68 引脚 PLCC 及 80 引脚 TQFP 封装

（2）74HC244　作为空调、油泵、EVAP 电磁阀、怠速电动机等设备的状态信息输入开关，74HC244 是带使能端的三态总线驱动器，输出端直接与数据总线相连，引脚功能如图 1-23 所示。

(3) 74HC273 作为怠速电动机、主继电器、故障指示灯、空调继电器等驱动信号的输出开关。74HC273 是带复位端的 8 路上升沿有效的 D 触发器，引脚功能如图 1-24 所示。

(4) M27C512 用来存储电脑的主程序及各种数据表格。M27C512 是 64KB 的 8 位只读存储器，引脚功能如图 1-25 所示。

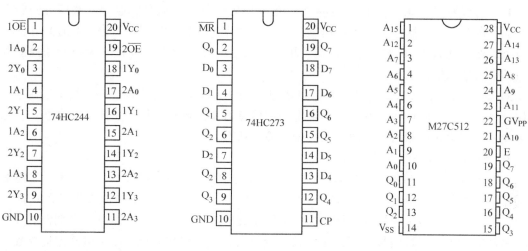

图 1-23　74HC244 引脚功能图　　　图 1-24　74HC273 引脚功能图　　　图 1-25　M27C512 引脚功能图

2．工作原理

1）逻辑电路原理图如图 1-26 所示，由电源芯片 L9170 提供工作电源、工作能量及传感器的参考电压，并且 8 号脚输出低电位的复位信号送至 CPU 的复位端（17 脚），同时送到 74HC273 的清零端使其输出清零。

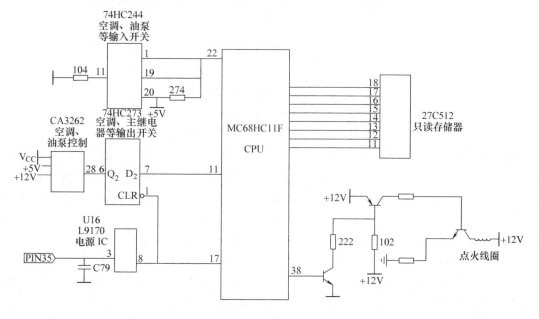

图 1-26　逻辑电路原理图

2）CPU 进入启动状态，首先对内部硬件进行复位设置相应的寄存器，然后开始 Boot loader 程序，进行程序装载；将 27C512 中的主程序读入到内部的 RAM 中，并通过跳转指令进入程序运行状态。

3) 主程序首先从数据总线 D2 上输出逻辑"1"（高电位），该信号经 74HC273 锁存后从 6 号脚输出高电位控制信号，使主继电器接通，将 12V 电源加到点火线圈及喷油器等外部设备。

4) 然后通过 PortE、PortA 口读入外部传感器信号及转速信号，通过这些信号判断车辆当前运行的工况，根据以上信息调用 M27C512 中的控制规则图，从 PortA、PortD、PortG 口及数据总线（通过 74HC273 锁存）输出相应的驱动信号，对汽车进行点火与喷油控制并使相应的设备进入运行状态。

5) 最后通过数据总线（经 74HC244 驱动）读入相应设备的状态信息，根据这些信息对控制信号进行进一步优化和调整。逻辑电路和传感器及执行机构构成了闭环控制系统，通过反馈信号不断优化控制系统，使发动机处于最佳状态。

3. 点火控制电路

(1) 磁感应式传感器工作原理　磁感应式传感器的工作原理如图 1-27 所示，磁感线穿过的路径为永久磁铁 N 极→定子与转子间的气隙→转子凸齿→转子凸齿与定子磁头间的气隙→磁头→导磁板→永久磁铁 S 极。当信号转子旋转时，磁路中的气隙就会周期性地发生变化，磁路的磁阻和穿过信号线圈磁头的磁通量随之发生周期性变化。根据电磁感应原理，传感线圈中就会感应产生交变电动势。

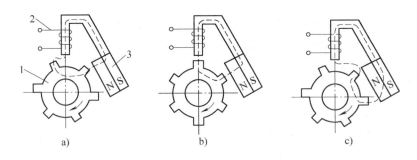

图 1-27　磁感应式传感器工作原理
a) 接近　b) 对正　c) 离开
1—信号转子　2—传感线圈　3—永久磁铁

当信号转子按顺时针方向旋转时，转子凸齿与磁头间的气隙减小，磁路磁阻减小，磁通量 Φ 增多，磁通变化率增大（$\mathrm{d}\Phi/\mathrm{d}t>0$），感应电动势 E 为正（$E>0$），如图 1-28 中曲线 abc 所示。当转子凸齿接近磁头边缘时，磁通量 Φ 急剧增多，磁通变化率最大 [$\mathrm{d}\Phi/\mathrm{d}t = (\mathrm{d}\Phi/\mathrm{d}t)_{\max}$]，感应电动势 E 最高（$E=E_{\max}$），如图 1-28 中曲线 b 点所示。转子转过 b 点位置后，虽然磁通量 Φ 仍在增多，但磁通变化率减小，因此感应电动势 E 降低。

当转子旋转到凸齿的中心线与磁头的中心线对齐时（图 1-27b），虽然转子凸齿与磁头间的气隙最小，磁路的磁阻最小，磁通量 Φ 最大，但是由于磁通量不可能继续增加，磁通变化率为零，因此感应电动势 E 为零，如图 1-28 中曲线 c 点所示。

当转子沿顺时针方向继续旋转，凸齿离开磁头时（图 1-27c），凸齿与磁头间的气隙增大，磁路磁阻增大，磁通量 Φ 也减少（$\mathrm{d}\Phi/\mathrm{d}t<0$），所以感应电动势 E 为负值，如图 1-28 中曲线 cda 所示。当凸齿转到将要离开磁头边缘时，磁通量 Φ 急剧减少，磁通变化率达到负

向最大值 $[\mathrm{d}\varPhi/\mathrm{d}t=-(\mathrm{d}\varPhi/\mathrm{d}t)_{\max}]$，感应电动势 E 也达到负向最大值（$E=-E_{\max}$），如图 1-28 中曲线上 d 点所示。

由此可见，信号转子每转过一个凸齿，传感线圈中就会产生一个周期性交变电动势，即电动势出现一次最大值和一次最小值，传感线圈也就相应地输出一个交变电压信号。磁感应式传感器的突出优点是不需要外加电源，永久磁铁起着将机械能变换为电能的作用，其磁能不会损失。当发动机转速变化时，转子凸齿转动的速度将发生变化，铁心中的磁通变化率也将随之发生变化。转速越高，磁通变化率就越大，传感线圈中的感应电动势也就越高。转速不同时，磁通量和感应电动势的变化情况如图 1-28 所示。

由于转子凸齿与磁头间的气隙直接影响磁路的磁阻和传感线圈输出电压的高低，因此在使用中，转子凸齿与磁头间的气隙不能随意变动。气隙如有变化，必须按规定进行调整，气隙一般设计在 0.2~0.4mm 范围内。

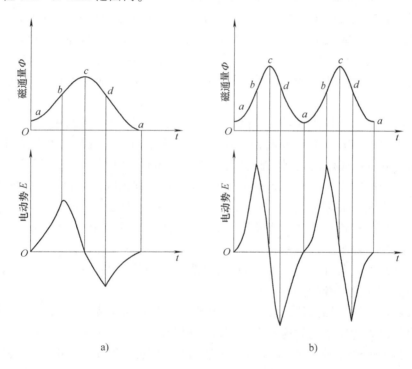

图 1-28 传感线圈中的磁通量 $\varPhi$ 和电动势 E 波形
a）低速时输出波形 b）高速时输出波形

（2）曲轴位置传感器结构特点 轿车的磁感应式曲轴位置传感器安装在曲轴箱内靠近离合器一侧的缸体上，主要由信号发生器和信号转子组成，如图 1-29 所示。

信号发生器用螺钉固定在发动机缸体上，由永久磁铁、传感线圈和线束插头组成。传感线圈又称为信号线圈，永久磁铁上带有一个磁头，磁头正对安装在曲轴上的齿盘式信号转子，磁头与磁轭（导磁板）连接构成导磁回路。

信号转子为齿盘式，在其圆周上均匀间隔地制作有 58 个凸齿、57 个小齿缺和 1 个大齿缺。大齿缺输出基准信号，对应发动机气缸 1 或气缸 4 压缩上止点前一定角度。大齿缺所占的弧度相当于 2 个凸齿和 3 个小齿缺所占的弧度。因为信号转子随曲轴一同旋转，曲轴旋转一圈（360°），信号转子也旋转一圈（360°），所以信号转子圆周上的凸齿和齿缺所占的曲轴转角为360°，每个凸齿和小齿缺所占的曲轴转角均为3°（58×3°+57×3°=345°），大齿缺所占的曲轴转角为15°（2×3°+3×3°=15°）。

曲轴位置传感器工作情况：当曲轴位置传感器随曲轴旋转时，由磁感应式传感器工作原理可知，信号转子每转过一个凸齿，传感线圈就会产生一个周期性交变电动势（即电动势出现一次最大值和一次最小值），线圈相应地输出一个交变电压信号。因为信号转子上设有一个产生基准信号的大齿缺，所以当大齿缺转过磁头时，信号电压所占的时间较长，即输出信号为一宽脉冲信号，

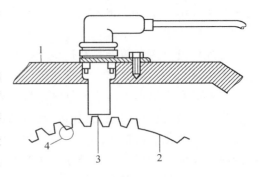

图1-29 曲轴位置传感器结构
1—缸体 2—大齿缺 3—传感器磁头 4—信号转子

该信号对应于气缸1或气缸4压缩上止点前一定角度。电子控制单元（ECU）接收到宽脉冲信号时，便可知道气缸1或气缸4上止点位置即将到来，至于即将到来的是气缸1还是气缸4，则需根据凸轮轴位置传感器输入的信号来确定。由于信号转子上有58个凸齿，因此信号转子每转一圈（发动机曲轴转一圈），传感线圈就会产生58个交变电压信号输入电子控制单元。

每当信号转子随发动机曲轴转动一圈，传感线圈就会向电子控制单元（ECU）输入58个脉冲信号。因此，ECU每接收到曲轴位置传感器58个信号，就可知道发动机曲轴旋转了一圈。如果在1min内ECU接收到曲轴位置传感器116000个信号，ECU便可计算出曲轴转速n为2000（$n=116000/58=2000$）r/min。如果ECU每分钟接收到曲轴位置传感器290000个信号，ECU便可计算出曲轴转速为5000（$n=290000/58=5000$）r/min。依此类推，ECU根据每分钟接收曲轴位置传感器脉冲信号的数量，便能计算出发动机曲轴旋转的转速。发动机转速信号和负荷信号是电子控制系统最重要、最基本的控制信号，ECU根据这两个信号就能计算出基本喷油提前角（时间）、基本点火提前角（时间）和点火导通角（点火线圈一次电流接通时间）三个基本控制参数。

磁感应式曲轴位置传感器信号转子上大齿缺产生的信号为基准信号，ECU控制喷油时间和点火时间是以大齿缺产生的信号为基准进行控制的。当ECU接收到大齿缺产生的信号后，再根据小齿缺信号来控制点火时间、喷油时间和点火线圈一次电流接通时间（即导通角）。

(3) 点火控制电路分析 玛瑞利单点电脑的点火控制电路是典型的直接点火系统，点火系统是由CPU的端口A来控制的，电路如图1-30所示。系统复位后主程序将端口A配置成定时器口，来自电脑引脚的转速信号（PIN11、PIN28），经电阻送至芯片L9101的第6、7脚。

转速信号波形（图1-31）每个周期有58个小正弦波和1个大正弦波，经L9101内部波形整形后由第10脚输出如图1-32所示的5V低脉冲信号，每个周期由58个窄脉冲和1个宽脉冲组成。该信号送到反向器74HC14D的第1脚，取反后由第10脚送至CPU端口A的35脚（PA7驱动CPU内部的脉冲累加器）和42脚（PA0定时器的输入端口OC1），产生脉冲波形如图1-33所示。CPU根据OC1收到的脉冲信号对点火时间做出判断：当收到宽脉冲（对应两个缺齿）后开始计数，当20个连续窄脉冲（对应连续齿）出现后判断为1缸或4

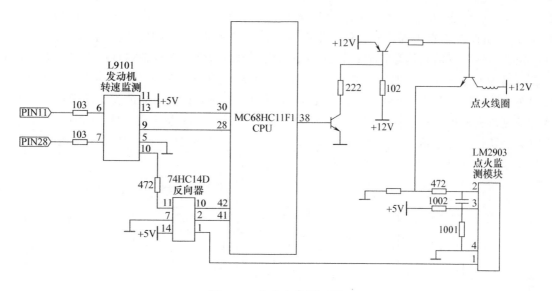

图 1-30　点火电路原理图

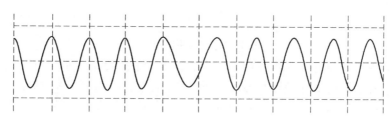

图 1-31　转速信号波形

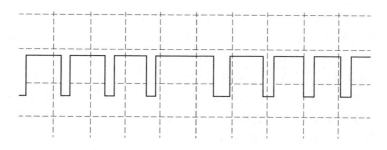

图 1-32　经 L9101 内部波形整形后输出波形

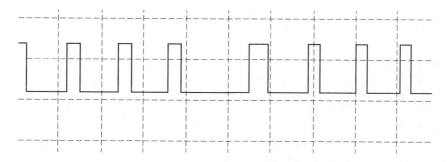

图 1-33　经 74HC14D 反向后输出波形

缸的上止点,而当 50 个窄脉冲出现后判断为 2 缸或 3 缸上止点,由此 CPU 可计算出 1、4 缸和 2、3 缸的基本点火提前角,然后根据发动机冷却液温度传感器、进气温度传感器、节气门位置传感器等输入信号,通过存储器中的点火提前角修正表对基本点火提前角进行修正以获得精确的点火时间,然后由 CPU 的 38 脚 PA4(OC4)和 36 脚 PA6(OC2)分别输出给 1、4 缸和 2、3 缸的点火驱动信号,如图 1-34 所示,每路经过两个晶体管驱动后送至点火晶体管控制点火线圈进行点火。点火成功后经运算放大器构成的电压比较器 LM2903 输出端产生点火确认信号,该信号经反相器驱动后送至 CPU,CPU 通过该点火确认信号对点火情况进行监视。

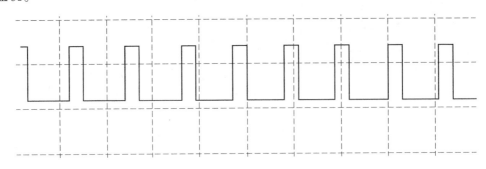

图 1-34 点火驱动波形

从上面的单点玛瑞利电脑工作原理可以看出,点火电路要正常工作有 4 个不可缺少的要素:①有正常的传感器信号(转速信号)送至 CPU 系统;②CPU 系统能进行正常的信息处理并输出相应的点火驱动信号;③执行机构(点火及驱动电路)能正常工作;④点火反馈信号能正常送到 CPU 系统。

4. 喷油控制电路分析

玛瑞利单点电脑的喷油控制主要是由 CPU 来完成的,电路如图 1-35 所示。CPU 首先根据点火频率确定喷油频率(喷油频率为点火频率的一半),由 CPU 的 37 脚输出喷油驱动脉冲信号至喷油模块 L9150 的 5 脚,经 L9150 放大后由 2 脚输出到喷油器,在喷油过程中,CPU 还要根据 A/D 转换器送来的各种传感器信号,判断当前的工况,并根据工况信息调整喷油驱动脉冲信号的脉冲宽度,从而控制喷油器喷射适量的燃油或中断喷射燃油,以满足发动机各种工况的需要。喷油器的喷油量分基本喷油量和补充(额外)喷油量两部分。

CPU 的 21 脚输出片选信号至喷油模块 L9150 的第 1 脚,来控制喷油电路的启动和停止;L9150 的 7~10 脚分别接至 CPU 的 26、25、27、24 脚;通过反馈喷油脉宽的二进制信息,使 CPU 时刻了解喷油控制是否达到了控制目标,这是个典型的闭环控制系统,通过不断的反馈和控制,最终使喷油量与发动机的实际工况相一致。

(1)基本喷油量 发动机只要一转动就产生两个信号:发动机转速信号和负荷状况信号。发动机转速信号由转速

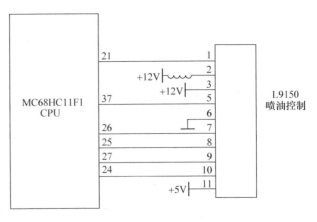

图 1-35 喷油控制电路原理图

传感器提供；发动机负荷信号由空气流量传感器或进气歧管压力传感器所测量的进气量而决定。CPU 根据这两个信号所决定的喷油量称为基本喷油量。

（2）补充喷油量　在许多工况下，除基本喷油量外，尚需有额外喷油量。例如，在起动时或大负荷工况下，需供给发动机补充喷油量。

在电控汽油喷射系统中，精确地提供补充喷油量是由 CPU 收集各种传感器送来的信号加以计算后决定的。可见，电控汽油喷射系统供油多少是根据实际需要而提供的。故使用电控汽油喷射系统的发动机不但省油，而且还有动力性好，污染小等一系列优点。

1.7.2　16 位单片机 MC9S12DP256 在汽车控制技术中的应用

1. MC9S12DP256 的特征

MC9S12DP256 是基于 16 位 HCS12 CPU 及 0.25μm 微电子技术的高速、高性能带 5.0V Flash 存储器的 16 位微控制器。其较高的性价比非常适合于一些中高档汽车控制系统，其较简单的背景开发模式也会使开发成本进一步降低。同时，也使得现场开发与系统升级变得更加方便。

MC9S12DP256 的主频高达 25MHz，同时片上还集成了许多标准模块，包括 2 个异步串行通信口 SCI、3 个同步串行通信口 SPI、8 通道输入捕捉/输出比较定时器、2 个 10 位 8 通道 A/D 转换模块、1 个 8 通道脉宽调制模块、49 个独立数字 I/O 口（其中 20 个具有外部中断及唤醒功能）、兼容 CAN2.0A/B 协议的 5 个 CAN 模块以及 1 个内部 IC 总线模块；片内拥有 256KB 的 Flash EEPROM，12KB 的 RAM、4KB 的 EEPROM。图 1-36 所示是其芯片结构框图。

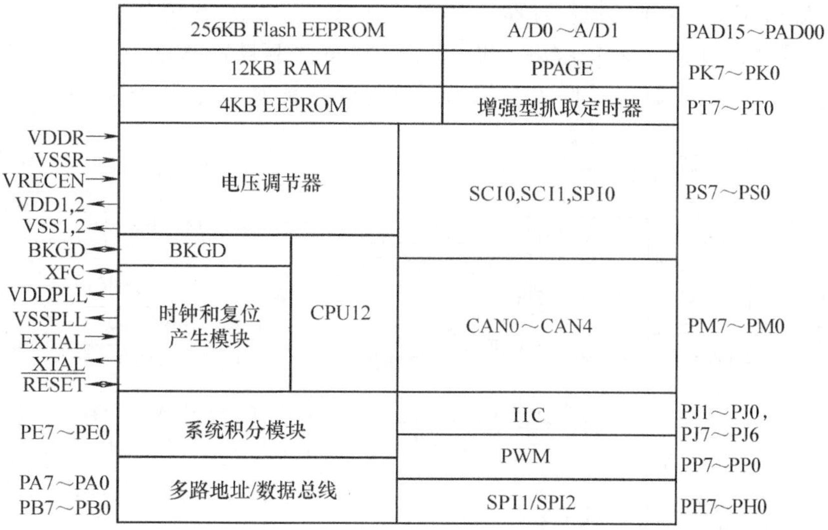

图 1-36　MC9S12DP256 结构框图

2. MC9S12DP256 的功能特点

MC9S12 系列单片机主要有三大特点：

1）片内集成 256KB 的闪速存储器（Flash）。随着闪速存储器（Flash）在微控制器片内的应用走向成熟，微控制器的开发、应用又迎来了一次新的飞跃。Flash 是一种非易失性存储介质，读取它的内容同 RAM 的读取一样方便，而对它的写操作却比 EPROM 还要快。同时，在系统掉电后，Flash 中的内容仍能可靠保持不变。Flash 的主要优点是结构简单、集成密度大、成本低。由于 Flash 可以局部擦除，且写入、擦除次数可达数万次以上，从而使开发微控制器不再需要昂贵的仿真器。

2）应用锁相环技术提高了系统的电磁兼容性。在以往不使用锁相环的微控制器应用系统中，晶振电路由于其工作频率比较高（通常为几兆赫兹至几十兆赫兹）而成为一个很大的干扰源，这一问题给系统设计、线路板布局带来了很多不便。MC9S12 的时钟发生系统中巧妙地使用了锁相环技术，因而可在外接几十千赫兹的外部晶振情况下，通过软件编程产生几兆的系统时钟，从而降低了对外辐射干扰，提高了系统的稳定性。

3）如图 1-37 所示，简单的背景开发模式（BDM）使得开发成本进一步降低，也使得现场开发和系统升级变得比较方便。

图 1-37　背景开发模式

此外，虽然拥有 16 位总线结构，但 MC9S12 的外部总线可根据不同的系统需求工作在 8 位和 16 位两种模式，因而能够适应不同价位的系统需求。

3. MC9S12DP256 在汽车电子中的应用

图 1-38 所示为一个典型的汽车门控系统示意图。中央微控制器选用 MC9S12DP256，MC33389A、MC33884、MC33887、MC33486DH 等均为摩托罗拉的智能模拟器件。其中 MC33389A 为开关电源芯片，提供 CPU 工作 5V 电压，还可以将点火开关信号、车门开关信号及面板开关信号由 SPI 接入到微控制器以进行唤醒、复位和中断等工作。同时，该器件还具有容错功能的 CAN 物理层驱动器。此外，它还可以将系统接入到整车网络之中。MC33884 的主要作用是用来实时监测面板开关的状态并驱动面板的照明灯。MC33887 是一个驱动电路芯片，可用于后视镜位置电动机、后视镜折叠电动机及门锁电动机的驱动。实际

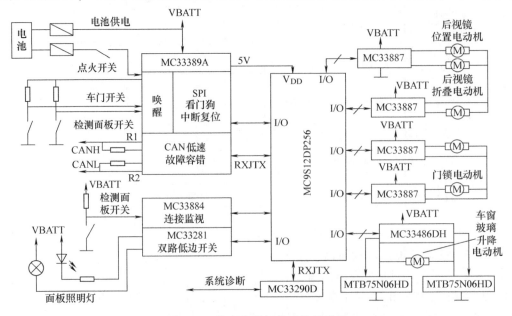

图 1-38　汽车电子门控系统示意图

上，该功能也可以选用 MC33884 配合独立的 MOS 驱动管一起工作，MC33290D 主要用于整个系统的诊断。

1.7.3　32 位单片机 MPC500 在汽车控制技术中的应用

1. MPC500 的特征

MPC500 系列经专门设计，满足了高速行驶的汽车所需的严格的工作环境。整个产品系列包括无闪存的 MPC561 和内置 1MB 闪存的 MPC566 等，以适应多种不同环境的应用。它包括汽油机管理、柴油燃油直接喷射、电子传动控制等动力传输系统的应用。同时，此系列产品还应用于稳定控制系统和悬架系统。MPC500 系列 MCU 还具有浮点单元和智能时钟等创新功能，能够满足控制部分对速度和精度的要求。

MPC500 内包含一个系统集成模组（SIM），一个时间处理单元（TPU），一个队列串行接口模组（QSM），2KB 静态随机存储器并带有 TPU 仿真能力（TPURAM）。采用 HCMOS 技术，进一步降低产品功耗。同时，指令系统包含专用低功耗指令 LPSTOP。系统时钟在停止状态时，功率消耗最低。

2. MPC500 在汽车电子中的应用

图 1-39 是 MPC500 32 位微控制器的发动机管理系统组成方案。该 MCU 主要应用于一些新型发动机管理系统中，如 GM 的 P5、P6 系列发动机管理系统。

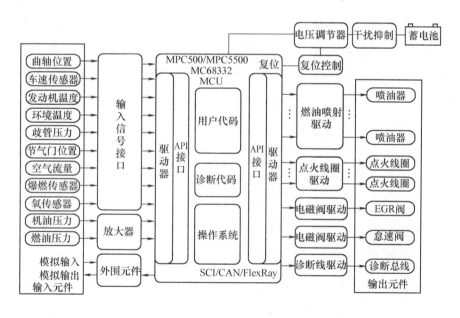

图 1-39　MPC500 32 位微控制器的发动机管理系统

[项目实践]

1. **设备与电路**

1）设备：单片机仿真器、编程器和单片机应用系统。

2）电路：如图 1-40 所示，小功率车灯（包括左转向灯、右转向灯、应急灯、制动灯和驻车灯等）控制的工作原理：通过 P1 口变化影响反相器，以触发晶体管开关，达到开关灯的目的。方式：在 P1 口加上反相器，并用上拉电阻提高输出端电压，以达到通过控制晶体管开关来控制车灯的效果。

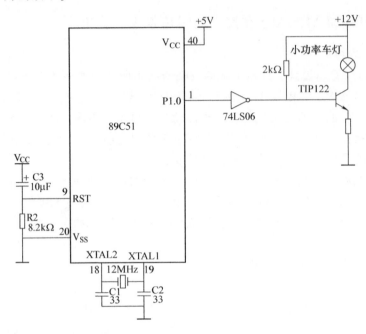

图 1-40　汽车小功率车灯控制电路图

如图 1-41 所示，大功率车灯（主要包括远光灯、近光灯等）控制工作原理：通过 P1 口变化影响反相器，以触发晶体管开关，然后由晶体管导通和关闭情况触发继电器开关功能，达到开关大功率车灯的目的。

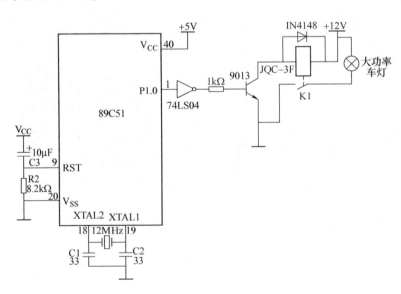

图 1-41　汽车大功率车灯控制电路图

2. 步骤

我们选用一块 89C51 的芯片，按下列步骤给它连线。

1)电源:单片机使用的是5V电源,其中正极接40引脚,负极(地)接20引脚。

2)振荡电路:单片机是一种时序电路,必须提供脉冲信号才能正常工作,在单片机内部已集成了振荡器,使用晶体振荡器,接18、19脚。只要买来晶振、电容,按图1-40接上即可。

3)复位引脚:按图1-41中画法连好。

至此,一个单片机就接好了,通上电,单片机就开始工作了。

第一个项目是用单片机点亮一只汽车信号灯,按照图1-40的接法,当1脚是高电平时,小功率车灯不亮,只有1脚是低电平时,小功率车灯才会亮。因此要能够让1引脚按要求变为高或低电平。让一个引脚输出低电平的指令是CLR,让一个引脚输出高电平的指令是SETB。因此,要P1.0输出低电平,只要写 CLR P1.0;要P1.0输出高电平,只要写 SETB P1.0。

需要把SETB P1.0变为(D2H,90H),把CLR P1.0变为(C2H,90H),汇编语言和机器码有一一对应的关系,这是由51芯片的设计者(Intel)规定的。在得到这两个数字后,怎样让这两个数字进入单片机的内部呢?这要借助于一个硬件工具"编程器"。我们将编程器与电脑连好,运行编程器的软件,然后在编辑区内写入(C2H,90H),如图1-42所示。

```
ADDRESS  00 01 02 03 04 05 06 07-08 09 0A 0B 0C 0D 0E 0F     ASCII
00000000:C2 90 FF FF FF FF FF FF-FF FF FF FF FF FF FF FF     ................
00000010:FF FF FF FF FF FF FF FF-FF FF FF FF FF FF FF FF     ................
00000020:FF FF FF FF FF FF FF FF-FF FF FF FF FF FF FF FF     ................
00000030:FF FF FF FF FF FF FF FF-FF FF FF FF FF FF FF FF     ................
00000040:FF FF FF FF FF FF FF FF-FF FF FF FF FF FF FF FF     ................
```

图1-42 编程器编程界面

因为写入的就是让P1.0输出低电平的指令,所以把芯片插入电路板后,车灯就亮了。

[项目拓展]

闪烁控制汽车单个信号灯

1. 电路设计

汽车单灯闪烁控制硬件电路如图1-43所示。一个发光二极管正极通过限流电阻连接到+5V电源,P1.0引脚控制这个发光二极管负极,当P1.0口引脚输出为低电平时,发光二极管点亮,当P1.0口引脚输出为高电平时,对应的发光二极管熄灭,P1.0引脚高低电平交替输出,这个发光二极管就可以实现闪烁显示。

2. 软件程序设计

本仿真要实现的功能比较简单,对P1.0引脚的高低电平状态进行交互控制就可以实现仿真现象。利用sbit语句对P1^0引脚进行定义,定义的名称为P1_0,之后对P1_0进行赋值,当P1_0赋值为0的时候,P1_0引脚处于低电平状态,发光二极管点亮,当P1_0赋值为1的时候,P1_0引脚处于高电平状态,发光二极管熄灭,在点亮和熄灭状态中间加上延迟函数,就达到了想要的闪烁状态。

设计的程序如下:

```
#include<reg51.h>          //预处理命令,定义51单片机各寄存器的存储器映射
sbit P1_0=P1^0;             //定义引脚
```

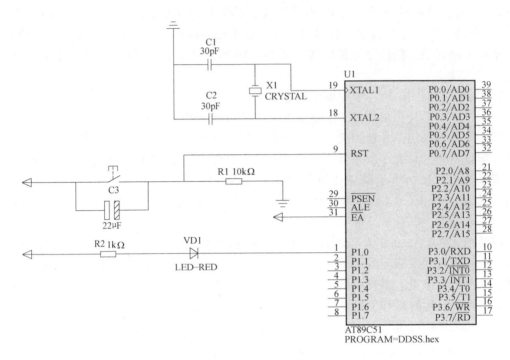

图 1-43　汽车单灯闪烁控制硬件电路

```
void delay (unsigned char i);    //延时函数
void main( )                     //主程序
{
    while(1)                     //无限循环语句
    {
        P1_0=0;                  //使 P1.0 引脚为低电平,发光二极管点亮
        delay(20);               //延时
        P1_0=1;                  //使 P1.0 引脚为高电平,发光二极管熄灭
        delay(20);               //延时
    }
}
void delay( unsigned char i)     //延时子程序
{
    unsigned   char j,k;         //定义两个无符号变量 j、k
    for(k=0;k<i;k++)             //循环语句
    for(j=0;j<255;j++);          //循环语句
}
```

3. 仿真结果

将 Keil 软件编译生成的十六进制文件（.HEX）加载到芯片中。单击"运行"按钮,启动系统仿真,发光二极管 VD1 点亮、熄灭状态进行交替,实现闪烁。

4. 小结

本项目利用 51 单片机的引脚功能,实现了单个发光二极管闪烁的功能,实验虽然简单,但能使学生较快地对 51 单片机熟悉起来,从而掌握 51 单片机的相关基础知识,为后续的课程学习打下良好基础。

小　　结

本章从汽车单个信号灯的单片机控制项目入手,介绍了单片机最小应用系统的概念、功能及使用。

本章讲述了 MCS-51 单片机芯片的硬件结构及工作特性。

MCS-51 单片机是由 1 个 8 位 CPU,1 个片内振荡器及时钟电路,4KB ROM(8051 有 4KB 掩膜 ROM,8751 有 4KB EPROM,8031 片内无 ROM),128B 片内 RAM,21 个特殊功能寄存器,2 个 16 位定时/计数器,4 个 8 位并行 I/O 口,1 个串行输入/输出口和 5 个中断源等电路组成。

芯片共有 40 个引脚,除了电源、地、2 个时钟输入/输出脚以及 32 个 I/O 引脚外,还有 4 个控制引脚:ALE(低 8 位地址锁存允许)、$\overline{PSEN}$(片外 ROM 读选通)、RST(复位)、$\overline{EA}$(内外 ROM 选择)。

MCS-51 单片机片内有 256B 的数据存储器,它分为低 128B 的片内 RAM 区和高 128B 的特殊功能寄存器区,低 128B 的片内 RAM 又可分为工作寄存器区(00H~1FH)、位寻址区(20H~2FH)和数据缓冲器(30H~7FH)。累加器 A、程序状态寄存器 PSW、堆栈指针 SP、数据存储器地址指针 DPTR、程序存储器地址指针 PC,均有着特殊的用途和功能。

MCS-51 单片机有 4 个 8 位的并行 I/O 口。当片外扩展 RAM 和 ROM 时,P0 口分时传送低 8 位地址和 8 位数据,P2 口传送高 8 位地址,P3 口常用于第二功能,通常情况下只有 P1 口用作一般的输入/输出引脚。

指挥单片机有条不紊工作的是时钟脉冲,执行指令均按一定的时序操作。我们必须掌握节拍、状态、机器周期、指令周期的概念,了解时钟电路以及复位条件、复位电路、复位后的状态。

智能电子产品在汽车中的应用越来越广泛,而单片机是这些电子新产品中必不可少的器件。

习　　题

1. 微型计算机系统由哪几部分组成?描述微型计算机、单片机和汽车电脑三者的区别和关系?
2. 什么是单片机?内部包含哪些主要逻辑功能部件?
3. I/O 接口电路的基本功能以及分类?
4. MCS-51 型单片机控制线有几根?每一根控制线的作用是什么?
5. P3 口的第二功能是什么?
6. MCS-51 型单片机片内 RAM 的组成是如何划分的,各有什么功能?
7. 8051 单片机有多少个特殊功能寄存器?它们分布在何地址范围?

8. 位地址 7CH 与字节地址 7CH 有何区别？位地址 7CH 具体在内存中的什么位置？
9. 简述程序状态寄存器 PSW 各位的含义。单片机如何确定和改变当前的工作寄存器区？
10. 什么是堆栈？堆栈有何作用？
11. MCS-51 型单片机 ROM 空间中，0003H~002BH 有什么用途？用户应怎样合理安排？
12. 当单片机外部扩展 RAM 和 ROM 时，P0、P1、P2、P3 口各起何作用？
13. P0~P3 口作为输入或输出口时，各有何要求？
14. 什么是机器周期？机器周期和时钟频率有何关系？当时钟频率为 6MHz 时，机器周期是多少时间？
15. MCS-51 型单片机常用的复位方法有几种？应注意哪些事项？画电路图说明其工作原理。
16. 什么是指令？什么是程序？简述单片机的工作过程。
17. 玛瑞利单点电脑逻辑电路的原理？
18. 玛瑞利单点电脑点火电路的原理？
19. 玛瑞利单点电脑喷油电路的原理？
20. 简述 MOTOROLA 系列单片机在汽车控制中的应用。

学习情境2

汽车转向灯的单片机控制

学习目标：

通过本次项目的完成，你应能够：

1. 分析 MCS-51 单片机指令系统的类型与寻址方式。
2. 使用汇编语言指令正确编写 MCS-51 单片机程序。
3. 使用 C 语言指令正确编写 MCS-51 单片机程序。
4. 正确连接和使用单片机开发系统。
5. 正确编写汽车转向灯的单片机控制程序。
6. 完成汽车转向灯单片机控制电路的焊接。

情境描述：

制作一个汽车转向灯的单片机控制系统。

想一想：

1. 什么是单片机的指令系统？
2. 单片机指令的格式、分类和功能？

2.1 指令简介

1. 指令概述

指令是规定单片机进行某种操作的命令。一条指令只能完成有限的功能，为使单片机完成一定的或复杂的功能就需要一系列指令。单片机能够执行的各种指令的集合就称为指令系统。

单片机能执行什么样的操作，是在单片机设计时确定的。一条指令对应着一种基本操作。由于单片机只能识别二进制数，所以指令也必须用二进制形式来表示，称为指令的机器码或机器指令。

MCS-51 单片机指令系统共有 33 种功能，42 种助记符，111 条指令。

2. 指令格式

不同指令翻译成机器码后字节数也不一定相同。按照机器码个数，指令可以分为以下三种：

单字节指令： | 7　　　　0 |
　　　　　　 | 操作码　　 |

双字节指令： | 7　　　　0 | 7　　　　　　　0 |
　　　　　　 | 操作码　　 | 数据或寻址方式 |

三字节指令： | 7　　　　0 | 7　　　　　　　0 | 7　　　　　　　0 |
　　　　　　 | 操作码　　 | 数据或寻址方式 | 数据或寻址方式 |

MCS-51单片机指令系统包括49条单字节指令、45条双字节指令和17条三字节指令。采用助记符表示的汇编语言指令格式如下：

[标号:]操作码[目的操作数][,源操作数][;注释]

标号是加在指令的前面表示该指令位置的符号地址，可有可无；标号由1~8个字符组成，第一个字符必须是英文字母，不能是数字或其他符号；标号后必须用":"。

操作码是由助记符表示的字符串，表示指令所实现的操作功能，如MOV表示数据传送操作、ADD表示加法操作等。操作码与操作数之间至少要有一个空格。

操作数指出了参加运算的数据或数据存放的位置。操作数一般有以下几种形式：没有操作数项，操作数隐含在操作码中，如RET指令；只有一个操作数，如CLR P1.0指令；有两个操作数，如MOV A,#0EFH指令，操作数之间以逗号相隔；有三个操作数，如CJNE A,#08H,NEXT指令，操作数之间也以逗号相隔。

注释是对语句的解释说明，用以提高程序的可读性，注释前必须加";"。计算机对它不作处理，注释部分不影响指令的执行。

2.2 寻址方式

从指令格式知道，指令的重要组成部分是操作数，指出了参与操作的数据或数据的地址。寻找操作数地址的方式称为寻址方式。一条指令采用什么样的寻址方式，是由指令的功能决定的，寻址方式越多，指令功能就越强。

MCS-51指令系统共使用了7种寻址方式，包括寄存器寻址、直接寻址、立即数寻址、寄存器间接寻址、变址寻址、相对寻址和位寻址。

1. 立即数寻址

在这种寻址方式中，指令多是双字节的。立即数寻址是指将操作数直接写在指令中。例如：指令MOV A,#3AH执行的操作是将立即数3AH送到累加器A中，该指令就是立即数寻址。注意：立即数前面必须加"#"号，以区别立即数和直接地址。该指令的执行过程如图2-1所示。

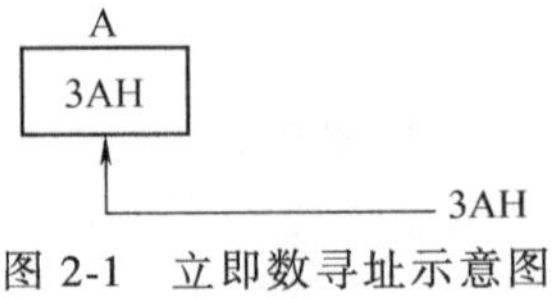

2. 直接寻址

在这种寻址方式中，把存放操作数的内存单元的地址直接写在指令中。在MCS-51单片机中，可以直接寻址的存储器主要有内部RAM区和特殊功能寄存器SFR区。例如：指令MOV A,3AH执行的操作是将内部RAM中地址为3AH的单元内容传送到累加器A中，其操作数3AH就是存放数据的单元地址，因此该指令是直接寻址。设内部RAM 3AH单元的内容是88H，那么指令MOV A,3AH的执行过程如图2-2所示。

3. 寄存器寻址

寄存器寻址是指将操作数存放于寄存器中，寄存器包括工作寄存器R0~R7、累加器A、通用寄存

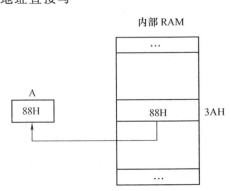

图2-1 立即数寻址示意图

图2-2 直接寻址示意图

器B、地址寄存器DPTR等。例如：指令MOV R1,A的操作是把累加器A中的数据传送到寄存器R1中，其操作数存放在累加器A中，所以寻址方式为寄存器寻址。

如果程序状态寄存器PSW的RS1RS0=01（选中第二组工作寄存器，对应地址为08H~0FH），设累加器A的内容为20H，则执行MOV R1,A指令后，内部RAM 09H单元的值就变为20H，如图2-3所示。

4. 寄存器间接寻址

在这种寻址方式中，操作数所指定的寄存器中存放的不是操作数本身，而是操作数地址，这种寻址方式用于访问片内数据存储器或片外数据存储器。

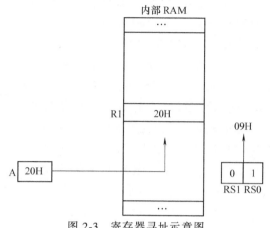

图2-3 寄存器寻址示意图

在MCS-51指令系统中，用于寄存器间接寻址的寄存器有R0、R1和DPTR，称为寄存器间接寻址寄存器。注意：间接寻址寄存器前面必须加上符号"@"。

例如：指令MOV A,@R0执行的操作是将R0的内容作为内部RAM的地址，再将该地址单元中的内容取出来送到累加器A中。

设R0=3AH，内部RAM 3AH中的值是65H，则指令MOV A,@R0的执行结果是累加器A的值为65H，该指令的执行过程如图2-4所示。

5. 变址寻址

在这种寻址方式中，是将基址寄存器与变址寄存器的内容相加，结果作为操作数的地址。DPTR或PC是基址寄存器，累加器A是变址寄存器。该类寻址方式主要用于查表操作。例如：指令MOVC A,@A+DPTR执行的操作是将累加器A和基址寄存器DPTR的内容相加，相加结果作为操作数存放的地址，再将操作数取出来送到累加器A中。

设累加器A=02H，DPTR=0300H，外部ROM（0302H）=55H，则指令MOVC A,@A+DPTR的执行结果是累加器A的内容为55H。该指令的执行过程如图2-5所示。

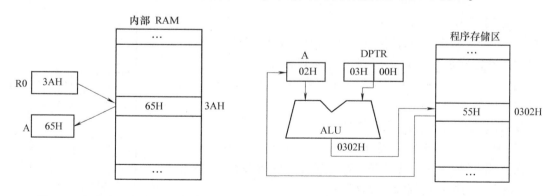

图2-4 寄存器间接寻址示意图　　　　图2-5 变址寻址示意图

6. 相对寻址

相对寻址是指程序计数器PC的当前内容与指令第二字节所给出的数相加，其结果作为跳转指令的转移地址（也称目的地址）。该类寻址方式主要用于跳转指令。

例如：JC rel

这条指令表示若进位 C=0，则不跳转，程序继续向下执行；若进位 C=1，则以 PC 中的当前值为基地址，加上偏移量 rel 后所得到的结果为该转移指令的目的地址。

现假设该指令存放于 0100H、0101H 单元，且 rel=30H，若（C）=1，因 PC 当前值（下一条指令的地址）为 0102H，故执行完该指令后，程序转向（PC）+ 30H=0132H 地址执行。0132H 地址称为目的地址，0100H 称为源地址。该指令执行过程如图 2-6 所示。

在实际工作中，有时需根据已知的源地址和目的地址计算偏移量 rel。现以两字节相对转移指令为例，讨论偏移量 rel 的计算。

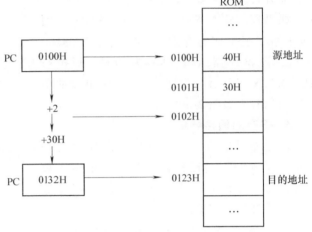

图 2-6 相对寻址示意图

正向跳转时：

rel=目的地址-源地址-2=地址差-2

反向跳转时，目的地址小于源地址，rel 用负数的补码表示：

rel=（目的地址-（源地址+2））$_补$

=FFH-（源地址+2-目的地址）+1

=FEH-|地址差|

7. 位寻址

位寻址是指按位进行的操作，MCS-51 单片机中，操作数不仅可以按字节为单位进行操作，也可以按位进行操作。当我们把某一位作为操作数时，这个操作数的地址称为位地址。而上述介绍的指令都是按字节进行的操作。

位寻址区包括专门安排在内部 RAM 中的两个区域：一是内部 RAM 的位寻址区，地址范围是 20H~2FH，共 16 个 RAM 单元，位地址为 00H~7FH；二是特殊功能寄存器 SFR 中有 11 个寄存器可以位寻址。

例如：指令 SETB 3DH 执行的操作是将内部 RAM 位寻址区中的 3DH 位置 1。

设内部 RAM 27H 单元原来的内容是 00H，执行 SETB 3DH 后，由于 3DH 对应着内部 RAM 27H 的第 6 位，因此该位变为 1，也就是 27H 单元的内容变为 20H。该指令的执行过程如图 2-7 所示。

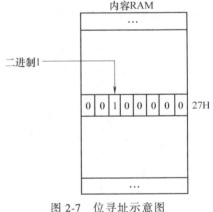

图 2-7 位寻址示意图

2.3 指令系统

MCS-51 单片机指令系统包括 111 条指令，按功能可以划分为五类：

数据传送指令（29 条）；
算术运算指令（24 条）；
逻辑运算指令（24 条）；
控制转移指令（17 条）；
位操作指令（17 条）。

2.3.1 指令系统中的符号说明

在介绍指令系统前，我们先了解一些特殊符号的意义，对今后程序的编写有很大帮助。其意义见表 2-1。

表 2-1 指令描述约定

符　　号	含　　义
Rn	表示当前选定寄存器组的工作寄存器 R0~R7
Ri	表示作为间接寻址的地址指针 R0 或 R1
#data	表示 8 位立即数，即 00H~FFH
#data16	表示 16 位立即数，即 0000H~FFFFH
addr16	表示 16 位地址，用于 64KB 范围内寻址
addr11	表示 11 位地址，用于 2KB 范围内寻址
direct	8 位直接地址，可以是内部 RAM 区的某一单元或某一专用功能寄存器的地址
Rel	带符号的 8 位偏移量（-128~+127）
Bit	位寻址区的直接寻址位
(X)	X 地址单元中的内容
((X))	将 X 地址单元中的内容作为地址，该地址单元中的内容
←	将←后面的内容传送到前面去
/	指定位取反
$	当前指令存放的起始地址

2.3.2 数据传送类指令

数据传送类指令是最常用、最基本的一类指令，包括内部 RAM、寄存器、外部 RAM 以及程序存储器之间的数据传送。

数据传送操作是指把数据从源地址传送到目的地址，源地址内容不变。

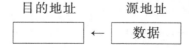

1. 内部 8 位数据传送指令

内部 8 位数据传送指令共 15 条，主要用于 MCS-51 单片机内部 RAM 与寄存器之间的数据传送。指令基本格式：

MOV<目的操作数>,<源操作数>

1）以累加器 A 为目的地址的传送指令（4 条）。

助记符格式	相应操作	指令说明	机器周期
MOV A,Rn	(A)←(Rn)	n=0~7	1
MOV A,direct	(A)←(direct)		1
MOV A,@Ri	(A)←((Ri))	i=0,1	1
MOV A,#data	(A)←#data		1

说明：以上传送指令的结果影响程序状态字寄存器 PSW 的 P 标志。

例 2.1 已知相应单元的内容，请指出每条指令执行后相应单元内容的变化。

累加器 A	40H
寄存器 R0	50H
内部 RAM:40H	60H
内部 RAM:50H	20H

① MOV A,#30H
② MOV A,40H
③ MOV A,R0
④ MOV A,@R0

解：① MOV A,#30H 执行后(A)=30H
② MOV A,40H 执行后(A)=60H
③ MOV A,R0 执行后(A)=50H
④ MOV A,@R0 执行后(A)=20H

2) 以 Rn 为目的地址的传送指令（3条）。

助记符格式	相应操作	指令说明	机器周期
MOV Rn,A	(Rn)←(A)	n=0~7	1
MOV Rn,direct	(Rn)←(direct)	n=0~7	1
MOV Rn,#data	(Rn)←#data	n=0~7	1

说明：以上传送指令的结果不影响程序状态字寄存器 PSW 标志。

3) 以直接地址为目的地址的传送指令（5条）。

助记符格式	相应操作	指令说明	机器周期
MOV direct,A	(direct)←(A)		1
MOV direct,Rn	(direct)←(Rn)	n=0~7	1
MOV direct2,direct1	(direct2)←(direct1)		2
MOV direct,@Ri	(direct)←((Ri))	i=0,1	2
MOV direct,#data	(direct)←#data		2

说明：以上传送指令的结果不影响程序状态字寄存器 PSW 标志。

4) 以寄存器间接地址为目的地址的传送指令(3 条)。

助记符格式	相 应 操 作	指 令 说 明	机 器 周 期
MOV @Ri,A	((Ri))←(A)	i＝0，1	1
MOV @Ri, direct	((Ri))←(direct)	i＝0，1	2
MOV @Ri,#data	((Ri))←#data	i＝0，1	1

说明：以上传送指令的结果不影响程序状态字寄存器 PSW 标志。

例 2.2 已知相应单元的内容，请指出下列指令执行后各单元内容相应的变化。

寄存器 R0	50H
寄存器 R1	66H
寄存器 R6	20H
内部 RAM:50H	60H
内部 RAM:66H	45H
内部 RAM:70H	30H

① MOV A,R6
② MOV R7,70H
③ MOV 70H,50H
④ MOV 40H,@R0
⑤ MOV @R1,#88H

解：① MOV A,R6 执行后(A)＝20H
② MOV R7,70H 执行后(R7)＝30H
③ MOV 70H,50H 执行后（70H）＝60H
④ MOV 40H,@R0 执行后(40H)＝60H
⑤ MOV @R1,#88H 执行后(66H)＝88H

2. 16 位数据传送指令（1 条）

助记符格式	相 应 操 作	指 令 说 明	机 器 周 期
MOV DPTR,#data16	(DPTR)←#data16	把 16 位常数装入数据指针	2

说明：以上指令结果不影响程序状态字寄存器 PSW 的 P 标志。

3. 外部数据传送指令（4 条）

助记符格式	相 应 操 作	指 令 说 明	机 器 周 期
MOVX A,@DPTR	(A)←((DPTR))	把 DPTR 所对应的外部 RAM 地址中的内容传送给累加器 A	2
MOVX A,@Ri	(A)←((Ri))	i＝0，1	2
MOVX @DPTR,A	((DPTR))←(A)	结果不影响 P 标志	2
MOVX @Ri,A	((Ri))←(A)	i＝0，1，结果不影响 P 标志	2

说明：

① 外部 RAM 只能通过累加器 A 进行数据传送。

② 累加器 A 与外部 RAM 之间传送数据时只能用间接寻址方式，间接寻址寄存器为 DPTR，R0，R1。

③ 以上传送指令结果通常影响程序状态字寄存器 PSW 的 P 标志。

例 2.3 把外部数据存储器 2040H 单元中的数据传送到外部数据存储器 2570H 单元中去。

解：MOV DPTR,#2040H
  MOVX A,@DPTR　　　;先将 2040H 单元的内容传送到累加器 A 中
  MOV DPTR,#2570H
  MOVX @DPTR,A　　　;再将累加器 A 中的内容传送到 2570H 单元中

4. 交换和查表类指令

1）字节交换指令（3条）。

助记符格式	相应操作	指令说明	机器周期
XCH A,Rn	(A)↔(Rn)	A 与 Rn 内容互换	1
XCH A,direct	(A)↔(direct)		1
XCH A,@Ri	(A)↔((Ri))	i=0,1	1

说明：以上指令结果影响程序状态字寄存器 PSW 的 P 标志。

2）半字节交换指令（1条）。

助记符格式	相应操作	指令说明	机器周期
XCHD A,@Ri	$(A)_{3-0} \leftrightarrow ((Ri))_{3-0}$	低 4 位交换，高 4 位不变	1

说明：上面指令结果影响程序状态字寄存器 PSW 的 P 标志。

3）累加器 A 中高 4 位和低 4 位交换（1条）。

助记符格式	相应操作	指令说明	机器周期
SWAP A	$(A)_{3-0} \leftrightarrow (A)_{7-4}$	高、低 4 位互相交换	1

说明：上面指令结果不影响程序状态字寄存器 PSW 标志。

例 2.4 设内部数据存储区 2BH、2CH 单元中连续存放有 4 个 BCD 码，试编写一程序把这 4 个 BCD 码倒序排序，即：

```
 a3  a2    a1  a0 ← a0  a1    a2  a3
 2BH       2CH      2BH       2CH
```

解：MOV R0,#2BH　　　　;将立即数 2BH 传送到寄存器 R0 中
  MOV A,@R0　　　　　;将 2BH 单元的内容传送到累加器 A 中
  SWAP A　　　　　　　;将累加器 A 中的高 4 位与低 4 位交换
  MOV @R0,A　　　　　;将累加器 A 的内容传送到 2BH 单元中

```
MOV R1,#2CH
MOV A,@R1              ;将 2CH 单元的内容传送到累加器 A 中
SWAP A                 ;将累加器 A 中的高 4 位与低 4 位交换
XCH A,@R0              ;将累加器 A 中的内容与 2BH 单元的内容交换
MOV @R1,A              ;累加器 A 的内容传送到 2CH 单元
```

4) 查表指令（2 条）。

助记符格式	相应操作	指令说明	机器周期
MOVC A,@A+PC	(PC)←(PC)+1 (A)←((A+PC))	A+PC 当前值所指外部程序存储单元的值送 A	2
MOVC A,@A+DPTR	(A)←((A)+(DPTR))	A+DPTR 所指外部程序存储单元的值送 A	2

说明：

① 以上指令结果影响程序状态字寄存器 PSW 的 P 标志。

② 查表指令用于查找存放在程序存储器中的表格。

5) 堆栈操作指令（2 条）。

助记符格式	相应操作	指令说明	机器周期
PUSH direct	(SP)←(SP)+1 ((SP))←(direct)	将 SP 加 1，然后将源地址单元中的数传送到 SP 所指示的单元中去	2
POP direct	(direct)←((SP)) (SP)←(SP)-1	将 SP 所指示的单元中的数传送到 direct 地址单元中，然后 SP←SP-1	2

说明：

① 堆栈是用户自己设定的内部 RAM 中的一块专用存储区，使用时一定先设堆栈指针；堆栈指针缺省为 SP=07H。

② 堆栈遵循后进先出的原则安排数据。

③ 堆栈操作必须是字节操作，而且只能直接寻址。将累加器 A 入栈、出栈指令可以写成：PUSH/POP ACC 或 PUSH/POP 0E0H，而不能写成：PUSH/POP A。

④ 堆栈通常用于临时保护数据及子程序调用时保护现场/恢复现场。

⑤ 此类指令结果不影响程序状态字寄存器 PSW 标志。

例 2.5 设(30H)=01H,(40H)=1AH。将内部 RAM 的 30H 与 40H 两单元的内容交换。

解：PSUH   30H
　　　PSUH   40H
　　　POP   30H
　　　POP   40H

执行结果：(30H)=1AH,(40H)=01H

2.3.3 算术运算类指令

1. 加、减法指令

1) 加法指令（8 条）。

助记符格式	相应操作	指令说明	机器周期
ADD A,Rn	(A)←(A)+(Rn)	n=0~7	1
ADD A,direct	(A)←(A)+(direct)		1
ADD A,@Ri	(A)←(A)+((Ri))	i=0,1	1
ADD A,#data	(A)←(A)+#data		1
ADDC A,Rn	(A)←(A)+(Rn)+CY	n=0~7	1
ADDC A,direct	(A)←(A)+(direct)+CY		1
ADDC A,@Ri	(A)←(A)+((Ri))+CY	i=0,1	1
ADDC A,#data	(A)←(A)+#data+CY		1

说明：

① ADD 与 ADDC 的区别为是否加进位位 CY。

② 指令执行结果均在累加器 A 中。

③ 以上指令结果均影响程序状态字寄存器 PSW 的 CY、OV、AC 和 P 标志。

如果 D_7 位有进位，则进位位 CY 为 1；否则，CY 为 0。如果 D_3 位有进位，则辅助进位位 AC 为 1；否则，AC 为 0。如果 D_6 位有进位而 D_7 位无进位，或 D_6 位无进位而 D_7 位有进位，则溢出标志 OV 为 1，否则，OV 为 0。OV 标志可由计算公式 $OV = C_7' \oplus C_6'$ 来确定，其中 C_6'、C_7' 分别为 D_6 位、D_7 位向高位的进位。

2）减法指令（4条）。

助记符格式	相应操作	指令说明	机器周期
SUBB A,Rn	(A)←(A)-(Rn)-CY	n=0~7	1
SUBB A,direct	(A)←(A)-(direct)-CY		1
SUBB A,@Ri	(A)←(A)-((Ri))-CY	i=0,1	1
SUBB A,#data	(A)←(A)-#data-CY		1

说明：

① 减法指令中没有不带借位的减法指令，所以在需要时，必须先将 CY 清 0。

② 指令执行结果均在累加器 A 中。

③ 减法指令结果影响程序状态字寄存器 PSW 的 CY、OV、AC 和 P 标志。

例 2.6　(A) = 0C3H, (R0) = 0AAH, 执行指令 ADD A, R0, 则操作如下：

```
   1 1 0 0 0 0 1 1
+) 1 0 1 0 1 0 1 0
  1 0 1 1 0 1 1 0 1
```

运算后，CY = 1, OV = 1, AC = 0, P = 1, (A) = 6DH。

上例中若 C3H 和 AAH 看作无符号数相加，则不考虑溢出，结果为 16DH；若把 C3H 和 AAH 看作有符号数，则得到 2 个负数相加得正数的错误结论，此时 OV = 1，表示出错。OV = 1 表示两正数相加，和变成负数，或两负数相加，和变成正数的错误结果。溢出标志 OV 在 CPU 内部是靠硬件异或门获得的。

3) BCD 码调正指令（1 条）。

助记符格式	指令说明	机器周期
DA A	BCD 码加法调正指令	1

说明：
① 结果影响程序状态字寄存器 PSW 的 CY、OV、AC 和 P 标志。
② BCD（Binary Coded Decimal）码是用二进制形式表示十进制数，例如十进制数 45，其 BCD 码形式为 45H。BCD 码只是一种表示形式，与其数值没有关系。

BCD 码用 4 位二进制码表示一位十进制数，这四位二进制数各位的权由高位到低位分别为 8421，所以 BCD 码又称为 8421 码。十进制数码 0~9 所对应的 BCD 码见表 2-2。

表 2-2 十进制数码与 BCD 码对应表

十进制数码	0	1	2	3	4	5	6	7	8	9
二进制码	0000	0001	0010	0011	0100	0101	0110	0111	1000	1001

在表 2-2 中，用四位二进制数表示一个十进制数位，例如 56D 和 87D 的 BCD 码表示为：
0101 0110　（56D）
1000 0111　（87D）
0001 0100 0011　（143D）
③ DA A 指令将 A 中的二进制码自动调整为 BCD 码。
④ DA A 指令只能跟在 ADD 或 ADDC 加法指令后，不适用于减法。
⑤ 该指令结果影响程序状态字寄存器 PSW 的 CY、OV、AC 和 P 标志。

例 2.7　说明下列指令的执行结果。

解：　MOV A,#05H　　　　;05H→(A)
　　　ADD A, #08H　　　　;05H+08H→(A)，(A)= 0DH
　　　DA A　　　　　　　　;自动调整为 BCD 码，(A)= 13H

4) 加 1 减 1 指令（9 条）。

助记符格式	相应操作	指令说明	机器周期
INC A	(A)←(A)+1	影响 PSW 的 P 标志	1
INC Rn	(Rn)←(Rn)+1	n = 0~7	1
INC direct	(direct)←(direct)+1		1
INC @Ri	((Ri))←((Ri))+1	i = 0, 1	1
INC DPTR	(DPTR)←(DPTR)+1		2
DEC A	(A)←(A)−1	影响 PSW 的 P 标志	1
DEC Rn	(Rn)←(Rn)−1	n = 0~7	1
DEC direct	(direct)←(direct)−1		1
DEC @Ri	((Ri))←((Ri))−1	i = 0, 1	1

说明：

以上指令结果通常不影响程序状态字寄存器 PSW。

例 2.8 分别指出指令 INC R0 和 INC @R0 的执行结果。设（R0）= 30H，（30H）= 00H。

解：INC R0　　　；(R0)+1 = 30H+1 = 31H→(R0)，(R0) = 31H

　　INC @R0　　；((R0))+1 = (30H)+1→((R0))，(30H) = 01H，R0 中内容不变

2. 乘、除法指令

1）乘法指令（1 条）。

助记符格式	相应操作	指令说明	机器周期
MUL AB	(B)(A)←(A)*(B)	无符号数相乘，高位存 B，低位存 A	4

说明：乘法结果影响程序状态字寄存器 PSW 的 OV（积超过 0FFH，则置 1，否则为 0）和 CY（总是清 0）以及 P 标志。

2）除法指令（1 条）。

助记符格式	相应操作	指令说明	机器周期
DIV AB	(A)←(A)/(B) 的商 (B)←(A)/(B) 的余数	无符号数相除，商存 A，余数存 B	4

说明：

① 除法结果影响程序状态字寄存器 PSW 的 OV（除数为 0，则置 1，否则为 0）和 CY（总是清 0）以及 P 标志。

② 当除数为 0 时结果不能确定。

2.3.4 逻辑运算及移位类指令

1. 逻辑运算指令

1）逻辑与指令（6 条）。

助记符格式	相应操作	指令说明	机器周期
ANL A,direct	(A)←(A)∧(direct)	按位相与	1
ANL A,Rn	(A)←(A)∧(Rn)	n = 0~7	1
ANL A,@Ri	(A)←(A)∧((Ri))	i = 0,1	1
ANL A,#data	(A)←(A)∧#data		1
ANL direct,A	(direct)←(direct)∧A	不影响 PSW 的 P 标志	1
ANL direct,#data	(direct)←(direct)∧#data	不影响 PSW 的 P 标志	2

说明：

① 以上指令结果通常影响程序状态字寄存器 PSW 的 P 标志。

② 逻辑与指令通常用于将一个字节中的指定位清 0，其他位不变。

2）逻辑或指令（6 条）。

助记符格式	相应操作	指令说明	机器周期
ORL A,direct	(A)←(A)∨(direct)	按位相或	1
ORL A,Rn	(A)←(A)∨(Rn)	n=0~7	1
ORL A,@Ri	(A)←(A)∨(Ri)	i=0,1	1
ORL A,#data	(A)←(A)∨#data		1
ORL direct,A	(direct)←(direct)∨(A)	不影响PSW的P标志	1
ORL direct,#data	(direct)←(direct)∨#data	不影响PSW的P标志	2

说明：

① 以上指令结果通常影响程序状态字寄存器PSW的P标志。

② 逻辑或指令通常用于将一个字节中的指定位置1，其余位不变。

3) 逻辑异或指令（6条）。

助记符格式	相应操作	指令说明	机器周期
XRL A,direct	(A)←(A)⊕(direct)	按位相异或	1
XRL A,Rn	(A)←(A)⊕(Rn)	n=0~7	1
XRL A,@Ri	(A)←(A)⊕((Ri))	i=0,1	1
XRL A,#data	(A)←(A)⊕#data		1
XRL direct,A	(direct)←(direct)⊕(A)	不影响PSW的P标志	1
XRL direct,#data	(direct)←(direct)⊕#data	不影响PSW的P标志	2

说明：

① 以上指令结果通常影响程序状态字寄存器PSW的P标志。

② 逻辑异或指令通常用于将一个字节中的指定位取反，其余位不变。

4) 累加器A清0和取反指令（2条）。

助记符格式	相应操作	指令说明	机器周期
CLR A	(A)←00H	A中内容清0，影响P标志	1
CPL A	(A)←($\overline{A}$)	A中内容按位取反，影响P标志	1

2. 循环移位指令（4条）

助记符格式	相应操作	指令说明	机器周期
RL A	┌─A7←-A0─┐	循环左移	1
RLC A	┌─CY—A7←-A0─┐	带进位循环左移，影响CY标志	1
RR A	┌─→A7→-A0→─┐	循环右移	1
RRC A	┌─CY→A7→-A0─┐	带进位循环右移，影响CY标志	1

说明：执行带进位的循环移位指令之前，必须给 CY 置位或清 0。

例 2.9 (A) = E5H，执行指令 ANL A,#0FH 之后，(A) = 05H，高 4 位被清 0，而低 4 位不变；执行指令 ORL A,#0FH 之后，(A) = EFH，高 4 位不变，而低 4 位被置 1；执行指令 XRL A,#0FH 之后，(A) = EAH，高 4 位不变，而低 4 位变反。

2.3.5 控制转移类指令

控制转移类指令的本质是改变程序计数器 PC 的内容，从而改变程序的执行方向。控制转移指令分为无条件转移指令、条件转移指令和调用/返回指令。

1. 无条件转移指令（4 条）

1）长转移指令（1 条）。

助记符格式	相应操作	指令说明	机器周期
LJMP addr16	(PC)←addr16	程序跳转到地址为 addr16 开始的地方执行	2

说明：
① 该指令结果不影响程序状态字寄存器 PSW。
② 该指令可以转移到 64KB 程序存储器中的任意位置。

2）绝对转移指令（1 条）。

助记符格式	相应操作	指令说明	机器周期
AJMP addr11	(PC)←(PC)+2 (PC$_{10\sim0}$)←addr11	程序跳转到地址为 PC$_{15\sim11}$addr11 开始的地方执行，2KB 内绝对转移	2

说明：
① 该指令结果不影响程序状态字寄存器 PSW。
② 该指令转移范围是 2KB。

例 2.10 指令 KWR：AJMP KWR1 的执行结果。

解：设 KWR 标号地址 = 1030H，KWR1 标号地址 = 1100H，该指令执行后 PC 首先加 2 变为 1032H，然后由 1032H 的高 5 位和 1100H 的低 11 位拼装成新的 PC 值 = 0001000100000000B，即程序从 1100H 开始执行。

3）相对转移指令（1 条）。

助记符格式	相应操作	指令说明	机器周期
SJMP rel	(PC)←(PC)+2 (PC)←(PC)+rel	-80H(-128)~7FH(127) 短转移	2

说明：
① 该指令结果不影响程序状态字寄存器 PSW。
② 该指令的转移范围是以本指令的下一条指令为中心的 -128~+127B 以内。
③ 在实际应用中，LJMP、AJMP 和 SJMP 后面的 addr16、addr11 或 rel 都是用标号来代替的，不一定写出它们的具体地址。

4）间接寻址的无条件转移指令（1条）。

助记符格式	相应操作	指令说明	机器周期
JMP @ A+DPTR	(PC)←(A)+((DPTR))	64KB 内相对转移	2

说明：

① 该指令结果不影响程序状态字寄存器 PSW。

② 该指令通常用于散转（多分支）程序。

2. 条件转移指令（8条）

1）累加器 A 判 0 指令（2条）。

助记符格式	相应操作	机器周期
JZ rel	(PC)←(PC)+2,若(A)=0,则(PC)←(PC)+rel,否则顺序执行	2
JNZ rel	(PC)←(PC)+2,若(A)≠0,则(PC)←(PC)+rel,否则顺序执行	2

说明：

① 以上指令结果不影响程序状态字寄存器 PSW。

② 转移范围与指令 SJMP 相同。

2）比较转移指令（4条）。

助记符格式	相应操作	机器周期
CJNE A,#data,rel	(PC)←(PC)+3,若(A)≠#data,则(PC)←(PC)+rel,否则顺序执行；若(A)<#data,则 CY=1,否则 CY=0	2
CJNE Rn,#data,rel	(PC)←(PC)+3,若(Rn)≠#data,则(PC)←(PC)+rel,否则顺序执行；若(Rn)<#data,则 CY=1,否则 CY=0	2
CJNE @ Ri,#data,rel	(PC)←(PC)+3,若((Ri))≠#data,则(PC)←(PC)+rel,否则顺序执行；若((Ri))<#data,则 CY=1,否则 CY=0	2
CJNE A,direct,rel	(PC)←(PC)+3,若(A)≠(direct),则(PC)←(PC)+rel,否则顺序执行；若(A)<(direct),则 CY=1,否则 CY=0	2

说明：

① 以上指令结果影响程序状态字寄存器 PSW 的 CY 标志。

② 转移范围与 SJMP 指令相同。

3）减 1 非零转移指令（2条）。

助记符格式	相应操作	机器周期
DJNZ Rn,rel	(Rn)←(Rn)-1,(PC)←(PC)+2,若(Rn)≠0,则(PC)←(PC)+rel,否则顺序执行	2
DJNZ direct,rel	(direct)←(direct)-1,(PC)←(PC)+3,若(direct)≠0,则(PC)←(PC)+rel,否则顺序执行	2

说明：

① DJNZ 指令通常用于循环程序中控制循环次数。

② 转移范围与 SJMP 指令相同。

③ 以上指令结果不影响程序状态字寄存器 PSW。

3. 调用和返回指令（5 条）

1）绝对调用指令（1 条）。

助记符格式	相应操作	机器周期
ACALL addr11	$(PC)\leftarrow(PC)+2$ $(SP)\leftarrow(SP)+1,((SP))\leftarrow(PC_{0\sim7})$ $(SP)\leftarrow(SP)+1,((SP))\leftarrow(PC_{8\sim15})$ $(PC_{0\sim10})\leftarrow addr11$	2

说明：

① 该指令结果不影响程序状态字寄存器 PSW。

② 调用范围与 AJMP 指令相同。

2）长调用指令（1 条）。

助记符格式	相应操作	机器周期
LCALL addr16	$(PC)\leftarrow(PC)+3$ $(SP)\leftarrow(SP)+1,((SP))\leftarrow(PC_{0\sim7})$ $(SP)\leftarrow(SP)+1,((SP))\leftarrow(PC_{8\sim15})$ $(PC)\leftarrow addr16$	2

说明：

① 该指令结果不影响程序状态字寄存器 PSW。

② 调用范围与 LJMP 指令相同。

3）返回指令（2 条）。

助记符格式	相应操作	指令说明	机器周期
RET	$(PC_{8\sim15})\leftarrow((SP)),(SP)\leftarrow(SP)-1$ $(PC_{0\sim7})\leftarrow((SP)),(SP)\leftarrow(SP)-1$	子程序返回	2
RETI	$(PC_{8\sim15})\leftarrow((SP)),(SP)\leftarrow(SP)-1$ $(PC_{0\sim7})\leftarrow((SP)),(SP)\leftarrow(SP)-1$	中断程序返回	2

说明：该指令结果不影响程序状态字寄存器 PSW。

4）空操作（1 条）。

助记符格式	相应操作	指令说明	机器周期
NOP	空操作	消耗 1 个机器周期	1

说明：该指令结果不影响程序状态字寄存器 PSW。

2.3.6 位操作类指令

前面介绍的指令全都是用"字节"来处理的：字节的移动、加法、减法、逻辑运算、移位等。工业中有很多场合需要处理开关输出、继电器吸合,用字节来处理就比较麻烦,所以在 8051 单片机中特意引入一个位处理机制。在项目中"位"就是一个汽车转向灯的亮和灭。

位操作指令的操作数是"位",其取值只能是 0 或 1,故又称之为布尔变量操作指令。位操作指令的操作对象是片内 RAM 的位寻址区(即 20H~2FH)和特殊功能寄存器 SFR 中的 11 个可位寻址的寄存器。片内 RAM 的 20H~2FH 共 16 个单元 128 个位,我们为这 128 个位的每个位均定义 1 个名称,00H~7FH,称为位地址。对于特殊功能寄存器 SFR 中可位寻址的寄存器的每个位也有名称定义。

对于位寻址,有以下三种不同的写法:

第一种是直接地址写法,如 MOV C,0D2H 其中 0D2H 表示 PSW 中的 OV 位地址。

第二种是点操作符写法,如 MOV C,0D0H.2。

第三种是位名称写法,在指令格式中直接采用位定义名称,这种方式只适用于可以位寻址的 SFR,如 MOV C,OV。

1) 位传送指令(2 条)。

助记符格式	相应操作	指令说明	机器周期
MOV C,bit	CY←(bit)	位传送指令,结果影响 CY 标志	2
MOV bit,C	(bit)←CY	位传送指令,结果不影响 PSW	2

说明:位传送指令必须与进位位 CY 进行,不能在其他两个位之间传送。进位位 CY 也称为位累加器。

2) 位置位和位清零指令(4 条)。

助记符格式	相应操作	指令说明	机器周期
CLR C	CY←0	位清 0 指令,结果影响 CY 标志	1
CLR bit	(bit)←0	位清 0 指令,结果不影响 PSW	1
SETB C	CY←1	位置 1 指令,结果影响 CY 标志	1
SETB bit	(bit)←1	位置 1 指令,结果不影响 PSW	1

3) 位运算指令(6 条)。

助记符格式	相应操作	指令说明	机器周期
ANL C,bit	CY←CY∧(bit)	位与指令	2
ANL C,/bit	CY←CY∧($\overline{bit}$)	位与指令	2
ORL C,bit	CY←CY∨(bit)	位或指令	2
ORL C,/bit	CY←CY∨($\overline{bit}$)	位或指令	2
CPL C	CY←($\overline{CY}$)	位取反指令	2
CPL bit	bit←($\overline{bit}$)	位取反指令,结果不影响 CY	2

说明:以上指令结果通常影响程序状态字寄存器 PSW 的 CY 标志。

4) 位转移指令(3 条)。

助记符格式	相应操作	机器周期
JB bit,rel	若(bit)=1,则(PC)←(PC)+3+rel,否则顺序执行	2
JNB bit,rel	若(bit)=0,则(PC)←(PC)+3+rel,否则顺序执行	2
JBC bit,rel	若(bit)=1,则(PC)←(PC)+3+rel,并使(bit)←0,否则顺序执行	2

说明：

① JBC与JB指令区别，前者转移后并把寻址位清0，后者只转移不清0寻址位。

② 以上指令结果不影响程序状态字寄存器PSW。

5）判CY标志指令（2条）。

助记符格式	相应操作	机器周期
JC rel	若CY=1,则(PC)←(PC)+2+rel,否则顺序执行	2
JNC rel	若CY=0,则(PC)←(PC)+2+rel,否则顺序执行	2

说明：以上结果不影响程序状态字寄存器PSW。

例2.11 用位操作指令编程计算逻辑方程P1.7=ACC.0×(B.0+P2.1)+/P3.2，其中"+"表示逻辑或，"×"表示逻辑与。

解：程序段如下：

```
MOV C,B.0        ;(B.0)→CY
ORL C,P2.1       ;CY 或(P2.1)→CY
ANL C,ACC.0      ;CY 与(ACC.0)→CY,即(ACC.0)×(B.0+P2.1)→CY
ORL C,/P3.2      ;CY 或(/P3.2),即(ACC.0)×(B.0+P2.1)+/P3.2→CY
MOV P1.7,C       ;CY→(P1.7)
```

2.3.7 常用伪指令

单片机汇编语言程序设计中，除了使用指令系统规定的指令外，还要用到一些伪指令。伪指令又称指示性指令，具有和指令类似的形式，但汇编时伪指令并不产生可执行的目标代码，只是对汇编过程进行某种控制或提供某些汇编信息。

下面对常用的伪指令作一简单介绍。

1. 定位伪指令ORG

格式：[标号：] ORG 地址表达式

功能：规定程序块或数据块存放的起始位置

例如：ORG 1000H；表示指令 MOV A,#20H 存放于1000H开始的单元。

2. 定义字节数据伪指令DB

格式：[标号：] DB 字节数据表

功能：字节数据表可以是多个字节数据、字符串或表达式，它表示将字节数据表中的数据从左到右依次存放在指定地址单元。

例如：ORG 1000H

　　　　　TAB:DB 2BH,0A0H,'A',2*4   ;表示从1000H单元开始的地方存放数据2BH，
　　　　　　　　　　　　　　　　　　　　0A0H,41H(字母A的ASCII码),08H。

3. 定义字数据伪指令 DW

格式：［标号：］ DW 字数据表

功能：与 DB 类似，但 DW 定义的数据项为字，包括两个字节，存放时高位在前，低位在后。

例如：ORG 1000H

　　　DATA:DW 324AH,3CH　；表示从 1000H 单元开始的地方存放数 32H,4AH,00H,
　　　　　　　　　　　　　　3CH（3CH 以字的形式表示为 003CH）。

4. 定义空间伪指令 DS

格式：［标号：］ DS 表达式

功能：从指定的地址开始，保留多少个存储单元作为备用的空间。

例如：ORG 1000H

　　　BUF:DS 50　　；预留 50 个存储空间,数字 50 后面未带 H 为十进制数。
　　　TAB:DB 22H　；表示从 1000H 开始的地方预留 50（1000H～1031H）个存储字节空间，22H 存放在 1032H 单元。

5. 符号定义伪指令 EQU 或 =

格式：符号名　EQU　表达式

　　　符号名　＝　表达式

功能：将表达式的值或某个特定汇编符号定义为一个指定的符号名，只能定义单字节数据，并且必须遵循先定义后使用的原则，因此该语句通常放在源程序的开头部分。

例如：LEN = 10

　　　SUM EQU 21H

　　　………

　　　MOV A,#LEN　；执行指令后，累加器 A 中的值为 0AH

　　　………

6. 数据赋值伪指令 DATA

格式：符号名　DATA　表达式

功能：将表达式的值或某个特定汇编符号定义一个指定的符号名，只能定义单字节数据，但可以先使用后定义，因此用它定义数据可以放在程序末尾进行数据定义。

例如：………

　　　MOV A,#LEN

　　　………

　　　LEN DATA 10

尽管 LEN 的引用在定义之前，但汇编语言系统仍可以知道 A 的值是 0AH。

7. 数据地址赋值伪指令 XDATA

格式：符号名　XDATA　表达式

功能：将表达式的值或某个特定汇编符号定义一个指定的符号名，可以先使用后定义，并且用于双字节数据定义。

例如：DELAY XDATA 0356H

　　　………

LCALL DELAY   ;执行指令后,程序转到0356H单元执行

8. 汇编结束伪指令 END

格式:[标号:] END

功能:汇编语言源程序结束标志,用于整个汇编语言程序的末尾处。

2.3.8 汇编子程序举例

例 2.12 试计算发动机燃油温度信号与油温的关系。

设电压与油温的表为[1 2 3 4]V [22 30 38 54]℃。发动机的燃油温度通常是电压信号,通过上表可以在得到一个电压信号后,算出燃油温度。由于输入的字符之间很难找到什么规律,建立表格时将字符和其对应的处理程序的地址一同存入。查表时先查找电压值,其后就是处理程序的入口地址(假设待转换量放在A中,结果存放到R2中)。程序代码如下:

```
SRT:    MOV     DPTR,#TAB
        MOV     B,    A
LOOP:   CLR     A
        MOVC    A,@A+DPTR
        INC     DPTR
        CJNE    A,B,NEXT
        CLR     A
        MOVC    A,@A+DPTR
        MOV     R2,A
NEXT:   INC     DPTR
        SJMP    LOOP
TAB:    DB      1
        DB      22
        DB      2
        DB      30
        DB      3
        DB      38
        DB      4
        DB      54
```

2.4 C语言指令系统

C语言是一种通用的、过程式的编程语言,广泛用于系统与应用软件的开发。具有高效、灵活、功能丰富、表达力强和较高的移植性等特点,在编程者中备受青睐。是最近几年中使用最为广泛的编程语言。

2.4.1 C语言概述

智能电子产品改变了世界,改变了人类的生活,其巨大的"魔力"来源于程序,而程

序是由人们运用计算机语言编写编译后输入到芯片中，上电运行后实现相应的功能。C 语言是一种编译型程序设计语言，有多种高级语言的特点，并具备汇编语言的功能。单片机 C 语言与标准 C 语言没有太大的区别，但在对单片机硬件控制时单片机 C 语言有自己特殊的定义。C 语言是一种源于编写 UNIX 操作系统的语言，是一种结构化语言，可以产生紧凑代码。C 语言结构是以花括号"｛｝"而不是以字和特殊符号表示的语言。与单片机使用的汇编语言相比，C 语言有如下优点。

1）对单片机的指令系统不需要了解，仅要求对存储器有了解。
2）编译器管理寄存器的分配、不同存储器的寻址及数据类型等细节。
3）程序结构化，可以通过函数实现小功能执行。
4）具有将可变的选择与特殊操作组合在一起的能力，改善了程序的可读性。
5）用近似人的思维来使用关键字和运算函数。
6）提供包含多个标准子程序的库，具有较强的数据处理能力。
7）具有模块化编程技术，很容易将新程序植入已编写好的程序。
8）编程和程序调试时间短，编程效率高。

C 语言函数是 C 语言程序的基本组成模块单位。一个 C 语言程序由一个主函数 main（）和若干个模块化的子函数构成，也称为函数式语言。C 语言程序总是从主函数开始执行，由主函数根据芯片外部接口情况和指令编写来调用其他子函数，子函数可以有若干个。一个函数由两部分组成，即函数定义和函数体。

例如：void delay（unsigned char a）；这条语句中 void 是函数类型，delay 是函数名称，unsigned char a 是对形式参数 a 定义为无符号字符型变量。

2.4.2　C 语言程序结构

单片机 C 语言是一种结构化的程序设计语言，结构如图 2-8 所示。程序是解决问题的软件部分，而语句是组成程序的基础，因此学习语句的流程与控制非常重要。

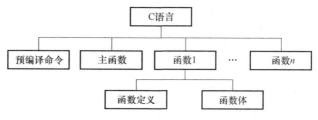

图 2-8　C 语言程序的结构

单片机 C 语言采用三种经典程序结构，包括顺序结构、选择结构和循环结构。

1. 顺序结构（sequence）

顺序结构就是按顺序执行各条语句，无需循环也无需跳转，是最简单也是最基本的流程控制语句。

2. 选择结构（selection）

选择结构又称判断结构或分支结构，根据是否满足给定的条件而从多组操作中选择一种操作。选择结构的主要语句是 if 语句。

3. 循环结构 (repetition)

循环结构又称为重复结构,即在一定条件下反复执行某一部分的操作,循环结构的主要语句是 for, while, do-while 语句。

2.4.3 C 语言基本语句

上述三种基本结构可以组成各种复杂的程序,而 C 语言提供了多种语句来实现这些程序结构。

1. 表达语句与复合语句

(1) 表达式语句　表达式语句是众多语句中最基本的一种语句。所谓表达式语句就是由一个表达式构成的一个程序语句。单片机 C 语言中所有的语句都是以分号结束,因此在分号出现之前,语句是不完整的。其一般格式如下:

表达式；

例如:

P1 = 0×00；

P1_0 = 1；

a = b+c；

i++；

(2) 复合语句　复合语句就是把多个语句用"{}"括起来组成一个语句,形成具有一定功能的模块。复合语句之间用"{}"分隔,而它内部的各条语句需要用";"分隔。复合语句是允许嵌套的。

例如:

void main( )
{
  bit yunxing,tingzhi；
  while(1)
  {
    yunxing = P3_0；
    tingzhi = P3_1；
    …
    delay(200)；
  }
}

2. 选择语句

选择语句又称为条件语句(分支语句),能够改变程序的流程。在 C 语言中,选择语句包括 if 语句和 switch 语句,下面分别进行介绍。

(1) 基本 if 语句　基本 if 语句的一般格式如下:

if(表达式)

　{

　　语句组 1；

```
        }
    else
        {
            语句 2;
        }
```

if 语句的执行过程：当表达式的值为真（非 0）时，执行语句组 1；当表达式的值为假（0）时，则执行语句组 2。

其中语句组 2 是可选项，可以默认不写，此时基本 if 语句变成：

if(表达式){语句组 1;}

注意：

① 当语句组为一条表达式时，"{}" 可以不写，但初学者最好规范书写。

② if 语句可以嵌套，这时 else 语句与同一级别中最近的一个 if 语句匹配。

（2）if-else-if 语句　当有多个分支选择时，可采用 if-else-if 语句，其一般格式如下：

```
if(表达式)
    {
    语句组 1;
    }
    else if(表达式 2)
        {
            语句组 2;
        }
    else if(表达式 3)
        {
            语句组 3;
        }
        …
    else if(表达式 m)
        {
            语句组 m;
        }
    else if(表达式 n)
        {
            语句组 n;
        }
```

执行该语句时，依次判断表达式的值，当表达式的值为真时，则执行其对应的语句。然后跳到整个 if 语句之外继续执行程序；如果所有的表达式均为假，则执行语句 n，然后继续执行后续程序。if-else-if 语句的执行过程如图 2-9 所示。

（3）switch 语句　当编程遇到的判断条件较少时（3 个判断条件以下），if 语句执行效果较好，但是当遇到判断条件较多时，if 语句就会降低程序的可读性。C 语言还提供了另一

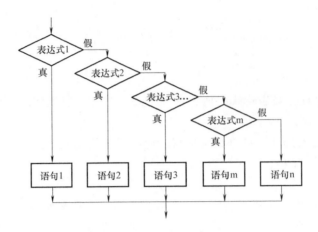

图 2-9　if-else-if 语句的执行过程

种用于多分支选择的 switch 语句，其一般格式如下：

switch(表达式)

{

case 常量表达式 1:语句组 1;break;

case 常量表达式 1:语句组 1;break;

…

case 常量表达式 n:语句组 n;break;

default:语句组 n+1;

}

执行该语句时，先计算"表达式"的值，并逐个与 case 后面的"常量表达式"的值相比较，当"表达式"的值与某个"常量表达式"的值相等时，即执行其后的语句，再执行 break 语句，跳出 switch 语句的执行，继续执行下一条语句。如表达式的值与所有 case 后的"常量表达式"均不相同时，则执行 default 后的语句。

例如本任务中的源程序使用的以下 switch 语句。

switch(button)

{

case 0×06:P0=led[0];break;

case 0×05:P0=led[1];break;

case 0×03:P0=led[2];break;

case 0×04:P0=led[3];break;

case 0×01:P0=led[4];break;

case 0×02:P0=led[5];break;

case 0×00:P0=led[6];break;

case 0×07:P0=led[7];break;

default:break;

}

3. 循环语句

在结构化程序设计中,循环程序结构是一种非常重要的程序结构,几乎出现在所有的应用程序中。

循环语句的作用:当条件满足时,重复执行某程序段,直到条件不满足为止。给定的条件称为循环条件,重复执行的程序段称为循环体。

在 C 语言中,循环程序结构分为三种语句:while 语句、do-while 语句和 for 语句。下面分别对它们加以介绍。

(1) while 语句 while 语句的一般格式如下:

while(表达式)
{
语句组;   //循环体
}

其中表达式是循环条件,语句组为循环体。while 语句的执行过程是先计算表达式的值,当值为真(非0)时,执行循环体语句;当值为假(0)时,则退出整个 while 循环语句,while 语句执行过程如图 2-10 所示。

例如:用 while 语句计算从 1 加到 100 的值。

```
int i,sum;
i=1;
sum=0;
while(i<=100)
{
sum=sum+i;
i++;
}
```

(2) do-while 语句 do-while 语句的一般格式如下:

do
 {
语句组;   //循环体
 }while(表达式);

此循环与 while 循环的区别在于:它先执行一次循环中的语句,然后再判断表达式是否为真,如果为真则继续循环,如果为假则终止循环。因此,do-while 循环至少要执行一次循环语句。do-while 语句执行过程如图 2-11 所示。

例如:用 do-while 语句求 1~100 累加和。

```
main( )
{
int i,sum=0;              //循环控制变量 i 初始值为 1,和变量初始值为 0
i=1;
do{
```

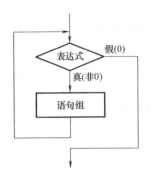

图 2-10 while 语句执行过程

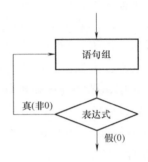

图 2-11 do-while 语句执行过程

    sum = sum+i;   //累加和

    i++;   //i 增加 1,修改循环控制变量

   }

While(i<=100);   //判断 i 是否小于等于 100,满足则循环,否则跳出

}

（3）for 语句　在 C 语言中,for 语句使用最为灵活,完全可以取代 while 语句。for 语句的一般格式如下：

for(循环变量赋初值;循环条件;修改循环变量)

{

语句组;//循环体

}

for 语句的执行过程如下：

1) 首先执行"循环变量赋初值",一般为一个赋值表达式。

2) 判断"循环条件",若其值为真（非 0）,则执行 for 语句中指定的内嵌语句组,然后执行第 3) 步;若其值为假（0）,则结束循环,转到第 5) 步。该语句决定什么时候退出循环。

3) 执行"修改循环变量",定义每一次循环后变量如何变化。

4) 转回第 2) 步继续执行。

5) 循环结束,执行 for 语句下面一条语句。

其执行过程如图 2-12 所示。

例如：

for(i=1;i<=100;i++)

   {

   sum = sum+i;

   }

其执行过程是先给 i 赋初值 1,判断 i 是否小于等于 100,若是则执行语句,之后值增加 1。再重新判断,直到条件为假,即 i>100 时,结束循环。相当于：

   i=1;

```
while(i<=100)
{
sum=sum+i;
i++;
}
```

对于 for 循环中语句的一般格式，就是如下的 while 循环格式。

循环变量赋初值；
while(循环条件)
  {
    语句组；
    修改循环变量；
  }

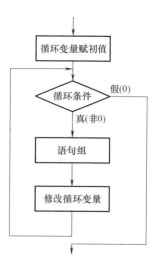

图 2-12 for 语句执行过程

三种循环的比较：

1）while 和 do-while 语句，循环体中应包括使循环趋于结束的语句。

2）for 语句功能最强，也最常用。

3）用 while 和 do-while 语句时，循环变量初始化的操作应在 while 和 do-while 语句之前完成，而 for 语句可以在内部实现循环变量的初始化。

2.4.4　C 语言数据与运算

C51 编译器把数据分成多种数据类型，并提供了丰富的运算符进行数据处理。数据类型、运算符和表达式是 C51 单片机应用程序设计的基础，现在对数据类型和运算符进行介绍。

1. C 语言数据类型

单片机内部的数据都是用二进制来表示的。存储器由半导体集成电路构成，它包括大量的小脉冲单元电路（二极管元件）。每个元器件如同一个开关，有两种稳定状态："导通"和"截止"，即电脉冲的"有"和"无"，用 1 和 0 表示。当存储数据时，根据存储数据的数值，将相应的电子元件设置为"导通"和"截止"状态。数据是单片机操作的对象，任何程序设计都要进行数据处理。具有一定格式的数字或数值称为数据，数据的不同格式称为数据类型。通过数据类型的设置，可以确定数字或数值的取值范围。

位（bit），又称"比特"，每一个二极管元件称为一个"二进制位"，是存储信息的最小单位，它的值为 1 或 0；单片机内部可位寻址区存放的数据就是位类型。字节（byte），又称"拜特"，一个存储器包含很多位，如果直接用"位"来表示和管理，会很不方便。一般将 8 个"二进制位"组成一组，称为"字节"，是最常用的存储单位。单片机存储器包含很多存储单元，这些存储单元以字节为单位编号，单位编号就是存储单元的地址。

在 C 语言中，数据类型可分为：基本数据类型、构造数据类型、指针类型、空类型四大类。表 2-2 列出了 Keil uVision 3 C51 支持的数据类型。

表 2-3　Keil uVision 3 C51 编译器所支持的数据类型

类型说明	关键字	所占字节数	取值范围
有符号整型	signed int	2	-32768 ~ +32767
无符号整型	unsigned int	2	0 ~ 65535
有符号长整型	signed long	4	-2147483648 ~ +2147483647
无符号长整型	unsigned long	4	0 ~ 4294967295
有符号字符型	signed char	1	-128 ~ +127
无符号字符型	unsigned char	1	0 ~ 255
浮点型	float	4	±1.175494E-38 ~ ±3.402823E+38
指针型	*	1 ~ 3	对象的地址
位类型	bit	1 位(1bit)	0 或 1
可寻址位	sbit	1 位(1bit)	0 或 1
8 位特殊功能寄存器	sfr	1	0 ~ 255
16 位特殊功能寄存器	sfr16	2	0 ~ 65535

注：B 为 byte，b 为 bit。

（1）整型（int）　整型分为有符号整型（signed int）和无符号整型（unsigned int）两种，默认为 signed int。它们都在内存中占 2 个字节，用来存放双字节数据。

表示有符号整型数的 signed int，数值范围为 -32768 ~ +32767。字节中最高位表示数据的符号，"0" 表示正数，"1" 表示负数，负数用补码表示。如果超出这个范围，int 数据将会溢出。

将延时函数的变量由 unsigned int 整型定义，具体延时函数如下：
void delay(unsigned int i)
　{
　　unsigned int j,k;
　　for(k=0;k<i;k++);
　　{
　　　for(j=0;j<2000;j++);
　　}
　}

在上述延时函数定义中，变量 i、j 和 k 的取值范围为 0 ~ 65535。变量 i 的取值如果取 2000，在延时函数应用的例子中，可以发现延时时间比较长，原因是延时函数中的循环次数增加了，从而延时时间变长。

（2）长整型（long）　long 表示长整型，分为有符号长整型（signed long）和无符号长整型（unsigned long）两种，默认为 signed long。两者在内存中各占 4 个字节。有符号长整型的数值取值范围是 -2 147 483 648 ~ +2 147 483 647，无符号长整型数的数值取值范围是 0 ~ 4 294 967 295。

（3）字符型（char）　char 表示字符型，分为有符号字符型（signed char）和无符号字

符型（unsigned char）两种，默认为 signed char。长度均为 1 个字节，用来存放单字节的数据。signed char 取值范围为 −128～+127，unsigned char 取值范围为 0～255。

（4）浮点型（float）　浮点型在十进制中有 7 位有效数字，符合 IEEE-745 标准的单精度浮点型数据。它在内存中占 4 个字节，字节中最高位表示数据的符号，"1"表示负数，"0"表示正数，数值范围是 ±1.175494E−38～±3.402823E+38。字母 E（或 e）表示以 10 为底的指数，如 123E3 = 123×1 000，但字母之前必须有数字，且之后必须为整数。

（5）指针型（*）　指针型（*）是一种特殊的数据类型，它本身就是一个变量，这个变量存放的是指向另一个数据的地址，它占据一定的内存单元。指针长度一般为 1～3 个字节。根据所指的变量类型不同，可以是整型指针（int *）、浮点型指针（float *）和字符型指针（char *）等。例如 int * point 表示一个整型的指针变量。

（6）位类型（bit）　位类型是单片机 C51 语言编译器的一种扩充数据类型，可以定义一个位类型变量，但不能定义位指针，也不能定义位数组。它的值只能是一个二进制位，即"0"或"1"。

（7）可寻址位（sbit）　可寻址位（sbit）也是单片机 C51 语言编译器的一种扩充数据类型，其作用是可以访问芯片内部 RAM 中的可寻址位或特殊功能寄存器中的可寻址位。其定义方法有三种：sbit 位变量名 = 位地址；sbit 位变量名 = 特殊功能寄存器名^位位置；sbit 位变量名 = 字节地址^位位置。

例如：在程序设计中，如果使用某个输入/输出引脚工作，一般则需要先定义然后再进行读写操作。

　　sbit P1_0 = P1^0;　　　　//定义 P1_0 表示 P1 中的 P1.0 引脚
　　sbit P1_0 = 0x90;

（8）8 位特殊功能寄存器（sfr）　8 位特殊功能寄存器（sfr）也是单片机 C51 语言编译器的一种扩充数据类型，占用 1 个字节，值域为 0～255，利用它可以访问单片机内部所有的 8 位特殊功能寄存器。定义方法如下：sfr 特殊功能寄存器 = 地址常数。

例如：

　　sfr P0 = 0x80;　　//定义 P0 为 P0 端口在片内的寄存器，P0 端口地址为 80H
　　sfr PSW = 0xD0;

（9）16 位特殊功能寄存器（sfr16）　在一些新型 8051 单片机中，特殊功能寄存器经常组合成 16 位来使用。采用关键字 sfr16 可以定义这种 16 位的特殊功能寄存器。例如，对于 8052 单片机的定时器 T2，可采用如下方法来定义：

　　sfr16 T2 = 0xCC;　　　　//定义 8052 定时器 2，地址为 T2L = CCH，T2H = CDH

这里的 T2 为特殊功能寄存器名，等号后面是它的低字节地址，高字节地址必须在物理上直接位于低字节后，2 个字节地址必须是连续的，这种定义方法适用所有新一代的 8051 单片机中新增加的特殊功能寄存器。

2. C 语言运算符

运算符是编译程序执行特定算术或逻辑操作的符号，单片机 C51 语言和 C 语言基本相同，主要有三大运算符：算术运算符、关系与逻辑运算符和位操作运算符，具体见表 2-4。

表 2-4　C 语言的运算符

运算符名	运 算 符
赋值运算符	=
算术运算符	+ - * / % ++ --
关系运算符	> < == >= <= !=
逻辑运算符	! && ||
位运算符	《 》 ~ &｜^
条件运算符	?:
逗号运算符	,&
指针和地址运算符	* &
求字节运算符	sizeof
强制类型转换运算符	(类型)
下标运算符	[ ]
函数调用运算符	( )

（1）赋值运算符

1)"="运算符称为赋值运算符，它的作用是将等号右边一个数值赋给等号左边的一个变量，赋值运算符具有右结合性。赋值语句的格式如下：

变量=表达式

例如：

a=3;   //将十进制数 3 赋予变量 a

c=b=0x05;   //将十六进制数 05 赋予变量 b 和 c

d=e+f;   //将表达式 e+f 的值赋予变量 d

赋值的类型转换规则如下：

① 如果运算符两边的数据类型不一致，系统自动将右边表达式的值转换为左侧变量的类型，再赋给该变量。

② 实型数据赋给整型变量时，舍弃小数部分。

③ 整型数据赋给实型变量时，数值不变，但以 IEEE 浮点数的形式存储在变量中。

④ 长字节整型数据赋给短字节整型变量时，实行截断处理。保留低位字节，截断高位字节。短字节整型数据赋给长字节整型变量时，进行符号扩展。

2) 复合赋值运算符就是在赋值符"="之前加上其他运算符，具体见表 2-5。

例如：

a+=b;   //a=(a+b)

x*=b+c;   //x=(x*(b+c))

a<<=6;   //a=(a<<6)

（2）算术运算符　单片机 C51 语言包括 7 种算术运算符，具体作用见表 2-6。

除法运算符两侧的操作数可为整数或浮点数，取余运算符两侧的操作数均为整型数据，所得结果的符号与左侧操作数的符号相同。

表 2-5 复合赋值运算符

运算符	作用
+=	加法赋值
-=	减法赋值
*=	乘法赋值
/=	除法赋值
%=	取余赋值
<<=	左移位赋值
>>=	右移位赋值
&=	逻辑与赋值
|=	逻辑或赋值
^=	逻辑异或赋值
~=	逻辑非赋值

表 2-6 算术运算符

运算符	作用
-	减法,求两个数的差,例如 10-5=5
+	加法,求两个数的和,例如 5+5=10
*	乘法,求两个数的积,例如 5*5=25
/	除法,求两个数的商,例如 20/5=4
%	取余,求两个数的余数,例如 20%9=2
++	自加1,变量自动加1,例如++j、j++
--	自减1,变量自动减1,例如--j、j--

++和--运算符只能用于变量,不能用于常量和表达式。

用算术运算符和括号将运算对象连接起来的式子称为算术表达式,其中,运算对象包括常量、变量、函数、数组、结构等。算术运算符的优先级和结合性:先乘除和取模,后加减,括号最优先。

(3) 关系运算符 在单片机 C51 程序设计中,有 6 种关系运算符,具体见表 2-7。

表 2-7 关系运算符

运算符	作用
>	大于
>=	大于等于
<	小于
<=	小于等于
==	等于
!=	不等于

用关系运算符将运算对象连接起来的式子称为关系表达式。它的一般格式为:
表达式　关系运算符　表达式

关系表达式的值为逻辑值,其结果只能取真(用 1 表示)和假(用 0 表示)两种值。例如:

a>=b;   //若 a 的值为 5,b 的值为 3,则结果为 1(真)

其中,<、<=、>、>=这四个运算符的优先级相同,处于高优先级;==和!=这两个运算符的优先级相同,处于低优先级。此外,关系运算符的优先级低于算术运算符的优先级,而高于赋值运算级的优先级。

(4) 逻辑运算符 单片机 C51 语言提供 3 种逻辑运算符,见表 2-8。逻辑与、逻辑或和逻辑非运算表达式一般形式如下:

表 2-8 逻辑运算符

运 算 符	作 用
&&	逻辑与(AND)
‖	逻辑或(OR)
!	逻辑非(NOT)

① 逻辑与:条件式 1 && 条件式 2。
② 逻辑或:条件式 1 ‖ 条件式 2。
③ 逻辑非:! 条件式。

逻辑表达式的逻辑运算结果见表 2-9。

表 2-9 逻辑运算结果

条件 1	条件 2	逻辑运算		
A	B	! A	A&&B	A‖B
真	真	假	真	真
真	假	假	假	真
假	真	真	假	真
假	假	真	假	假

例如:设 a=5,则(a>0)&&(a<8)的值为 1(真),而(a<0)&&(a>8)的值为 0 "假",! a 的值为 0(假)。

和其他运算符比较,优先级从高到低的排列顺序如下:

! →算术运算符→关系运算符→&&→‖→赋值运算符

例如:"a>b && c>d"可以理解为"(a>b)&&(c>d)","! a‖b<c"可以理解为"(! a)‖(b<c)"。

(5) 位运算符 单片机 C51 语言支持位运算符,这使其具有了汇编语言的一些功能,能够支持 I/O 端口的位操作,使程序设计具有强大灵活的位处理能力。C51 语言提供了 6 种位运算符,具体见表 2-10。位运算的作用是按照二进制位对变量进行运算,其真值表见表 2-11。

(6) 条件运算符 条件运算符的一般格式如下:

逻辑表达式? 表达式 1:表达式 2

如果逻辑表达式的值为真,则将表达式 1 的值赋给逻辑表达式;如果逻辑表达式的值为假,则将表达式 2 的值赋给逻辑表达式。

表 2-10 位运算符

运算符	作 用
~	按位取反,即将 0 变 1,1 变 0
<<	左移,例如:a<<4,a 中数值左移动 4 位,右端补 0
>>	右移,例如:a>>4,a 中数值右移动 4 位,对无符号位左端补 0。如果 a 为负数,即符号位为 1,则左端补入全为 1
&	按位与,两位都为 1 则结果为 1,有一位为 0 则结果为 0
^	按位异或,两位数值相同为 0,相反为 1
|	按位或,两位中有一位为 1 则结果为 1,两位都为 0 则结果为 0

表 2-11 位运算符的真值表

位变量 1	位变量 2	位 运 算			
A	B	~A	A&B	A|B	A^B
0	0	1	0	0	0
0	1	1	0	1	1
1	0	0	0	1	1
1	1	0	1	1	0

例如:

a = 10;

min = a<15? 30:20;   //结果是变量 min 的值为 30

(7) 逗号运算符 逗号表达式的一般格式如下:

表达式 1,表达式 2,…,表达式 n

程序从左到右依次计算出各个表达式的值,逗号中最右边表达式的值就是整个逗号表达式的值。

例如:

a = (b = 5,c = 10);   //a 的最后值为 10

(8) 指针变量、指针和地址运算符

1) 指针变量的定义:

数据类型   *指针变量名

例如:

int i,j,k,*p;   //定义整型变量 i、j、k 和整型指针变量 p

为变量赋值的方法有两种,即直接方式和间接方式。

2) 指针和地址运算符:"&"为地址运算符,"*"为指针运算符,它们都是单目运算符。

取地址运算符"&"的功能是取变量的地址,一般格式如下:

指针变量 = & 目标变量

取内容运算符"*"的功能是,用来表示指针变量所指单元的内容,在 * 运算符之后跟的必须是指针变量,一般格式如下:

变量 = * 指针变量

例1：
b = &a;   //将变量 a 的地址赋给 b,b 为 a 对应的内存地址
c = * b;   //地址 b 所指单元的值赋给 c,c 为地址 b 所指单元的值

例2：
int i, * p;
p = &i;   //把一个变量的地址赋予指向相同数据类型的指针变量

例3：
int i, * p, * ptr;
p = &i;
ptr = p;   //把一个指针变量的值赋予指向相同类型变量的另一个指针变量

例4：
int a[5], * pa;
pa = &a[0];   //把数组的首地址赋予指向数组的指针变量

例5：
unsigned char , * cp;
cp = "Hello World";   //把字符串的首地址赋予指向字符类型的指针变量

（9）求字节数运算符 sizeof 运算符返回变量或类型的字节长度，一般格式如下：
sizeof（表达式或数据类型）
例如：
sizeof(long)为 4 个字节
sizeof(int)为 2 个字节

2.4.5 常量和变量

单片机 C51 语言程序设计中处理的数据有常量和变量两种形式。常量是指在程序执行期间其值固定不变的量。变量是指在程序执行过程中其值能发生变化的量。

1. 常量

常量包括整型常量（整型常数）、浮点型常量（有十进制表示形式和指数表示形式）、字符型常量（单引号内的字符）及字符串常量（双引号内的单个或多个字符）等。例如：

12：十进制整型常量

-60：十进制整型常量

0x14：十六进制整型常量，十六进制以 0x 开头

-0x1B：十六进制整型常量

017：八进制整型常量，八进制以 0 开头

0.1：浮点型常量

123e5：浮点型常量

'a'：字符型常量

"a"：字符串常量

"Hello"：字符串常量

2. 变量

在使用变量之前，必须先进行定义，用一个标识符作为变量名并指出其数据类型和存储模式，以便编译系统为它分配相应的存储单元。在单片机 C51 语言中对变量的定义格式如下：

［存储种类］数据类型［存储器类型］变量名

其中，［］内选项是可选项。变量的存储种类有 4 种：自动（auto）、外部（extern）、静态（static）和寄存器（register）。定义变量时如果省略存储种类选项，则默认为自动变量。

（1）存储种类

1）自动变量（auto）。自动变量是单片机 C51 语言中使用最为广泛的一种类型，大多数变量都属于自动变量。自动变量的作用范围仅在定义该变量的个体内，即在函数中定义的自动变量，只在该函数内有效；在复合语句中定义的自动变量只在该复合语句中有效。一般自动变量可以不标 auto。自动变量只有在定义该变量的函数被调用时，才分配给它存储单元，一旦退出函数，分配给它的存储单元就会立即消失。例如：

auto int b,c=3;   //auto 可以省略

2）外部变量（extern）。外部变量可以被程序中的所有函数引用，是在函数外部定义的变量。它的作用范围是整个程序。如果一个外部变量对象要在被定义之前使用，或被定义在另一个源文件里，那就必须使用关键字 extern 进行声明，设置外部变量的作用是增加函数间数据联系的通道，通常将外部变量的第一个字母用大写表示。

3）静态变量（static）。静态变量就是希望函数中局部变量的值在函数调用结束后不消失而继续保留原值，即其占用的存储单元不释放，在下一次调用该函数时，该变量已有值就是上一次函数调用结束时的值。静态变量是在类型定义语句之前加关键字 static，在函数外部定义的就称为外部静态变量，在函数内部定义的就称为内部静态变量，它们都是静态分配空间的。内部静态变量作用范围仅限于静态变量的函数内部，并始终占有内存单元，在进入时赋予初始值。当退出该函数后，尽管该变量值还存在，但不能继续使用。

4）寄存器变量（register）。在单片机 C51 语言程序设计中，存取一些使用频繁的变量的值，需要花费大量时间。为了提高执行效率，可以将局部变量的值放在 CPU 的寄存器（可以理解为一种超高速的存储器）中，需要用时直接从寄存器中取出参加运算，这种变量叫做寄存器变量。例如：

register int i;   //定义 i 为寄存器变量

（2）存储器类型　单片机 C51 语言将程序存储器和数据存储器分开，Keil C51 编译器所能识别的存储器类型见表 2-12。

变量的存储器类型可以和数据类型一起使用。

例如：

int data a;   //整型变量 a 定义在内部数据存储器中
int xdata b;   //整型变量 b 定义在外部数据存储器中

一般在定义变量时经常省略存储器类型的定义，采用默认的存储器类型，而默认的存储

器类型与存储器模式有关。Keil C51 编译器支持的存储器模式见表 2-13。

表 2-12　Keil C51 编译器所能识别的存储器类型

存储器类型	说　明
data	直接寻址的片内数据存储器(128B),访问速度最快
bdata	可位寻址的片内数据存储器(16B),允许位与字节混合访问
idata	间接访问的片内数据存储器(256B),允许访问全部片内地址
pdata	分页寻址的片外数据存储器(256B)
xdata	片外数据存储器(64KB)
code	程序存储器(64KB),变量可固化在程序存储区

表 2-13　Keil C51 编译器支持的存储器模式

存储器模式	说　明
small	参数及局部变量放入可直接寻址的内部数据存储器中(最大 128B,默认存储器类型为 data)
compact	参数及局部变量放入外部数据存储器的前 256 B 中(最大 256B,默认存储器类型为 pdata)
large	参数及局部变量直接放入外部数据存储器中(最大 64KB,默认存储器类型为 xdata)

1) small 模式。变量被定义在单片机的片内数据存储器中,对这种变量的访问速度最快。另外,所有的对象,包括堆栈,都必须位于片内数据存储器中。该模式的优点是访问速度快,缺点是空间有限。该模式适合较小的程序。

2) compact 模式。变量被定义在分页寻址的片外数据存储器中,每一页片外数据存储器的长度为 256B。该模式的优点是变量定义空间比 small 模式大,但运行速度比 small 模式慢。

3) large 模式。变量被定义在片外数据存储器中（最大可达 64KB）,该模式的优点是空间大,可定义变量多,缺点是速度较慢,这种访问数据的方法效率不高。一般用于较大的程序。

2.4.6　C 语言函数

C 语言程序是由函数组成的。虽然每个程序有且只有一个主函数 main(),但都包含多个具有特殊功能的子函数,因此函数是 C 语言程序的基本模块,通过对函数模块的调用能实现特定的功能。在编写程序时,用户可把自己的算法编成一个个相对独立的函数模块,然后用调用的方法来使用函数。可以说 C 程序的全部工作都是由各式各样的函数完成的,所以也把 C 语言称为函数式语言。由于采用了函数模块式的结构,C 语言易于实现结构化程序设计,该设计能够使程序的层次结构清晰,便于程序的编写、阅读、调试。

1. 函数分类

从 C 语言程序的结构上划分,C 语言函数分为主函数 main() 和子函数两种。而对于子函数,从不同的角度或以不同的形式又可分为库函数和用户自定义函数。

(1) 库函数　库函数也称为标准函数或标准库函数,是由 C51 的编译器提供的,用户无须定义,也不必在程序中作类型说明,只需在程序前给出包含有该函数原型的头文件即可在程序中直接调用。

Keil C51 编译器提供了 100 多个标准库函数供使用。常用的 C51 库函数包括 I/O 函数库、标准函数库、字符函数库、字符串函数库、内部函数库、数学函数库和绝对地址访问函数库等。使用库函数会大大地减少开发时间，并且编程思路清晰而且丰富了程序的功能。每个库函数都在相应的头文件中给出了函数原型声明，在使用时必须在源程序的开始使用预处理命令#include将有关的头文件包含进来。例如：

#include<reg51.h>

#include<intrins.h>

（2）用户自定义函数　用户自定义函数是由用户按需要写的函数。从函数定义的形式上划分为无参数函数、有参数函数和空函数。

无参数函数：此种函数被调用时，既没有参数输入，也没有返回结果给调用函数，它是为了完成某种操作而编写的。

有参数函数：在调用此种函数时，必须提供实际的输入参数，必须说明与实际参数一一对应的形式参数，并在函数结束时返回结果供调用它的函数使用。

空函数：此种函数体内无语句。调用此种函数时，什么工作也不做。而定义此种函数的目的并不是为了执行某种操作，而是为了以后程序的扩充。

对于用户自定义函数，不仅要在程序中定义函数本身，而且在主调函数模块中还必须对该被调函数进行类型说明，然后才能使用。

2. 函数定义及调用

在程序中通过对函数的调用来执行函数体，其过程与其他语言的子程序调用相似，现在对函数进行介绍。

（1）函数定义　函数定义的一般格式如下：

函数类型　函数名（形式参数表）

形式参数说明；

{

局部变量定义；

函数体语句；

return 语句；

}

1）函数类型。函数类型说明自定义函数返回值的类型，分为有返回值函数和无返回值函数两种。有返回值函数：此类函数被调用执行完后将向调用者返回一个执行结果，称为函数返回值，如数学函数。由用户定义的这种要返回函数值的函数，必须在函数定义和函数说明中明确返回值的类型，即将函数返回值的数据类型定义为函数类型。无返回值函数：此类函数用于完成某项特定的处理任务，执行完成后不向调用者返回函数值。这类函数类似于其他语言的过程。由于函数无须返回值，用户在定义此类函数时可指定它的返回为"空类型"，空类型的说明符为"void"。例如，前面介绍的无返回值 delay（）函数，其定义格式为：void delay（unsigned char i）。

2）函数名。函数名是自定义函数的名字，函数名必须是合法标识符，各函数名的定义是独立的。

3）形式参数表。形式参数表给出函数被调用时传递数据的形式参数，形式参数的类型必须说明。如果定义的是无参数函数，可以没有形式参数表，但是圆括号不能省略。

4）局部变量定义。局部变量定义是对函数内部的局部变量进行定义，也称为内部变量。

5）函数体语句。函数体语句是为了实现函数功能而编写的语句。

6）return 语句。return 语句用于返回函数执行的结果。

在 C 语言中，所有的函数定义，包括主函数 main 在内，都是平行的。也就是说，在一个函数的函数体内，不能再定义另一个函数，即不能嵌套定义。但是函数之间允许相互调用，也允许嵌套调用。习惯上把调用者称为主调函数。

main 函数是主函数，它可以调用其他函数，而不允许被其他函数调用。因此，C 程序的执行总是从 main 函数开始，完成对其他函数的调用后再返回到 main 函数，最后由 main 函数结束整个程序。一个 C 源程序必须有也只能有一个主函数 main。

（2）函数调用　函数调用的一般格式如下：

函数名（实际参数列表）

在一个函数中需要用到某个函数的功能时，就调用该函数。调用者称为主调函数，被调用者称为被调函数。若被调函数是有参函数，则主调函数必须把被调函数所需的参数传递给被调函数。传递给被调函数的数据称为实际参数，简称实参。若被调函数是无参函数，则调用该函数时，可以没有参数列表，但括号不能省。被调函数执行完后再返回主调函数继续执行剩余程序。在实际参数列表中各个参数之间用逗号隔开，实参与形参要数量相等，类型一致，顺序对应。例如在主函数中常调用的延时函数。

```
void main( )        //让 p1_0 口外接的发光二极管进行闪烁控制
  {
     while(1) {
              P1_0 = 0;
                 delay(500);
              P1_0 = 1;
                 delay(500);
                      }
  }
```

根据被调用函数在主调用函数中出现的位置，函数调用有三种形式。

1）函数语句。被调用函数以主调用函数的一条语句的形式调用。

例如：

P1_0 = 0;

delay(200);

2）函数表达式。被调用函数以一个运算对象的形似出现在一个表达式中，这种表达式称为函数表达式。

例如：

c = 8 * min(a, b);

3）函数参数。被调用函数作为另一个函数的实参或者本函数的实参。

例如：

n = min(a, min(b, c));

2.5 单片机开发系统

一个单片机应用系统从提出任务到正式投入运行的过程,称为单片机的开发。开发过程所用的设备称为开发工具。

单片机价格低、功能强、简单易学、使用方便,可用来组成各种不同规模的应用系统,但由于它的硬件和软件的支持能力有限,自身无调试能力,因此必须借助于开发工具来排除应用系统(或称目标系统)样机中的硬件故障,生成目标程序,并排除程序错误。当目标系统调试成功以后,还需要用开发工具把目标程序固化到单片机内部或外部 EEPROM 芯片中。本节简述单片机应用系统开发中所必需的开发工具以及用它们调试单片机应用系统的基本方法。

2.5.1 单片机开发系统的功能

单片机应用系统中电路和程序的调试、程序的装入等,都必须借助于单片机开发系统,单片机开发系统是单片机编程调试的必需工具。

单片机开发系统在硬件上增加了目标系统的在线仿真器、编程器等部件,所提供的软件除有简单的操作系统之外,还增加了目标系统的汇编和调试程序等。

单片机开发系统又称为开发机或仿真器。仿真的目的是利用开发机的资源(CPU、存储器和 I/O 设备等)来模拟要开发的单片机应用系统(即目标机)的 CPU、存储器和 I/O 操作,并跟踪和观察目标机的运行状态。

1. 在线仿真功能

单片机的仿真器具有与所要开发的单片机应用系统相同的单片机芯片(如 AT89C51 或 AT89S51 等),仿真器就是一个单片机系统。当单片机用户系统接线完毕后,由于自身无法验证好坏,无调试能力,那么我们可以把应用系统中的单片机芯片拔掉,插上在线仿真器的仿真头,如图 2-13 所示,此时单片机应用系统和仿真器共用一块单片机芯片,当在开发系统上通过在线仿真器调试单片机应用系统时,就像使用应用系统中真实的单片机一样,称之为"仿真"。

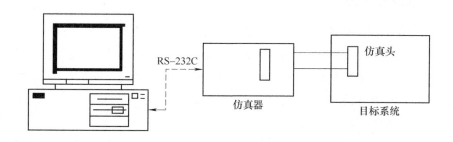

图 2-13 仿真器开发系统连接图

2. 调试功能

开发系统对目标系统硬、软件的调试功能强弱直接影响到开发的效率。性能优良的单片机开发系统应具有下列调试功能。

（1）运行控制功能　开发系统为了检查程序运行的结果，必须对存在的硬件故障和软件错误进行定位。

1) 单步运行。单步运行命令把函数和函数调用当作一个实体来看待，必要时可以跳过函数。

2) 断点设置。在调试程序的过程中，设置一些断点能更好地帮助用户分析程序的运行情况，有效地提高工作效率。

3) 全速运行。全速运行能使 CPU 从指定地址开始连续地全速运行目标程序。

4) 单步跟踪。单步跟踪类似单步运行过程，但可以跟踪到子程序中运行。

（2）目标系统状态的读出修改功能　当 CPU 停止执行目标系统的程序后，允许用户方便地读出或修改目标系统资源的状态，以便检查程序运行的结果、设置断点条件以及设置程序的初始参数。可供用户读出/修改的目标系统资源包括：

1) 程序存储器（开发系统中的仿真 RAM 存储器或目标机中的程序存储器）。

2) 单片机中片内资源（工作寄存器、特殊功能寄存器、I/O 口、RAM 数据存储器、位单元）。

3) 系统中扩展的数据存储器、I/O 口。

3. 跟踪功能

高性能的单片机开发系统具有逻辑分析仪的功能，在目标程序运行过程中，能跟踪存储目标系统总线上的地址、数据和控制信号的状态变化，跟踪存储器能同步地记录总线上的信息，用户可以根据需要显示跟踪存储器搜集到的信息，也可以显示某一位总线状态变化的波形。

4. 程序固化功能

在单片机应用系统中常要扩展 EPROM 或 EEPROM 作为存放程序和常数的程序存储器，当应用程序尚未调好之前可借用开发系统的存储器，当系统调试完毕，确认软件无故障时，应把用户应用系统的程序固化到 EEPROM 中去，EEPROM 写入器就是完成这种项目的专用设备。

2.5.2　单片机应用系统设计

随着单片机的普及，以及硬件技术的发展，用户自行设计及制作一个单片机系统，不论是从技术上还是从制作时间以及元件供应方面来看，都已经不成什么问题，所以现在设计一个新的控制系统时，通常都是自行选择元件，自行设计系统结构，即所谓从元件级开始进行设计。从元件级开始进行设计主要包括以下几个方面：

1. 单片机型号的选择

选择何种型号的单片机，归根结底是要选择一个片内 ROM 和片内接口能够满足需要的单片机，尽可能做到不要在片外扩充。因此可根据需要选择一个有合适 ROM 的型号。选择单片机除了考虑 ROM 容量外，还要考虑接口是否够用，在接口数量不够的情况下，选择外形比较小的型号。

2. 片外存储器的扩充及配置

扩充片外的存储器应考虑：

1) 选择存储器类型和容量。
2) 确定存储器的地址分配。
3) 确定存储器与单片机的连接方法。

3. 输入输出通道和接口的设计

输入通道是指向系统输入信号的电路。如果输入通道是开关或频率信号，一般只要加上必要的防抖动措施，都可以与系统直接连接，图 2-14 为光耦输入电路，图 2-15 为三态门输入电路。

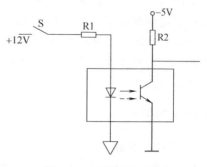

图 2-14 光耦输入电路

对于非标准电平的外部设备，要与系统相连接，则需要经过电平转换。有时为了系统传输的需要，也要变换电平。图 2-16 所示的电路把 TTL 电平通过 RS-232 芯片转换为 ±12V 的 RS-232 电平，保证串口传输的可靠性。

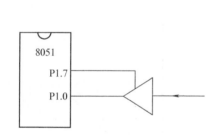

图 2-15 三态门输入电路

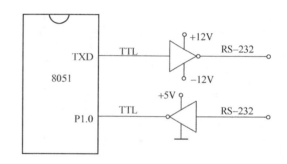

图 2-16 RS-232 电平转换电路

根据控制系统的需要和输入输出通道的数量，如果单片机的接口不够用，就要在片外扩充，扩充时应考虑：

1) 选择 I/O 接口芯片的类型。
2) 确定扩充后 I/O 接口的地址空间分配。
3) 确定 I/O 接口与单片机的连接方式。

4. 电源选择

系统电路的设计工作完成之后，就要选择或自行设计功率和电压合适的电源，凡采用光耦隔离的电路，光耦两侧的电源不能共地，否则将失去隔离作用。

5. 程序设计语言选择

单片机的程序设计语言有机器语言、汇编语言和高级语言。

机器语言：单片机应用系统只使用机器语言（指令的二进制代码，又称指令代码）。机器语言指令组成的程序称目标程序。

例如：MCS-51 两个寄存器相加的机器语言指令：00101000。

汇编语言：与机器语言指令一一对应的英文单词缩写，称为指令助记符。汇编语言编写的程序称为汇编语言程序。

例如：MCS-51 两个寄存器相加汇编语言指令：ADD A，R0。

高级语言：通用性好，程序设计人员只要掌握开发系统所提供的高级语言的使用方法，就可以直接用该语言编写程序。MCS-51 系列单片机的编译型高级语言有 C、PL/M-51、C-51、MBASIC-51 等。解释型高级语言有 BASIC-52、TINY BASIC 等。编译型高级语言可生成机器码，解释型高级语言必须在解释程序支持下直接解释执行，因此编译型高级语言才能作为微机开发语言。

[项目实践]

1. 设备与电路

1）设备：单片机仿真器、编程器和单片机应用系统。

2）电路：如图 2-17 所示，工作原理为：采用两个 LED 发光二极管来模拟汽车左转向灯和右转向灯，用单片机的 P1.0 和 P1.1 管脚控制发光二极管的亮、灭状态，单片机 P3.2、P3.3 用来模拟汽车转向的控制开关。

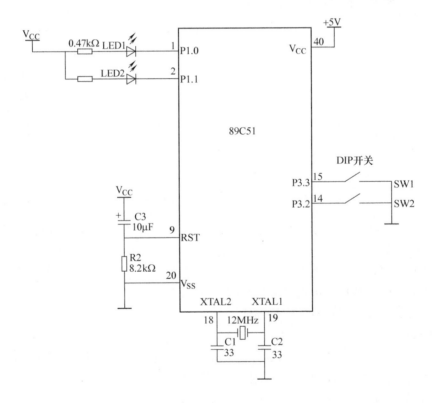

图 2-17 控制电路

2. 流程图

本实验主程序流程图如图 2-18 所示。

LED 发光二极管闪烁的流程图如图 2-19 所示。

延时子程序（约 0.1s）的流程图如图 2-20 所示。

3. 步骤及要求

（1）系统连接　将单片机开发系统、实验板及计算机连接起来。

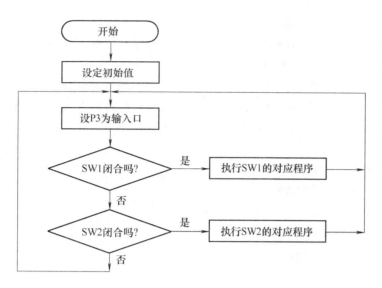

图 2-18 主程序流程图

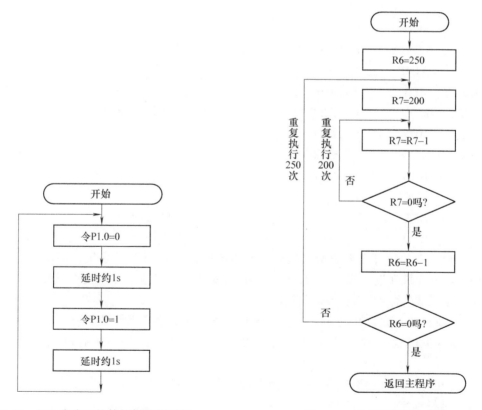

图 2-19 LED 发光二极管闪烁的流程图

图 2-20 延时子程序流程图

（2）输入、编辑汇编语言源程序　利用 Keil C51 uVision2 集成开发环境输入下面的程序。注意，分号后面的文字为说明文字，输入时可以省略。保存文件时，程序名后缀应为 ASM，例如：LED1. ASM。

　　　　　程序　　　　　　　　　　　　　　　　;说明

```
            ORG     0000H
MAIN:       MOV     P1,#0FFH        ;程序从地址 0000H 开始存放
            MOV     P3,#0FFH
TEST:       JNB     P3.2,CASE1      ;左转向灯的开关对应 P3.2
            JNB     P3.3,CASE2      ;右转向灯的开关对应 P3.3
            AJMP    TEST
CASE1:
            CLR     P1.0            ;左转向灯对应 P1.0
            LCALL   DELAY
            SETB    P1.0
            LCALL   DELAY
            AJMP    TEST
CASE2:
            CLR     P1.1            ;右转向灯对应 P1.1
            LCALL   DELAY
            SETB    P1.1
            LCALL   DELAY           ;延时
            AJMP    TEST
DELAY:      MOV     R5,#10
DL0:        MOV     R6,#250         ;延时子程序开始
DL1:        MOV     R7,#200
DL2:        DJNZ    R7,DL2
            DJNZ    R6,DL1
            DJNZ    R5,DL0
            RET                     ;子程序返回
            END                     ;汇编程序结束
```

(3) 启动单片机开发系统调试软件 使用不同的单片机开发系统，调试软件也有所不同。例如：单片机开发系统是 Keil C51 uVision2 集成开发环境。不同的调试软件，其功能大致相同。在调试软件中，完成以下操作：

1) 以项目的形式打开（Open）上一步输入的汇编语言源程序文件。

2) 编译汇编语言源程序文件，编译成功，生成 hex 文件，然后进入调试（Debug）模式。

3) 打开需要观察的调试窗口，选择在线仿真器进行硬件仿真。

(4) 运行程序

1) 运行（Run）程序，观察实验板上的发光二极管的亮灭状态。

2) 单步运行（Step）程序，观察每一句指令运行后实验板上的发光二极管的亮灭状态。

4. 分析与总结

1) 利用单片机开发系统运行、调试程序的步骤一般包括：输入源程序、汇编源程序、装载汇编后的十六进制程序及运行程序。

2)为了方便程序调试,单片机开发系统一般提供以下几种程序运行方式:全速运行(Run)、单步运行(Step)、断点运行(Breakpoint)等。全速运行可以直接看到程序的最终运行结果,项目中程序的运行结果是实验板上的发光二极管闪动。单步运行可以使程序逐条指令地运行,每运行一步都可以看到运行结果,单步运行是调试程序中用得比较多的运行方式。

断点运行是预先在程序中设置断点,当全速运行程序时,遇到断点即停止运行,用户可以观察运行结果,断点运行对于调试程序提供了很大的方便。试将项目中的程序进行断点运行,观察其运行过程。

3)程序调试是一个反复的过程。一般来讲,单片机硬件电路和汇编程序很难一次设计成功,因此,必须通过反复调试,不断修改硬件和软件,直到运行结果完全符合要求为止。

[**项目拓展**]

汽车转向灯单片机控制设计与仿真(C 语言)

1. 任务分析

任务要求通过单片机制作发光二极管模拟汽车左右转向灯的控制系统,满足汽车转向灯要求,重点训练 C 语言三种基本程序结构的设计能力及理解结构化程序设计方法。

2. 电路设计

汽车转向灯控制仿真硬件电路如图 2-21 所示,按键 S1 和 S2 模拟汽车控制按钮,通过上拉电阻接在 P3.0 引脚和 P3.1 引脚,发光二极管模拟汽车转向灯接在 P1.0 和 P1.1 引脚。

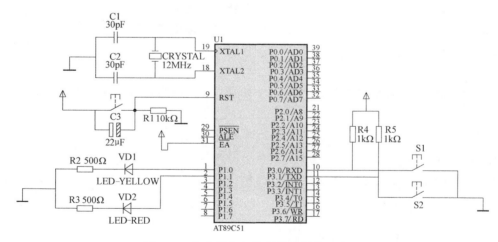

图 2-21 汽车转向灯控制仿真硬件电路图

3. 软件程序设计

```
//功能:采用 if-else-if 语句实现模拟汽车左右转向灯控制程序
#include <reg51.h>
#define uchar unsigned char
sbit leftlight = P1^0;          //定义 P1^0 引脚位名称为 leftlight
sbit rightlight = P1^1;         //定义 P1^0 引脚位名称为 rightlight
```

```c
sbit leftbutton = P3^0;              //定义 P3^0 引脚位名称为 leftbutton
sbit rightbutton = P3^1;             //定义 P3^1 引脚位名称为 rightbutton
void delayms(unit x)                 //延时函数
{
uchar i;
while(x--)for(i=0;i<200;i++);
}
void main()                          //主函数
{
while(1)                             // while 循环语句,由于条件一直为真,该语句为
                                     //   无限循环
  {
  if(leftbutton==1&&rightbutton==1)  //如果左转向按键和右转向按键都为1,则全灭
    {
    leftlight=0;                     //左转向灯熄灭状态
    rightlight=0;                    //右转向灯熄灭状态
    delayms(200);                    //延时
    }
  else if(leftbutton==0&&rightbutton==1) //如果只有左转向按键为0,则左转向灯亮
    {
    leftlight=1;                     //左转向灯点亮状态
    rightlight=0;                    //右转向灯熄灭状态
    delayms(200);                    //延时
    }
  else if(leftbutton==1&&rightbutton==0) //如果只有右转向按键为0,则右转向灯亮
    {
    leftlight=0;                     //左转向灯熄灭状态
    rightlight=1;                    //右转向灯点亮状态
    delayms(200);                    //延时
    }
  else
    {
    leftlight=1;                     //左转向灯点亮状态
    rightlight=1;                    //右转向灯点亮状态
    delayms(200);                    //延时
    }
    leftlight=0;                     //左、右转向灯熄灭状态,形成闪烁状态
    rightlight=0;
    delayms(200);
```

}
}

4. 仿真结果

将 Keil 软件编译生成的十六进制文件加载到芯片中。单击"运行"按钮,启动系统仿真,通过按键 4 种状态可控制转向灯亮灭。

5. 项目小结

项目通过 51 单片机设计 2 个按键控制 2 个发光二极管的亮灭来模拟汽车转向灯控制,从而掌握 C 语言数据类型、运算符、常量、变量、函数定义和调用。

小　　结

程序由指令组成,单片机能够提供的所有指令的集合称为指令系统。指令由操作码和操作数组成,操作码用来规定要执行的操作的性质,操作数用于给指令的操作提供数据和地址。MCS-51 单片机的指令按其编码长短可以分为 3 种格式:单字节指令、双字节指令和三字节指令。

寻找操作数地址的方式称为寻址方式。MCS-51 指令系统有 7 种基本的寻址方式,包括寄存器寻址、直接寻址、寄存器间接寻址、立即寻址、变址寻址、相对寻址和位寻址。

MCS-51 单片机指令系统包括 111 条指令,按功能可以划分为以下 5 类:数据传送指令(29 条)、算术运算指令(24 条)、逻辑运算指令(24 条)、控制转移指令(17 条)和位操作指令(17 条)。

本单元从汽车转向灯的单片机控制项目入手,介绍了单片机开发系统的概念、功能及使用。

习　　题

1. 8051 系列单片机的指令系统有何特点?
2. 什么叫寻址方式?MCS-51 单片机有几种寻址方式?各自有什么特点?
3. 指出下列指令的寻址方式及执行的操作:
（1）MOV A,direct
（2）MOV A,#data
（3）MOV A,R1
（4）MOV A,@R1
（5）MOVC A,@A+DPTR
4. 已知累加器 A = 20H,寄存器 R0 = 30H,内部 RAM（20H）= 78H,内部 RAM（30H）= 56H,请指出每条指令执行后累加器 A 内容的变化。
（1）MOV A,#20H
（2）MOV A,20H
（3）MOV A,R0
（4）MOV A,@R0
5. 已知下列相应单元的内容:R0 = 30H,R1 = 40H,R2 = 50H,内部 RAM（30H）= 34H,内部 RAM

(40H)=50H，请指出下列指令执行后各单元内容相应的变化。
   （1）MOV A，R2
   （2）MOV R2，40H
   （3）MOV @R1，#88H
   （4）MOV 30H，40H
   （5）MOV 40H，@R0

6. 试写出完成以下数据传送的指令序列。
   （1）R1 内容传送到 R0
   （2）内部 RAM 单元 60H 的内容传送到寄存器 R2
   （3）内部 RAM 单元 20H 的内容传送到内部 RAM 单元 60H
   （4）外部 RAM 单元 1000H 的内容传送到内部 RAM 单元 20H
   （5）外部 RAM 单元 1000H 的内容传送到寄存器 R2
   （6）外部 ROM 单元 2000H 的内容传送到内部 RAM 单元 20H
   （7）外部 RAM 单元 1000H 的内容传送到外部 RAM 单元 2000H

7. 给出三种交换内部 RAM 20H 单元和 30H 单元的内容的操作方法。

8. 说明利用单片机进行 25H+9BH 运算后对各标志位的影响。

9. 已知：A=25H，B=3FH，指令 MUL AB 执行后寄存器 A、B 的值是什么？对各标志位有何影响？

10. 请写出完成下列操作的指令：
   （1）使累加器 A 的低 4 位清 0，其余位不变
   （2）使累加器 A 的低 4 位置 1，其余位不变
   （3）使累加器 A 的低 4 位取反，其余位不变
   （4）使累加器 A 中的内容全部取反

11. 用移位指令实现累加器 A 的内容乘以 10 的操作。

12. 分别指出无条件长转移指令、无条件绝对转移指令、无条件相对转移指令和条件转移指令的转移范围是多少？

13. 若内部 RAM（20H）=5EH，指出下列指令的执行结果。
   （1）MOV A，20H
   （2）MOV C，04H
   （3）MOV C，20H.3

14. 编写程序，使 P1 口所接的八个发光二极管按照下面形式发光。

P1 口管脚	P1.7	P1.6	P1.5	P1.4	P1.3	P1.2	P1.1	P1.0
对应灯的状态	○	●	○	●	●	○	●	●

注：● 表示灭   ○ 表示亮

15. 什么是单片机应用系统？什么是单片机开发系统？为什么研制单片机应用系统必须要有开发装置？

16. 汽车转向灯的单片机控制系统在汽车上有哪些应用？简述其电路与工作原理。

学习情境3

汽车信号灯的循环点亮控制

学习目标:

通过本次项目的完成,你应能够:
1. 描述 MCS-51 单片机定时/计数器与中断系统的结构和工作原理。
2. 描述与定时/计数器、中断系统相关寄存器的功能。
3. 熟练用定时/计数器查询方式和中断方式编写延时程序。
4. 熟练用定时/计数器查询方式和中断方式编写计数程序。
5. 完成汽车信号灯的单片机控制电路板的焊接。

情境描述:

制作一个汽车信号灯的单片机模拟控制系统。

想一想:

1. 定时/计数器的作用有哪些?
2. 中断系统的作用有哪些?
3. 定时/计数器查询工作方式和中断工作方式定时程序的区别有哪些?

  定时/计数器是 MCS-51 单片机的重要功能部件之一。在检测、控制及智能仪器等领域,定时器用来实现定时或延时控制,计数器用来对外界事件进行计数。

  实时控制、故障自动处理往往采用中断系统,中断是 CPU 与 I/O 设备间数据交换的一种控制方式。中断系统的应用使计算机的功能更强,效率更高,使用更加方便灵活。本单元以能力训练项目为例阐述了定时/计数器及中断的概念和应用。

3.1 定时/计数器

3.1.1 定时/计数器的结构和工作原理

1. 定时/计数器组成框图

  MCS-51 单片机内部有两个 16 位的可编程定时/计数器,称为定时器 T0 和定时器 T1,可编程选择其作为定时器用或作为计数器用。它们的工作方式、定时时间、计数值、启动、中断请求等都可以由程序来设置和改变。

  MCS-51 单片机定时/计数器结构框图如图 3-1 所示。定时/计数器由定时器方式寄存器

TMOD、定时器控制寄存器 TCON、定时器 T0 和定时器 T1 组成。

TMOD 是定时/计数器的工作方式寄存器，由它确定定时/计数器的工作方式和功能；TCON 是定时/计数器的控制寄存器，用于控制 T0、T1 的启动与停止以及设置溢出标志。

T0、T1 是 16 位加法计数器，T0 由 TH0 和 TL0 构成，T1 由 TH1 和 TL1 构成。T0 或 T1 用作计数器时，对芯片引脚 T0（P3.4）或 T1（P3.5）上输入的脉冲计数，每输入一个脉冲，加法计数器加 1；其用作定时器时，对内部机器周期脉冲计数，故计数值一定时，时间也随之确定。

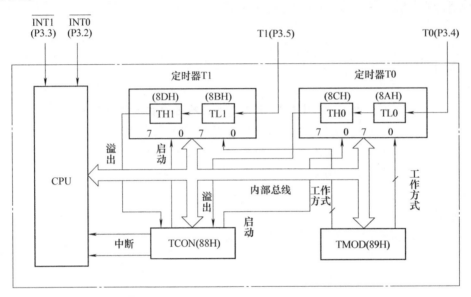

图 3-1 MCS-51 单片机定时/计数器结构框图

2. 定时/计数器工作原理

当定时/计数器设置为定时工作方式时，计数器对内部机器周期计数，每过一个机器周期，计数器加 1，直至计满溢出。定时器的定时时间与系统的振荡频率紧密相关，因 MCS-51 单片机的一个机器周期由 12 个振荡脉冲组成，所以，计数频率 $f_c = \dfrac{1}{12} f_{osc}$。如果单片机系统采用 12MHz 晶振，则计数周期为：$T = \dfrac{1}{12 \times 10^6 \times 1/12} = 1\mu s$。

当定时/计数器设置为计数工作方式时，计数器对来自输入引脚 T0（P3.4）和 T1（P3.5）的外部信号计数，外部脉冲的下降沿将触发计数。

3.1.2 定时/计数器的控制

MCS-51 单片机定时/计数器是可编程器件，CPU 必须将一些命令控制字写入定时/计数器中，这个过程称为定时/计数器的初始化。下面介绍与定时/计数器初始化相关的方式寄存器 TMOD 和控制寄存器 TCON。

1. 定时器方式寄存器 TMOD

TMOD 为一个专用寄存器，用于控制 T1 和 T0 的工作方式，其各位的定义如下：

TMOD	D7	D6	D5	D4	D3	D2	D1	D0
(89H)	GATE	C/$\overline{\text{T}}$	M1	M0	GATE	C/$\overline{\text{T}}$	M1	M0
	←———定时器 1———→				←———定时器 0———→			

1）M1 和 M0——方式选择位。定义如下：

M1	M0	工 作 方 式	功 能 说 明
0	0	方式 0	13 位定时/计数器
0	1	方式 1	16 位定时/计数器
1	0	方式 2	8 位自动重装定时/计数器
1	1	方式 3	定时器 0 分成两个独立的 8 位定时/计数器；定时器 1 在此方式停止计数

2）C/$\overline{\text{T}}$——功能选择位。C/$\overline{\text{T}}$=0 时设置为定时器工作模式；C/$\overline{\text{T}}$=1 时设置为计数器工作模式。

3）GATE——门控位。当 GATE=0 时，定时器的启停只由软件控制位 TR0 或 TR1 来控制，为 1 启动定时器工作，为 0 停止定时器工作；当 GATE=1 时，软件控制位 TR0 或 TR1 须置 1，同时还须 $\overline{\text{INT0}}$（P3.2）或 $\overline{\text{INT1}}$（P3.3）为高电平才能启动定时器，即允许外中断 $\overline{\text{INT0}}$、$\overline{\text{INT1}}$ 启动定时器。

TMOD 只能用字节指令设置定时器工作方式，不能位寻址，低 4 位定义 T0，高 4 位定义 T1。系统复位时 TMOD 所有位均置 0。方式控制字的设置举例：

要求设置定时器 0 为定时器工作模式，由软件启动，选择工作方式 1；定时器 1 为计数器工作模式，由软件启动，选择工作方式 2。则 TMOD 各位设置为：

0 1 1 0 0 0 0 1   61H

用 MOV TMOD，#61H 指令写入 TMOD 中。

2. 定时器控制寄存器 TCON

TCON 的作用是控制定时器的启动、停止和定时器的溢出标志位，以及外部中断请求位和触发方式。定时器控制字 TCON 的格式如下：

TCON	8FH	8EH	8DH	8CH	8BH	8AH	89H	88H
(88H)	TF1	TR1	TF0	TR0	IE1	IT1	IE0	IT0

各位含义如下：

1）TCON.7-TF1：定时器 1 溢出标志位。当定时器 1 计数满产生溢出时由硬件自动置 "1"。在中断允许时可申请中断，进入中断服务程序后，由硬件自动清 "0"。该位也可以作为程序查询的标志位，在查询方式下应由软件来清 "0"。

2）TCON.6-TR1：定时器 1 启动控制位。由软件置 1 或清 0 来启动或关闭定时器 1。当 GATE=1，且 $\overline{\text{INT1}}$ 为高电平时，TR1 置 1 启动定时器 1；当 GATE=0 时，TR1 置 1 即可启动定时器 1。

3）TCON.5-TF0：定时器 0 溢出标志位。其功能及操作情况同 TF1。

4）TCON.4-TR0：定时器 0 启动控制位。其功能及操作情况同 TR1。

5）TCON.3-IE1：外部中断1（$\overline{INT1}$）的中断请求标志位。

6）TCON.2-IT1：外部中断1触发方式选择位。

7）TCON.1-IE0：外部中断0（$\overline{INT0}$）的中断请求标志位。

8）TCON.0-IT0：外部中断0触发方式选择位。

TCON中的低4位用于控制外部中断，与定时/计数器无关。当系统复位时，TCON的所有位均清0。TCON的字节地址为88H，可以位寻址。

3. 定时/计数器的初始化编程

由于定时/计数器的功能是由软件编程确定的，所以，一般在使用定时/计数器前都要对其进行初始化。初始化步骤如下：

1）确定工作模式、工作方式、启动控制位——对TMOD赋值。

2）预置定时或计数的初值——直接将初值写入TH0、TL0或TH1、TL1中。

定时/计数器的初值因工作方式的不同而不同。若设最大计数值为M，则各种工作方式下的M值如下：

方式0：$M = 2^{13} = 8192$

方式1：$M = 2^{16} = 65536$

方式2：$M = 2^8 = 256$

方式3：定时器0分成2个独立的8位计数器，2个定时器的M值均为256。

因定时/计数器工作均为"加1"计数器，当最大计数值M值已知时，初值X可计算如下：

$$X = M - 计数值$$

定时器0采用方式1定时，M = 65536，因要求每50ms溢出一次，如采用6MHz晶振，则计数周期$T = 2\mu s$，计数值 $= \dfrac{50 \times 1000}{2} = 25000$，所以，计数初值为

$$X = 65536 - 25000 = 40536 = 9E58H$$

将9E、58分别预置给TH0、TL0。

3）根据需要开启定时/计数器中断——直接对IE寄存器赋值。

4）启动定时/计数器工作——将TR0或TR1置"1"。

GATE = 0时，直接由软件置位启动，其指令为"SETB TR1"；GATE = 1时，除软件置位外，还必须在外中断引脚处加上相应的电平值才能启动。

3.1.3 定时/计数器的工作方式

定时/计数器有4种工作方式，可通过对TMOD寄存器中M1、M0位进行选择。

1. 方式0

当TMOD的M1M0为00时，定时/计数器工作于方式0，为13位的定时/计数器。图3-2是定时器1在方式0时的逻辑电路结构，定时器0的结构和操作与定时器1完全相同。

由图可知：16位加法计数器（TH1和TL1）只用了13位。其中，TH1占高8位，TL1占低5位（只用低5位，高3位未用）。当TL1低5位溢出时自动向TH1进位，而TH1溢出时向中断位TF1进位（硬件自动置位），并申请中断。

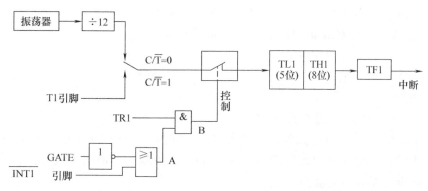

图 3-2 T1（或 T0）方式 0 时的逻辑电路结构图

当 C/$\overline{T}$ = 0 时，控制开关连接 12 分频器输出，T1 对机器周期计数，此时，T1 为定时器。设定时器 1 初值为 X，其定时时间为：

$$(2^{13}-X) \times 时钟周期 \times 12 = (8192-X) \times 时钟周期 \times 12$$

当 C/$\overline{T}$ = 1 时，控制开关与 T1（P3.5）相连，外部计数脉冲由 T1 脚输入，当外部信号电平发生由 0 到 1 的跳变时，计数器加 1，这时 T1 成为外部事件的计数器。

定时器的启动过程：

当 GATE = 0 时，反相为 1，使或门输出为 1，与门输出是否为 1（即定时器 1 的启动）直接由 TR1 控制。TR1 = 1，接通控制开关，定时器 1 从初值开始计数直至溢出。16 位加法计数器为 0 时溢出，TF1 置位，并申请中断。如要循环计数，则定时器 T1 需重置初值，且需用软件将 TF1 复位，当 TR1 = 0，断开控制开关，停止计数。

当 GATE = 1 时，若 TR1 = 1，外部信号电平通过 $\overline{INT1}$ 引脚直接开启或关断定时器 T1。当 $\overline{INT1}$ 为高电平时，允许计数，否则停止计数；若 TR1 = 0，断开控制开关，停止计数。

例 3.1 设 f = 12MHz，用定时器 0 方式 0 实现 1s 的延时。

解：因方式 0 采用 13 位计数器，其最大定时时间为：8192×1μs = 8.192ms，所以定时时间不可能选择 50ms，可选定时时间为 5ms，再循环 200 次。定时时间选定后，再确定计数值为 5000，则定时器 0 的初值为

$$X = M - 计数值 = 8192 - 5000 = 3192 = C78H = 0110001111000B$$

因 13 位计数器中 TL1 的高 3 位未用，应填写 0，TH0 占高 8 位，所以，X 的实际填写值应为

$$X = 0110001100011000B = 6318H$$

即：TH0 = 63H，TL0 = 18H，又因采用方式 0 定时，故 TMOD = 00H。

可编得 1s 延时子程序如下：

```
DELAY: MOV    R3,#200        ;置 5ms 计数循环初值
       MOV    TMOD,#00H      ;设定时器 0 为方式 0
       MOV    TH0,#63H       ;置定时器初值
       MOV    TL0,#18H
       SETB   TR0            ;启动 T0
LP1:   JBC    TF0,LP2        ;查询计数溢出
```

```
        SJMP    LP1                 ;未到 5ms 继续计数
LP2：   MOV     TH0,#63H            ;重新置定时器初值
        MOV     TL0,#18H
        DJNZ    R3,LP1              ;未到 1s 继续循环
        RET                         ;返回主程序
```

例 3.2 设 f=12MHz，用定时器 0 方式 0 实现 70ms 的延时。

解： 因方式 0 采用 13 位计数器，其最大定时时间为：8192×1μs=8.192ms，所以定时时间不可能选择 70ms，可选择定时时间为 7ms，再循环 10 次。定时时间选定后，再确定计数值为 7000，则定时器 0 的初值为

$$X = M - 计数值 = 8192 - 7000 = 1192 = 0010010101000B$$

因 13 位计数器中 TL1 的高 3 位未用，应填写 0，TH0 占高 8 位，所以，X 的实际填写值应为

$$X = 001001010100B = 2508H$$

用 C 语言编程实现 70ms 延时函数如下：

```
void delay 70ms( )
{
    unsigned char i;
    TMOD = 0x00;              //设置 T0 为定时器,工作方式 0
    for(i=0;i<10;i++);        //设置 10 次循环次数
    {
        TH0 = 0x25;           //设置定时器初值为 2508H
        TL0 = 0x08;
        TR0 = 1;              //启动 T1
        While(!TF0);          //查询计数是否溢出,即定时 7ms 时间到,TF0=1
        TF0 = 0;              //7ms 定时时间到,将 T0 溢出标志位 TF0 清零
    }
}
```

C 语言编程与汇编语言编程大不一样，一般不用定时/计数器来专门编程延时程序，定时/计数器大多用来周期采集外部信号的输入或周期输出信号至外部电路作为控制，若要延时，一般采用程序延时。

任意时间延时程序如下：

```
delay(int t)                  //延时子程序
{
    int i,j;                  //整型局部变量
    for (i=0;i<t;i++)         //循环 t 次达 t(ms)
        for (j=0;j<123;j++);  //延时 1ms 语句
}
```

2. 方式 1

当 TMOD 的 M1M0 为 01 时，定时器工作于方式 1，其逻辑结构图如图 3-3 所示。

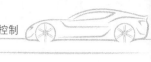

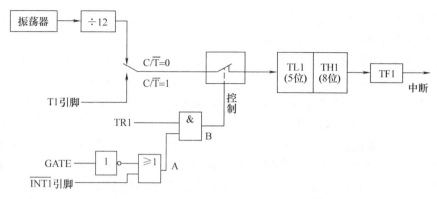

图 3-3　T1（或 T0）方式 1 时的逻辑结构图

由图可知，方式 1 构成一个 16 位定时/计数器，其结构与操作几乎完全与方式 0 相同，区别是二者计数位数不同。设定时器 1 初值为 X，作定时器用时其定时时间为：

$$(2^{16}-X)\times 时钟周期\times 12 = (65536-X)\times 时钟周期\times 12$$

例 3.3　设 f=12MHz，用定时器 1 方式 1 实现 200μs 的延时。

解：

因方式 1 是 16 位计数器，其最大定时时间为：65536×1μs=65536μs，可直接选择定时时间为 200μs，计数值为 200，则定时器 1 的初值为：

$$X = M-计数值 = 65536-200 = 65336 = 1111111100111000B = FF38H$$

用 C 语言编程实现 200μs 延时函数如下：

void delay 200μs( )
{
  TMOD = 0x10;　　　　　　　//设置 T1 为定时器,工作方式 1
  TH1 = 0xFF;　　　　　　　//设置定时器初值为 FF38H
  TL1 = 0x38;
  TR1 = 1;　　　　　　　　//启动 T1
  While(! TF1);　　　　　//查询计数是否溢出,即定时 200μs 时间到,TF1 = 1
  TF1 = 0;　　　　　　　　//200μs 定时时间到,将 T1 溢出标志位 TF1 清零
  }
}

3. 方式 2

当 TMOD 的 M1M0 为 10 时，定时/计数器工作于方式 2，其逻辑结构图如图 3-4 所示。

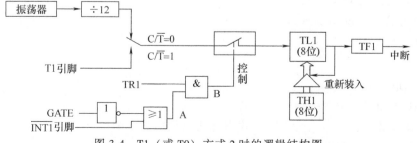

图 3-4　T1（或 T0）方式 2 时的逻辑结构图

由图可知，方式 2 中 16 位加法计数器的 TH1 和 TL1 具有不同功能，其中，TL1 是 8 位计数器，TH1 是重置初值的 8 位缓冲器。

方式 0 和方式 1 用于循环计数在每次计满溢出后，计数器全部为 0，第二次计数还须重置计数初值。这导致编程麻烦，而且影响定时时间精度。方式 2 具有计数初值自动装入功能，适合用作较精确的定时脉冲信号发生器。设定时器 1 初值为 X，其定时时间为：

$$(2^8-X)×时钟周期×12=(256-X)×时钟周期×12$$

方式 2 中 16 位加法计数器被分割为两个，TL1 用作 8 位计数器，TH1 用以保持初值。在程序初始化时，TL1 和 TH1 由软件赋予相同的初值。一旦 TL1 计数溢出，TF1 将被置位，同时 TH1 中的初值装入 TL1，从而进入下一次计数，重复循环不止。

例 3.4 设 f=12MHz，试用定时器 0 方式 2 实现 1s 的延时。

解： 因方式 2 是 8 位计数器，其最大定时时间为：256×1μs=256μs，为实现 1s 延时，可选择定时时间为 250μs，再循环 4000 次。定时时间选定后，可确定计数值为 250，则定时器 1 的初值为：X = M - 计数值 = 256 - 250 = 6 = 06H。采用定时器 0 方式 2 工作，因此，TMOD=02H。

可编得 1s 延时子程序如下：

```
DELAY: MOV    R5,#28H      ;置 25ms 计数循环初值,28H = 40O
       MOV    R6,#64H      ;置 250μs 计数循环初值,64H = 100O
       MOV    TMOD,#02H    ;置定时器 0 为方式 2
       MOV    TH0,#06H     ;置定时器初值
       MOV    TL0,#06H
       SETB   TR0          ;启动定时器
LP1:   JBC    TF0,LP2      ;查询计数溢出
       SJMP   LP1          ;无溢出则继续计数
LP2:   DJNZ   R6,LP1       ;未到 25ms 继续循环
       MOV    R6,#64H
       DJNZ   R5,LP1       ;未到 1s 继续循环
       RET
```

例 3.5 设 f=6MHz，用定时器 1 方式 2 实现 1ms 的延时。

解：

1) 可选择定时时间为 500μs，再循环 2 次。

计数值 = 500μs/2μs = 250；

计数初值 = 256-250 = 6 = 110B = 6H。

2) C 语言编程实现 1ms 延时函数。

```
void delay 1ms( )
{
    unsigned char i;
    TMOD = 0x20;
    TH0 = 0x06;              //设置定时器初值为 06H
    TL0 = 0x06;
```

```
            for(i=0;i<2;i++);          //设置 2 次循环次数
            {
            TR1=1;                     //启动 T1
            While(！TF1);              //查询计数是否溢出,即定时 500μs 时间到,TF1=1
            TF1=0;                     //500μs 定时时间到,将 T1 溢出标志位 TF1 清零
            }
        }
```

4. 方式 3

方式 3 只适应于定时/计数器 T0，当 TMOD 的 M1M0 为 11 时，定时/计数器工作于方式 3 时，其逻辑结构图如图 3-5 所示。

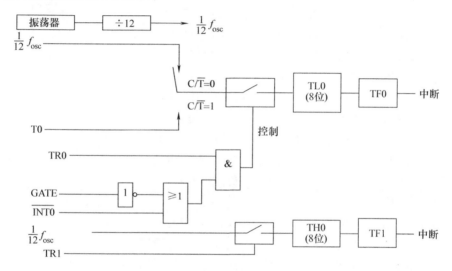

图 3-5 T0 方式 3 时的逻辑结构

由图可知，定时器 T0 分解成两个独立的 8 位计数器 TL0 和 TH0。其中 TL0 使用原来 T0 的控制位、引脚和中断源，如：C/$\overline{T}$、GATE、TR0、TF0、T0（P3.4）引脚和$\overline{INT0}$（P3.2）引脚。除计数位数与方式 0、方式 1 不同外，其他功能、操作与方式 0、方式 1 完全相同，既能定时亦能计数。而 TH0 固定为定时方式（不能进行外部计数），并且借用原来 T1 的控制位 TR1 和 TF1，同时还占用了 T1 的中断源，其启动和关闭仅受 TR1 置 1 或清 0 控制，TH0 的溢出将置位 TF1。

二者的定时时间分别如下：

TL0：(M-TL0 初值)×时钟周期×12=(256-TL0 初值)×时钟周期×12

TH0：(M-TH0 初值)×时钟周期×12=(256-TH0 初值)×时钟周期×12

方式 3 时，定时器 1 仍可设置为方式 0、方式 1 或方式 2。但由于 TR1、TF1 及 T1 的中断源已被定时器 T0 占用，此时，定时器 T1 仅由控制位 C/$\overline{T}$ 切换其定时或计数功能，当计数器计满溢出时，只能将输出送往串行口。在这种情况下，T1 一般用作串行口波特率发生器或不需要中断的场合，且工作于方式 2，这时将 T0 设置成方式 3，可以充分利用单片机的定时/计数器资源。

例 3.6 用定时器 T0 方式 3 实现 P1.0 端口指示灯间隔 1s 的闪烁。

解：根据题意分析，定时器 T0 中的 TH0 只能为定时器，定时时间设为 250μs；TL0 设置为计数器，计数值设为 200。TH0 计满溢出后，用软件复位的方法使 T0（P3.4）引脚产生负跳变，TH0 每溢出一次，T0 引脚便产生一个负跳变，TL0 便计数一次。TL0 计满溢出时，延时时间应为 50ms，循环 20 次则可得到 1s 的延时。

由上可知，TH0 计数初值为 X =（256-250）= 6 = 06H
TL0 计数初值为 X =（256-200）= 56 = 38H
$$TMOD = 00000111B = 07H$$

1s 延时子程序如下：

DELAY：	MOV	R3,#14H	;置 100ms 计数循环初值
	MOV	TMOD,#07H	;置定时器 0 为方式 3 计数
	MOV	TH0,#06H	;置 TH0 初值
	MOV	TL0,#38H	;置 TL0 初值
	SETB	TR0	;启动 TL0
	SETB	TR1	;启动 TH0
LP1：	JBC	TF1,LP2	;查询 TH0 计数溢出
	SJMP	LP1	;未到 500μs 继续计数
LP2：	MOV	TH0,#06H	;重置 TH0 初值
	CLR	P3.4	;T0 引脚产生负跳变
	NOP		;负跳变持续
	NOP		
	SETB	P3.4	;T0 引脚恢复高电平
	JBC	TF0,LP3	;查询 TH0 计数溢出
	SJMP	LP1	;100ms 未到继续计数
LP3：	MOV	TL0,#38H	;重置 TL0 初值
	DJNZ	R3,LP1	;未到 1s 继续循环
	CPL	P1.0	;指示灯状态翻转
	RET		

C 语言程序如下：

```
#include <reg51.h>
sbit P1_0 = P1^0;
sbit P3_4 = P3^4;
main( )
{
    int m,n;
    TMOD = 0x07;
    TH0 = 6;
    TL0 = 56;
    m = 200;
    n = 250;
```

```
          TR0 = 1;
          TR1 = 1;
          while(1)
          {
             if(TF1 = = 1)
             {
             TF1 = 0;
             n--;
             if (n = = 0)
             {
               n = 100;
               m--;
               if (m = = 0)
                { P1_0 = ~P1_0;
                   m = 200;
                   n = 250;
                }
             }
          }
       }
    }
```

3.1.4 定时/计数器的编程和应用

MCS-51 单片机定时/计数器是可编程的,因此,在利用定时/计数器进行定时或计数之前,先要通过软件对它进行初始化。灵活应用定时器/计数器可提高编程技巧,减轻 CPU 的负担,简化外围电路。

例 3.7 利用 T0 门控位 GATE,测量 $\overline{INT0}$(P3.2)引脚上正脉冲的宽度(设晶振为 12MHz,正脉冲宽度小于 65ms),测量结果存入 40H、41H 单元中。被测脉冲波形图如下所示:

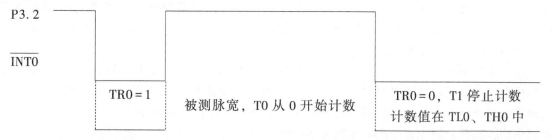

解:根据要求设置 T0 方式 1,GATE 置 1(计数开始由 $\overline{INT1}$ 控制),置位 TR0 启动计数,一旦 P3.2 引脚出现高电平即开始计数,直至出现低电平,然后读取 T0 计数寄存器 TL0、TH0 的值存入 41H、40H 单元中,即为正脉冲的宽度。

```
        ORG    0000H
        JMP    MAIN
        ORG    0030H
MAIN:   MOV    TMOD,#09H    ;置 T0 为方式 1,$\overline{INT0}$控制
        MOV    TL0,#00H     ;
        MOV    TH0,#00H     ;T0 从 0 开始计数
        SETB   P3.2         ;置 P3.2 为输入
        JB     P3.2,$       ;等待$\overline{INT0}$处于低电平
        SETB   TR0          ;T0 允许计数(实际计数从$\overline{INT0}$为高电平开始)
        JNB    P3.2,$       ;等$\overline{INT0}$变为高电平
        JB     P3.2,$       ;等$\overline{INT0}$变为低电平
        CLR    TR0          ;停止计数
        MOV    41H,TH0      ;计数结果高 8 位存入 41H
        MOV    40H,TL0      ;计数结果低 8 位存入 40H
        SJMP   $
        END
        ⋮
```

执行完 CLR TR1 后停止计数,此时 TH1、TL1 的内容即为正脉冲宽度(单位: μs),利用此方法可对红外遥控器所发射的波形进行测量,方便制作万能遥控转换器。

3.2 中断系统

计算机具有实时处理能力,能对外界发生的事件进行及时处理,这是依靠它们的中断系统来实现的。

3.2.1 MCS-51 的中断系统

1. 中断的概念

当 CPU 正在按顺序处理某件事情(执行程序)的时候,如果这时外界突然发生紧急事件,且请求 CPU 暂时停止当前正在执行的程序而马上处理紧急事件(即执行中断服务程序),待中断服务程序执行完后再回到原来的程序继续执行。单片机中这种暂时停止原来执行程序的过程就称为中断。

原来正常运行的程序称为主程序。主程序被断开的位置或地址称为断点。引起 CPU 中断的根源,或能发出中断申请的来源,称为中断源。中断源向 CPU 提出的处理要求称为中断请求或中断申请。中断之后所执行的相应的处理程序称为中断服务或中断处理子程序。处理完毕后,再回到原来被中断的位置称为中断返回。

2. 中断的特点

1) 分时操作。CPU 可以分时为多个外设服务,大大地提高了 CPU 的效率。

2) 实时响应。CPU 能随时响应外界变量根据要求向 CPU 发出的中断申请,并进行相

应处理，从而实现实时处理。

3）稳定性高。CPU 能通过相应的故障处理程序，处理难以预料的突发事件或故障。

3. MCS-51 中断系统的结构框图

MCS-51 中断系统的结构框图如图 3-6 所示。有 4 个与中断有关的寄存器，分别为中断源寄存器 TCON 和 SCON、中断允许控制寄存器 IE 和中断优先级控制寄存器 IP。有中断源 5 个，分别为外部中断 0 请求$\overline{INT0}$、外部中断 1 请求$\overline{INT1}$、定时器 T0 溢出中断请求 TF0、定时器 T1 溢出中断请求 TF1 和串行中断请求 RI 或 TI。5 个中断源的排列顺序由中断优先级控制寄存器 IP 和顺序查询逻辑电路共同决定，5 个中断源分别对应 5 个固定的中断入口地址。

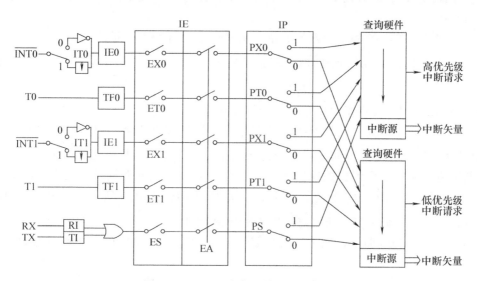

图 3-6　MCS-51 中断系统结构示意图

3.2.2　中断源和中断标志

1. 中断源

MCS-51 的 5 个中断源如下：

1）$\overline{INT0}$（P3.2）：外部中断 0 请求信号输入脚。由 IT0 脚（TCON.0）来决定是低电平有效还是下降沿有效。当 CPU 检测到有效的中断信号时，则向 CPU 申请中断，并使 IE0（TCON.1）标志置 1。

2）$\overline{INT1}$（P3.3）：外部中断 1 请求信号输入脚。通过 IT1 脚（TCON.2）来决定是低电平有效还是下降沿有效。当 CPU 检测到有效的中断信号时，则向 CPU 申请中断，并使 IE0（TCON.1）标志置 1。

3）TF0（TCON.5）：定时/计数器 T0 溢出中断请求标志。当定时/计数器 T0 产生溢出时，中断请求标志位 TF0 置位（由硬件自动执行），并向 CPU 申请中断。

4）TF1（TCON.7）：定时/计数器 T1 溢出中断请求标志。当定时/计数器 T1 产生溢出时，中断请求标志位 TF1 置位（由硬件自动执行），并向 CPU 申请中断。

5）RI（SCON.0）或 TI（SCON.1）：串行中断请求标志。当串行接口接收或发送完一帧串行数据时，中断请求标志位 RI 或 TI 置位（由硬件自动执行），并向 CPU 申请中断。

2. 中断标志

（1）TCON 寄存器中的中断标志　TCON 为定时/计数器 T0 和 T1 的控制寄存器，同时也锁存 T0 和 T1 的溢出中断标志及外部中断 $\overline{INT0}$ 和 $\overline{INT1}$ 的中断标志等。与中断有关的各位定义如下：

TCON	D7	D6	D5	D4	D3	D2	D1	D0
（88H）	TF1	TR1	TF0	TR0	IE1	IT1	IE0	IT0

1）TCON.7-TF1：T1 的溢出中断标志位。T1 被启动计数后从初值做加 1 计数，计满溢出后由硬件置位 TF1，同时向 CPU 发出中断请求，此标志一直保持到 CPU 响应中断后才由硬件自动清 0。

2）TCON.5-TF0：T0 溢出中断标志位。其操作功能与 TF1 相同。

3）TCON.3-IE1：外部中断 $\overline{INT1}$ 中断请求标志位。IE1＝1 时，外部中断 1 向 CPU 申请中断。

4）TCON.2-IT1：外部中断 $\overline{INT1}$ 中断触发方式控制位。

当 IT1＝0，外部中断 1 控制为电平触发方式。在这种方式下，CPU 在每个机器周期的 S5P2 期间对 $\overline{INT1}$（P3.3）引脚采样，若为低电平，则置位 IE1 标志位；若为高电平，则认为无中断申请，或中断申请已撤除，则 IE1 复位标志位。在电平触发方式中，CPU 响应中断后不能由硬件自动清除 IE1 标志，也不能由软件清除 IE1 标志，所以，在中断返回之前必须撤销 $\overline{INT1}$ 引脚上的低电平，否则将再次中断导致出错。

当 IT1＝1，外部中断 1 控制为边沿触发方式。CPU 响应中断时，由硬件自动清除 IE1 标志。

5）TCON.1-IE0：外部中断 $\overline{INT0}$ 中断标志位。其操作功能与 IE1 相同。

6）TCON.0-IT0：$\overline{INT0}$ 中断触发方式控制位。其操作功能与 IT1 相同。

（2）SCON 寄存器中的中断标志　SCON 是串行口控制寄存器，其低 2 位 TI 和 RI 锁存串行口的接收中断标志和发送中断标志。各位定义如下：

SCON	D7	D6	D5	D4	D3	D2	D1	D0
（98H）							TI	RI

1）SCON.1-TI：串行接口发送中断标志位。CPU 将数据写入发送缓冲器 SBUF 时，就启动发送，每发送完一个串行帧，硬件置位 TI。CPU 响应中断时不能自动清除 TI，必须由软件清除。

2）SCON.0-RI：串行接口接收中断标志位。在串行口允许接收时，每接收完一个串行帧，硬件置位 RI。CPU 在响应中断时不能自动清除 RI，必须由软件清除。

（3）IE 寄存器中断的开放和屏蔽标志　MCS-51 系列单片机的 5 个中断源都是可屏蔽中断，其中断系统内部设有一个专用寄存器 IE 用来对各中断源进行开放或屏蔽的控制。IE 寄存器各位定义如下：

IE	D7	D6	D5	D4	D3	D2	D1	D0
（A8H）	EA	/	/	ES	ET1	EX1	ET0	EX0
位地址	AFH	AEH	ADH	ACH	ABH	AAH	A9H	A8H

1) IE.7-EA：中断总允许控制位。EA=1，开放所有中断，而每个中断源的开放和屏蔽可通过相应的中断允许位单独加以控制；EA=0，禁止所有中断。

2) IE.4-ES：串行口中断允许位。ES=1，允许串行口的接收和发送中断；ES=0 禁止串行口的接收和发送中断。

3) IE.3-ET1：定时/计数器 T1 中断允许位。ET1=1，允许 T1 中断；ET1=0，禁止 T1 中断。

4) IE.2-EX1：外部中断 1（$\overline{INT1}$）中断允许位。EX1=1，允许外部中断 1 中断；EX1=0，禁止外部中断 1 中断。

5) IE.1-ET0：定时/计数器 T0 中断允许位。ET0=1，允许 T0 中断；ET0=0，禁止 T0 中断。

6) IE.0-EX0：外部中断 0（$\overline{INT0}$）中断允许位。EX0=1，允许外部中断 0 中断；EX0=0，禁止外部中断 0 中断。

（4）IP 寄存器中断优先级标志　MCS-51 单片机有 2 个中断优先级，每个中断源的中断优先级都是由中断优先级寄存器 IP 中的相应位的状态来规定的。其各位定义如下：

IP (B8H)	D7	D6	D5	D4	D3	D2	D1	D0
	—	—	PT2	PS	PT1	PX1	PT0	PX0
位地址	BF	BE	BD	BC	BB	BA	B9	B8

1) IP.5-PT2：定时器 T2 中断优先控制位（仅适应于 52 子系列单片机）。PT2=1，设定定时器 T2 中断为高优先级中断；相反为低优先级中断。

2) IP.4-PS：串行口中断优先控制位。PS=1，设定串行口为高优先级中断；相反为低优先级中断。

3) IP.3-PT1：定时器 T1 中断优先控制位。PT1=1，设定定时器 T1 中断为高优先级中断；相反为低优先级中断。

4) IP.2-PX1：外部中断 1 中断优先控制位。PX1=1，设定外部中断 1 为高优先级中断；相反为低优先级中断。

5) IP.1-PT0：定时器 T0 中断优先控制位。PT0=1，设定定时器 T0 中断为高优先级中断；相反为低优先级中断。

6) IP.0-PX0：外部中断 0 中断优先控制位。PX0=1，设定外部中断 0 为高优先级中断；相反为低优先级中断。

当系统复位后，IP 低 5 位全部清 0，所有中断源均设定为低优先级中断。

MCS-51 单片机有 5 个中断源，但只有两个优先级，必然会有几个中断请求源处于同样的优先级。当 CPU 同时收到几个同优先级中断请求时，MCS-51 单片机内部采用一个硬件查询逻辑电路的查询顺序来判别这些同级中断源的优先级，其自然优先级由硬件形成，排列如下：

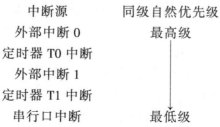

　　　　中断源　　　　同级自然优先级
　　　外部中断 0　　　　最高级
　　　定时器 T0 中断
　　　外部中断 1
　　　定时器 T1 中断
　　　串行口中断　　　　最低级

3.2.3 中断处理过程

1. 中断处理过程

中断处理过程可分为中断响应、中断处理和中断返回三个阶段。不同的计算机因其中断系统的硬件结构不同，中断响应的方式也有所不同。在此以 MCS-51 单片机为例进行说明。

（1）中断响应条件　CPU 响应中断的条件如下：

1）有中断源发出中断请求。

2）中断总允许位 EA=1。

3）申请中断的中断源允许。

满足以上基本条件，CPU 一般会响应中断，但若有下列任何一种情况存在，则中断响应会受到阻断。

① 同级或高优先级的中断正在响应。

② 当前指令未执行完。

③ 正在执行 RETI 中断返回指令或访问专用寄存器 IE 和 IP 的指令。

若存在上述任何一种情况，中断查询结果即被取消，CPU 不响应中断请求而在下一机器周期继续查询，否则 CPU 在下一机器周期响应中断。

（2）中断响应过程　CPU 响应中断的过程如下：

1）先置位相应的"优先级状态"触发器（该触发器指出 CPU 当前处理的中断优先级别），以阻断同级或低级中断申请。

2）自动清除相应的中断标志（TI 或 RI 除外）。

3）自动保护断点，将现行程序计数器 PC 内容压入堆栈，并根据中断源把相应的矢量单元地址装入 PC 中。

（3）中断处理　中断处理就是执行中断服务程序。中断服务程序从中断入口地址开始执行，到返回指令"RETI"为止，一般包括两部分内容，一是保护现场，二是完成中断源请求的服务。

通常，主程序和中断服务程序都会用到累加器 A、状态寄存器 PSW 及其他一些寄存器，当 CPU 进入中断服务程序用到上述寄存器时，会破坏原来存储在寄存器中的内容，一旦中断返回，将会导致主程序的混乱，因此，在进入中断服务程序后，一般要先保护现场，然后，执行中断处理程序，在中断返回之前再恢复现场。

2. 中断返回

中断返回是指中断服务完后，计算机返回原来断开的位置（即断点），继续执行原来的程序。中断返回由中断返回指令 RETI 来实现，其具体功能如下：

1）将断点地址从堆栈中弹出，送回到程序计数器 PC。

2）将相应中断优先级状态触发器清 0，告诉中断系统中断服务程序已执行完毕。

3. 中断标志的清除

CPU 响应中断请求后即进入中断服务程序，在中断返回前，应撤销该中断请求，否则，会重复引起中断而导致错误。MCS-51 各中断源中断请求撤销的方法各不相同。

（1）串行口中断请求的撤除　串行口的中断，CPU 在响应中断后，硬件不能自动清除中断请求标志位 TI、RI，必须在中断服务程序中用软件来清除相应的中断标志位，以撤销中断请求。

（2）定时器中断请求的撤除　定时器0或1的溢出中断，CPU在响应中断后即由硬件自动清除中断标志位 TF0 或 TF1，不必采取其他措施。

（3）外部中断请求的撤除　外部中断可分为边沿触发型和电平触发型。

在下降沿触发方式下，CPU响应中断后，也是由硬件自动将 IE0 或 IE1 标志位清除，不必采取其他措施。

因为对于电平触发外部中断，CPU在响应中断后，硬件不会自动清除其中断请求标志位 IE0 或 IE1，同时，也不能用软件将其清除，所以，在 CPU 响应中断后，应立即撤除$\overline{INT0}$或$\overline{INT1}$引脚上的低电平。否则，就会引起重复中断而导致错误。而 CPU 又不能控制$\overline{INT0}$或$\overline{INT1}$引脚的信号，因此，只有通过硬件再配合相应软件才能解决这个问题，如图 3-7 所示。

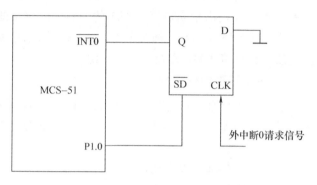

图 3-7　撤除外部中断请求的电路

外部中断请求信号加在 D 触发器的 CLK 端。由于 D 端接地，当外部中断请求的正脉冲信号出现在 CLK 端时，Q 端输出为 0，$\overline{INT0}$或$\overline{INT1}$为低，外部中断向单片机发出中断请求。利用 P1 口的 P1.0 作为应答线，当 CPU 响应中断后，可在中断服务程序中采用两条指令来撤除外部中断请求：

$$\text{ANL} \quad \text{P1, \#0FEH}$$
$$\text{ORL} \quad \text{P1, \#01H}$$

第一条指令使 P1.0 为 0，因 P1.0 与 D 触发器的异步置 1 端$\overline{SD}$相连，Q 端输出为 1，从而撤除中断请求。第二条指令是必不可少的，使 P1.0 变为 1，$\overline{Q}=1$，Q 继续受 CLK 控制，即新的外部中断请求信号又能向单片机申请中断。否则将无法再次形成新的外部中断。

3.2.4　外部中断源的扩展

在实际应用中，若外部中断源超过两个外部中断请求输入端$\overline{INT0}$和$\overline{INT1}$，则需扩充外部中断源，这里介绍两种简单可行的方法。

1. 用定时器作外部中断源

MCS-51 单片机有两个定时器，具有两个内部中断标志和外计数引脚，如在某些应用中不被使用，则它们的中断可作为外部中断请求使用。

例 3.8　将定时器 T1 扩展为外部中断源。

解：将 T1 设定为方式 2（自动恢复计数初值），TH1 和 TL1 的初值均设置为 FFH，允许 T1 中断，CPU 开放中断，程序如下：

```
MOV    TMOD, #60H
MOV    TH1, #0FFH
```

```
            MOV     TL1,#0FFH
            SETB    TR1
            SETB    ET1
            SETB    EA
            ...
```

当连接在 T1（P3.5）引脚的外部中断请求输入线发生负跳变时，TL1 加 1 溢出使 TF1 置 1，向 CPU 发出中断申请；TH1 的内容同时自动送至 TL1 使 TL1 恢复初值。这样 T1 引脚每输入一个负跳变，TF1 都会置 1，向 CPU 请求中断。T0 脚相当于边沿触发的外部中断源输入线。也可将 T0 扩展为外部中断源。

2. 中断和查询相结合

利用两根外部中断输入线（$\overline{INT0}$和$\overline{INT1}$脚），每一中断输入线可以通过线或的关系连接多个外部中断源，同时利用并行输入端口线作为多个中断源的识别线，电路原理图如图 3-8 所示。

图中 4 个外部扩展中断源通过 4 个 OC 门电路组成线或后再与$\overline{INT1}$（P3.3）相连，4 个外部扩展中断源 EINT0～EINT3 中有一个或几个出现高电平则输出为 0，使$\overline{INT1}$脚为低电平，从而发出中断请求，因此，这些扩充的外部中断源都是高电平触发方式。CPU 执行中断服务程序时，先依次查询 P1 口的中断源输入状态，并转入到相应

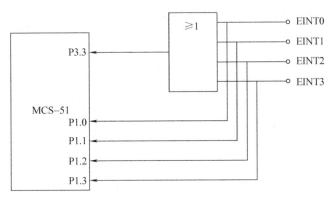

图 3-8　一个外中断扩展成多个外中断的原理图

的中断服务程序，4 个扩展中断源的优先级顺序由软件查询顺序决定，即最先查询的优先级最高，最后查询的优先级最低。

中断服务程序如下：

```
            ORG     0013H           ;外部中断 1 入口
            AJMP    INT1            ;转向中断服务程序入口
            ...
    INT1：  PUSH    PSW             ;保护现场
            PUSH    ACC
            JNB     P1.0,EINT0      ;中断源查询并转相应中断服务程序
            JNB     P1.1,EINT1
            JNB     P1.2,EINT2
            JNB     P1.3,EINT3
    EXIT：  POP     ACC             ;恢复现场
            POP     PSW
```

```
                RETI
                  …
    EIT0:         …                      ;EINT0 中断服务程序
                AJMP    EXIT
    EIT1:         …                      ;EINT1 中断服务程序
                AJMP    EXIT
    EIT2:         …                      ;EINT2 中断服务程序
                AJMP    EXIT
    EIT3:         …                      ;EINT3 中断服务程序
                AJMP    EXIT
```

3.2.5 中断系统的应用举例

中断控制实质上是对 4 个与中断有关的特殊功能寄存器 TCON、SCON、IE 和 IP 进行管理和控制，具体控制如下：

1) CPU 的开中断与关中断。
2) 某个中断源中断请求的允许和屏蔽。
3) 各中断源优先级别的设定。
4) 外部中断请求触发方式的设定。

中断管理和控制程序一般都包含在主程序中，根据需要通过几条指令来完成。中断服务程序是一种具有特定功能的独立程序段，可根据中断源的具体要求进行服务。下面通过实例来说明其具体应用。

1. 定时/计数器中断应用举例

例 3.9 如图 3-9 所示，用 T0 监视一汽车配件生产流水线，每生产 100 个工件，发出一包装命令，包装成一箱，并记录其箱数。图中 VD1 为红外发光二极管，VD2 为红外光电二极管，当 VD2 接收到 VD1 发出的红外光照射时导通，T0 输入端产生一个负脉冲作为计数脉冲。

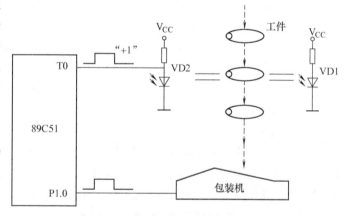

图 3-9 用 T0 作计数器硬件电路

解：根据题意，用 T0 作计数器，每计数 100 次 T0 计数器溢出，由 P1.0 控制包装机打包。定时/计数器 T0 的 4 种工作方式均可满足计数要求，而方式 2 具有自动重装功能，因此本题选用定时方式 2。

定时/计数器工作方式控制字 TMOD=06H（T0 方式 2 且为计数方式）

计数初值 $=2^8-100=9CH$

若用 31H、30H 单元保存箱数计数值，打包控制信号（正脉冲）由 P1.0 输出，程序如下：

```
        ORG     0000H
        LJMP    MAIN
        ORG     000BH           ;T0 中断入口地址
        LJMP    DD1
        ORG     0030H
MAIN:   MOV     P1,#00H         ;P1.0 无信号输出
        MOV     30H,#00H        ;
        MOV     31H,#00H        ;箱数计数器清"0"
        MOV     TMOD,#06H       ;置 T0 工作方式
        MOV     TH0,#9CH
        MOV     TL0,#9CH        ;计数初值送计数器
        MOV     IE,#82H         ;T0 允许中断
        SETB    TR0             ;启动 T0
        AJMP    $               ;程序循环执行
DD1:    MOV     A,30H
        ADD     A,#01H          ;计数器加"1"
        MOV     30H,A           ;保存
        MOV     A,#00H
        ADDC    A,31H           ;若有进位,加进位
        MOV     31H,A           ;
        SETB    P1.0            ;启动外设包装
        ︙                      ;包装延时
        CLR     P1.0            ;包装结束
        RETI
        END
```

例 3.10 如图 3-10 所示,机电式 IC 卡预付费电表 250r/(kW·h),单片机根据其机械转盘旋转情况采样计数,每旋转一周采样 1 次,当电表所预存金额足够支付 1kW·h 时,P1.1 输出高电平控制继电器闭合,否则由 P1.1 输出低电平控制继电器断电。

解:本例是利用定时/计数器对外部输入信号计数,若电表每转 1 转产生一个负脉冲,250 转后即为 1kW·h,此时由 P1.1 引脚输出低电平控制继电器断开,以示预存电费不够,需用户续电。

若用定时器 T1 方式 2 对输入脉冲计数,则定时初值为:

定时计数初值 = $2^8 - 250 = 6$ = 06H,即从 06H 开始计数,计数至 00H 产生溢出(250 个脉冲)。

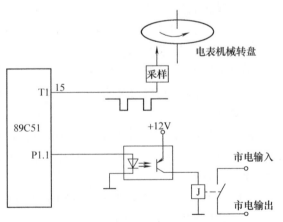

图 3-10 预付费电表控制电路图

编程时假设余额存储在 40H、41H 两个单元，用电单价保存在 42H、43H 单元，则编写程序如下：

```
            ORG   0000H
            LJMP  MAIN
            ORG   001BH        ;T1 入口地址
            LJMP  TT1IN
            ORG   0030H
MAIN：      MOV   TMOD,#60H    ;设置 T1 方式 2,计数方式
            MOV   TH1,#06H     ;自动重装初值
            MOV   TL1,#06H     ;装入初始计数值
            SETB  EA           ;开总中断
            SETB  ET1          ;开 T1 中断
            SETB  TR1          ;启动计数
LOOP：      :                  ;其他任务处理,如显示等
            LJMP  LOOP
TT1IN：     MOV   A,41H        ;用电 1kW·h,减单价一次
            CLR   C
            SUBB  A,43H
            MOV   41H,A        ;保存余额
            MOV   A,40H
            SUBB  A,42H
            MOV   40H,A        ;保存余额
            JC    OFF          ;余额不够,断电
            RETI
OFF：       CLR   P1.1         ;控制继电器断开
            MOV   A,41H
            ADD   A,43H        ;恢复余额
            MOV   41H,A
            MOV   A,40H
            ADDC  A,42H
            MOV   40H,A
            RETI
            END
```

采用定时/计数器对外部信号计数，在各个领域的单片机系统中应用非常广泛，如电缆厂生产时的长度测量，电动机厂电动机转速的测量、汽车上行驶里程的计数等。

2. 外部中断应用举例

例 3.11 图 3-11 所示为一汽车简单防盗

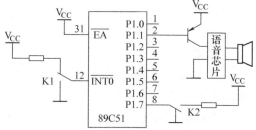

图 3-11 汽车简单防盗报警系统控制电路

报警系统控制电路，K1 为安装在车门内的开关，门关闭时接高电平，门打开时接低电平；K2 为报警/不报警选择开关，当 P1.7 为高电平时报警，否则不报警。报警声音采用语音芯片播放，当 P1.1 为低电平时，报警器发声，否则不发声。工作时只要 K2 选择报警状态，当外人打开车门时，K1 接低电平触发 $\overline{INT0}$ 中断，P1.1 输出低电平报警，程序编写为：

```
        ORG    0000H
        LJMP   MAIN
        ORG    0003H
        LJMP   LL
        ORG    0030H
MAIN:   MOV    P1,#0FFH      ;P1 设为输入
        MOV    A,P1          ;读 P1 状态
        SETB   P1.1          ;关闭扬声器
        JB     ACC.7,TT      ;P1.7=1 允许报警
        CLR    EA            ;P1.7=0 不允许报警
        CLR    EX0
        LJMP   KK
TT:     SETB   EX0           ;INT0 中断允许
        SETB   EA
        CLR    IT0           ;电平触发方式
KK:     AJMP   $             ;INT0 中断服务程序
LL:     CLR    EA            ;关闭中断
        CLR    P1.1          ;使语音芯片工作
        AJMP   $             ;无外界干预,一直报警
        RETI
        END
```

[项目实践]

1. 设备与电路

1) 设备：单片机仿真器、编程器和单片机应用系统。

2) 电路：电路如图 3-12 所示。

2. 流程图

本实验主程序流程图如图 3-13 所示。

3. 步骤与要求

（1）步骤 1：定时器查询方式　要求：用定时器方式 1 编制 1s 的延时程序，实现信号灯循环显示的控制。

系统采用 12MHz 晶振，采用定时器 T0 方式 1 定时 50ms，用 R3 做 50ms 计数单元，得到 1s，可设计源程序如下：

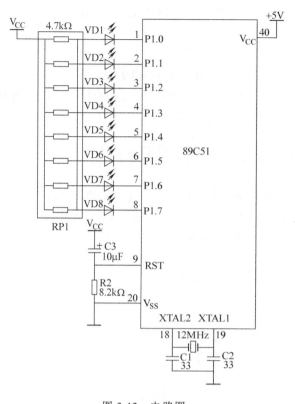

图 3-12 电路图

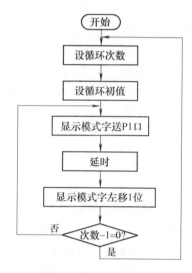

图 3-13 主程序流程图

```
        ORG     0000H
        MOV     A,#11111110B        ;开始时,欲令最右边的 LED 亮
LOOP:   MOV     P1,A                ;把 A 的内容送至 P1
        ACALL   DELAY               ;延时 1s
        RL      A                   ;把 A 的内容向左移 1 位
        AJMP    LOOP
DELAY:  MOV     R3,#20              ;欲延时 50ms×20=1000ms=1s
        MOV     TMOD,#00000001B     ;设定定时器 0 工作在模式 1(即 16 位定时器)
TIMER:  MOV     TH0,#3CH            ;设定计数值,以便定时 50ms
        MOV     TL0,#0B0H
        SETB    TR0                 ;起动定时器 0
WAIT:   JB      TF0,OK              ;等待 TF0=1(即等待时间 50ms 到)
        AJMP    WAIT
OK:     CLR     TF0                 ;清除 TF0,使 TF0=0
        DJNZ    R3,TIMER            ;若时间 1s 未到,则继续定时
        RET                         ;时间 1s 到,返回主程序
        END
```

（2）步骤 2：定时器中断方式　要求：用定时器中断方式编制 1s 的延时程序，实现信号灯循环显示的控制。

采用定时器 T0 中断定时 50ms，用 R3 做 50ms 计数单元，主程序从 0000H 开始，中断服务程序名为 T0IN。可设计源程序如下：

```
            ORG     0000H
            AJMP    MAIN              ;主程序必须避开地址 000BH
            ORG     000BH             ;定时器 0 的中断服务程序,起始地址一定在 000BH
            AJMP    T0IN              ;程序跳转到 T0IN 处
            ORG     0030H
MAIN:       MOV     A,#11111110B      ;开始时,欲令最右边的 LED 亮
            MOV     P1,A
            MOV     R3,#20            ;令 R3=20,欲延时 50ms×20=1000ms=1s
            MOV     TMOD,#00000001B   ;设定时器 0 工作在模式 1(即 16 位定时器)
            MOV     TH0,#3CH          ;设定计数值,以便定时 50ms
            MOV     TL0,#0B0H
            SETB    EA                ;定时器 0,中断使能
            SETB    ET0
            SETB    TR0               ;启动定时器 0
            SJMP    $                 ;暂停于本地址,等待中断信号
T0IN:       MOV     TH0,#3CH          ;重新设定计数值
            MOV     TL0,#0B0H
            DJNZ    R3,CONT           ;若 R3-1≠0,表示时间 1s 未到,跳至 CONT 处
            MOV     R3,#20            ;重新设定 R3 值
            RL      A                 ;把 LED 左移 1 位
            MOV     P1,A
CONT:       RETI                      ;返回主程序
            END
```

4. 总结与分析

1) 步骤 1 和学习情境 2 中软件的编制方法不同。后者采用软件定时，对循环体内指令机器周期数进行计数；前者采用定时器定时，用加法计数器直接对机器周期进行计数。二者工作机理不同，置初值方式也不同，相比之下定时器定时无论是方便程度还是精确程度都高于软件定时。

2) 步骤 1 和步骤 2 相比，都采用定时器定时，但二者实现方法不同。前者采用查询工作方式，在 1s 定时程序期间一直占用 CPU；后者采用中断工作方式，在 1s 定时程序期间 CPU 可处理其他指令，从而充分发挥定时/计数器的功能，大大提高 CPU 的效率。

[项目拓展]

1. 任务分析

采用单片机内部定时器制作一个 5s 定时器，每计时 5s 蜂鸣器报警提示，然后重新开始计时。

2. 电路设计

硬件电路设计如图 3-14 所示。LED 显示器是由 8 个显示字段的发光二极管组成，通过

点亮不同的字段可显示 0~9、A~F 及小数点等字形，其外形结构如图 3-15 所示。本项目采用共阳数码管，即每个字段用低电平点亮。

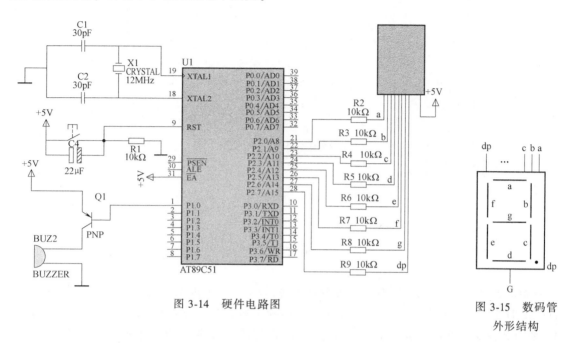

图 3-14　硬件电路图　　　　　　　　　　　图 3-15　数码管外形结构

3. 软件程序设计

```c
//功能:采用单片机内部定时器制作的5s定时报警器
    #include <reg51.h>
    sbit P1_0=P1^0;              //位定义
unsigned char led[]={0xF9,0xA4,0xB0,0x99,0x92};
                                 //定义数组 led 存放数字 1~5 的字形码
    void delay1s()               //采用定时器1实现1s延时
    {
      unsigned char i;
      for(i=0;i<20;i++)          //设置 20 次循环次数
      {
        TH1=0x3C;                //设置定时器初值为3CB0H
        TL1=0xB0;
        TR1=1;                   //启动 T1
        while(!TF1);             //查询计数是否溢出,即定时50ms时间到,TF1=1
        TF1=0;                   //50ms定时时间到,将T1溢出标志位TF1清零
      }
    }
    void  main()                 //主函数
    {
      unsigned char i;
```

```
        TMOD = 0x10;              //设置定时器 1 工作于方式 1
        while(1) {
          P1_0 = 1;
          for(i = 0; i < 5; i++)
          {
            P2 = led[i];            //字形显示码送段控制口 P2
            delay1s( );             //延时 1s
          }
          P1_0 = 0;                 //蜂鸣器报警提示
          delay1s( );
        }
    }
```

小　　结

　　MCS-51 系列单片机内部有两个可编程定时/计数器 T0 和 T1,定时或计数初值由 TH0、TL0 或 TH1、TL1 定义。每个定时/计数器有四种工作方式:方式 0、方式 1、方式 2、方式 3,由方式控制字 TMOD 定义。方式 0 是 13 位的定时/计数器,方式 1 是 16 位的定时/计数器,方式 2 是初值重载的 8 位定时/计数器,方式 3 只适用于 T0,将 T0 分为两个独立的定时/计数器,同时 T1 可以作为串行接口波特率发生器。

　　中断是单片机中的一个重要概念。中断是指当机器正在执行程序的过程中,一旦遇到某些异常情况或特殊请求时,暂停正在执行的程序,进入中断服务子程序,处理完毕后,再返回到原来被停止程序的间断处(断点)继续执行。引起中断的事情称为中断源,MCS-51 单片机提供 5 个中断源:$\overline{INT0}$、$\overline{INT1}$、TF0、TF1 和串行中断请求。中断请求的优先级由用户编程和内部自然优先级共同确定,中断编程包括中断入口地址设置、中断源优先级设置、中断开放或关闭、中断服务子程序等。

　　本单元从汽车信号灯的循环点亮控制项目入手,介绍了定时/计数器和中断系统的概念、功能及编程。

习　　题

1. MCS-51 定时/计数器工作于定时和计数方式时有何异同点?
2. 软件定时与硬件定时的原理有何异同?
3. MCS-51 单片机的定时/计数器是加 1 计数器还是减 1 计数器? 加 1 和减 1 计数器在计数和计算计数初值时有什么不同?
4. 当定时/计数器工作于方式 1 下,晶振频率为 6MHz,请计算最短定时时间和最长定时时间各是多少?
5. MCS-51 单片机定时/计数器四种工作方式各有何特点?
6. 什么叫中断? 中断有什么特点?

7. MCS-51 单片机有几个中断源？如何设定它们的优先级？
8. 外部中断有哪两种触发方式？对触发脉冲或电平有什么要求？如何选择和设定？
9. 叙述 CPU 响应中断的过程。
10. MCS-51 单片机中断源的中断标志分别是什么？它们是如何设置和清除的？
11. 编写汽车信号灯的循环点亮控制程序。

学习情境4

汽车直流电动机正反转控制

学习目标：

通过本次项目的完成，你应能够：

1. 分析 MCS-51 单片机的键盘与显示接口技术。
2. 熟练编写 MCS-51 单片机键盘与显示接口程序。
3. 正确编写汽车直流电动机的单片机控制程序。
4. 完成汽车直流电动机的单片机控制电路的焊接。

情境描述：

制作一个模拟汽车直流电动机的单片机控制系统。

想一想：

1. 在单片机中包括哪些常用外设？
2. 常用外设工作原理？
3. 接口的形式和电路有哪些？

4.1 单片机与键盘接口

一个按键实际上是一个开关元件，也就是说键盘是由一组规则排列的按键组成。操作员通过键盘输入数据或命令，实现人机对话。

4.1.1 键盘工作原理

1. 按键的分类

按键按照接口原理可分为非编码键盘与全编码键盘两类，这两类键盘的主要区别是识别键符及给出相应键码的方法。非编码键盘主要是由软件来实现键盘的定义与识别，编码键盘主要是用硬件来实现对键的识别。

按键按照结构原理可分为两类，一类是无触点开关按键，如电气式按键、磁感应按键等；另一类是触点式开关按键，如机械式开关、导电橡胶式开关等。前者耐用，后者价低。目前单片机系统中最常见的是触点式开关按键。

2. 按键结构与特点

键盘是由若干独立的键组成，键的按下与释放是通过机械触点的闭合与断开来实现的，因机械触点的弹性作用，在闭合与断开的瞬间均有一个不稳定过程，如图 4-1 所示，这种不稳定状态称为抖动，抖动时间一般为 5~10ms。

在硬件上可采用在键输出端加 R-S 触发器（双稳态触发器）或单稳态触发器构成去抖动电路，图 4-2 是一种由 R-S 触发器构成的去抖动电路，当触发器一旦翻转，触点抖动不会对其产生任何影响。电路工作过程如下：按键未按下时，a=0，b=1，输出 Q=1，按键按下时，因按键的机械弹性作用的影响，使按键产生抖动，当开关没有稳定到达 B 端时，因与非门 B 输出为 0 反馈到与非门 A 的输入端，封锁了与非门 A，双稳态电路的状态不会改变，输出保持为 1，输出 Q 不会产生抖动的波形。当开关稳定到达 b 端时，因 a=1，b=0，使 Q=0，双稳态电路状态发生翻转。当释放按键时，在开关未稳定到达 a 端时，因 Q=0，封锁了与非门 B，双稳态电路的状态不变，输出 Q 保持不变，消除了后沿的抖动波形。当开关稳定到达 b 端时，因 a=1，b=0，使 Q=1，双稳态电路状态发生翻转，输出 Q 重新返回原状态。由此可见，键盘输出经双稳态电路之后，输出已变为规范的矩形方波。

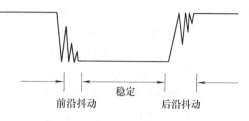

图 4-1 按键触点的机械抖动

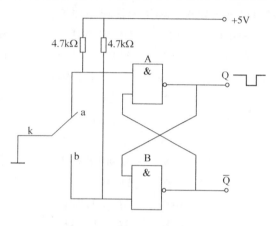

图 4-2 双稳态去抖电路

软件上采取的措施是：在检测到有按键按下时，执行一个 10ms 左右的延时程序后，再确认该键电平是否仍保持闭合状态电平，若仍保持闭合状态电平，则确认该键处于闭合状态；同理，在检测到该键释放后，也应采用相同的步骤进行确认，从而可消除抖动的影响。

3. 编制键盘程序

一个完整的键盘控制程序应具备以下功能：

1) 判断键盘上是否有键闭合。
2) 按键消抖。
3) 确定闭合键的物理位置。
4) 按键编码。

4.1.2 独立式键盘及其接口

单片机应用系统中，如果只需要几个功能键，此时可采用独立式按键结构。

1. 独立式按键结构

独立式按键是指直接用 I/O 口线构成的单个按键电路。每个按键单独占用一根 I/O 口线，其工作不会影响其他 I/O 口线的状态。独立式按键的典型应用如图 4-3 所示。独立式按键电路配置灵活，软件结构简

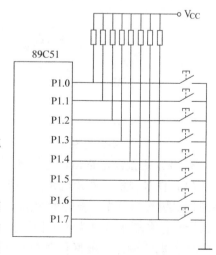

图 4-3 独立式按键电路

单,但是,在按键较多时,I/O 口线浪费较大,不宜采用。

图 4-3 的电路中,按键输入均采用低电平有效,上拉电阻保证了按键断开时,I/O 口线有确定的高电平。当 I/O 口线内部有上拉电阻时,外电路可不接上拉电阻。

2. 独立式按键的软件结构

独立式按键软件常采用查询式结构。先逐位查询每根 I/O 口线的输入状态,如某一根 I/O 口线输入为低电平,则可确认该 I/O 口线所对应的按键已按下,然后,再转向该键的功能处理程序。

如图 4-3 所示的电路,设计出独立式键盘,当 CPU 空闲时调用键盘扫描子程序,响应键盘的输入要求。随机扫描程序如下:

```
SMKEY: ORL    P1,#0FFH       ;置 P1 口为输入方式
LOOP:  MOV    A,P1           ;读 P1 口信息
       CJNE   A,#0FFH,PL0    ;有键按下否?
       SJMP   LOOP           ;无键按下等待
PL0:   LCALL  DELAY          ;调延时去抖动
       MOV    A,P1           ;重读 P1 口信息
       CJNE   A,#0FFH,PL1    ;非误读转
       SJMP   LOOP
PL1:   JNB    ACC.0,P0K      ;0 号键按下,转 0 号键处理
       JNB    ACC.1,P1K      ;1 号键按下,转 1 号键处理
       ……
       JNB    ACC.7,P7K      ;7 号键按下,转 7 号键处理
       LJMP   SMKEY
P0K:   LJMP   PM0
P1K:   LJMP   PM1
       ……
P7K:   LJMP   PM7
PM0:   ……
       LJMP   SMKEY
PM1:   ……
       LJMP   SMKEY
       ……
PM7:   ……
       LJMP   SMKEY
```

3. 独立式按键电路设计与仿真

(1) 任务分析 单片机采集外界状态所需要的元器件为按键、传感器和电信号,本任务通过对按键和发光二极管的控制,实现发光二极管显示按键状态的仿真电路设计及控制程序设计。任务要求按键为 4 个按键,发光二极管也为 4 个。

(2) 电路设计 根据任务要求,设计 AT89C51 单片机的 P2.4、P2.5、P2.6、P2.7 分别接独立式键盘,P2.0、P2.1、P2.2、P2.3 通过电阻接发光二极管,编程实现按键状态显

示，要求采用去抖动措施，单片机控制单独键盘电路如图 4-4 所示。

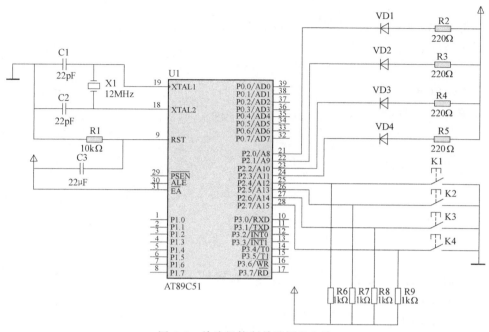

图 4-4 单片机控制单独键盘电路

（3）软件程序设计 分析硬件电路图可知，按键接 P2 口高 4 位，彩灯接 P2 口低 4 位，编程时在判断按键去抖后，可以将 P2 口高 4 位状态赋值给 P2 口低 4 位，程序简单明了。

```
#include <reg51.h>
#include <intrins.h>
#define unit unsigned int
#define uchar unsigned char
#define PORT P2
void delay 10ms(void)                //延时函数,延时 10ms
{
uchar i,j,k;
for(i=5;i>0;i--)
  for(j=4;j>0;j--)
    for(k=248;k>0;k--);
}
main()
  {
  uchar dat,com,i=10;
  PORT=0xff;
  _nop_();
  dat=PORT;                          //读取 P2 口的数据
```

```
        if(dat! =0xff)
          {
          delay10ms()              //消除抖动
          PORT=0xff;
          _nop_();
          dat=PORT;
          if(dat! =0xff)
            {
            do
              {
              PORT=0xff;
              _nop_();
              d=PORT;
              }
            while(com! =0xff);     //等待按键松开
            dat>> =4;
            dat| =0xf0;
            PORT=dat;
            While(i--)
              {
              delay10ms();
              delay10ms();
              delay10ms();
              }
            }
          }
```

4.1.3 矩阵式按键及其接口

单片机应用系统中，如果按键较多时，通常采用行列式又称矩阵式键盘接口电路。

1. 矩阵式键盘的结构及原理

行列式键盘由行线和列线组成，按键位于行、列线的交叉点上，其结构如图 4-5 所示。

由图可知，一个 4×4 的行、列结构可以构成一个含有 16 个按键的键盘，显然，在按键数量较多时，矩阵式键盘较之独立式按键键盘要节省很多 I/O 口。

矩阵式键盘中，行、列线分别连接到按

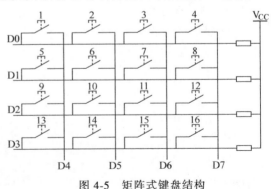

图 4-5 矩阵式键盘结构

键开关的两端，行线通过上拉电阻接到+5V上。当无键按下时，行线处于高电平状态；当有键按下时，行、列线将导通，此时，行线电平将由与此行线相连的列线电平决定。这是识别按键是否按下的关键。然而，矩阵键盘中的行线、列线和多个键相连，各按键按下与否均影响该键所在行线和列线的电平，各按键间将相互影响，因此，必须将行线、列线信号配合起来作适当处理，才能确定闭合键的位置。

2. 矩阵式键盘按键的识别

识别按键的方法很多，其中，最常见的方法是扫描法。下面以图4-5中8号键的识别为例来说明扫描法识别按键的过程。

1）判断键盘上有无键按下。其方法是使列线0~3输出全0，再读入行线0~3的电平，判断行线0~3是否为"全1"，若是则无键按下，否则有键按下。

2）去键抖动影响。当判断有键按下后，可采用软件延时一段时间（一般为10ms左右），再判断键盘状态，如果仍为有键按下状态，则认为有一个确定的键被按下，否则按照按键抖动处理。

3）逐列扫描键盘以确定被按键的位置号即行列号。其方法是从0列开始输低电平"0"，其他列输出高电平"1"，再读行线0~3的状态，判该列是否有键合上，如果行线0为低电平，表示0号键被按下；同理，如果行线1~3为低电平，分别表示4、8、12号键被按下，直至3列扫描完为止。

4）再次调用整个键盘扫描程序，判断按下的键是否已释放。

5）由按键位置号（即列、行号），采用查表技术来确定按键的键值，然后转各按键的功能处理程序。在进行键盘处理程序的软件设计时，可先设置两张表，一张表TAB1存按键的列、行扫描码，每个扫描码占2个存储单元，按每行8个依次存储；另一张表TAB2存与各位置（即TAB1表中的列、行扫描码）对应的按键的ASCII码值，每个键值占一个存储单元。

3. 键盘的编码

对于独立式按键键盘，因按键数量少，可根据实际需要灵活编码。对于矩阵式键盘，按键的位置由行号和列号唯一确定，因此可分别对行号和列号进行二进制编码，然后将两个值合成一个字节，高4位是行号，低4位是列号。如图4-5中的8号键，它位于第2行，第0列，因此，其键盘编码应为20H。采用上述编码对于不同行的键离散性较大，不利于散转指令对按键进行处理。因此，可采用依次排列键号的方式对安排进行编码。以图4-5中的4×4键盘为例，可将键号编码为：01H、02H、03H…0EH、0FH、10H等16个键号。编码相互转换可通过计算或查表的方法实现。

4. 键盘的工作方式

在单片机应用系统中，键盘扫描只是CPU的工作内容之一。CPU对键盘的响应取决于键盘的工作方式，键盘的工作方式应根据实际应用系统中CPU的工作状况而定，其选取的原则是既要保证CPU能及时响应按键操作，又不要过多占用CPU的工作时间。通常，键盘的工作方式有三种，即编程扫描、定时扫描和中断扫描。

（1）编程扫描方式　图4-6所示是以4行4列按键所构成的行列式键盘。行列式键盘按键的识别通常采用扫描法，识别的方法如下：

1）依次使列线P1.4~P1.7输出0电平，检测行线P1.0~P1.3的电平状态。如果D0~

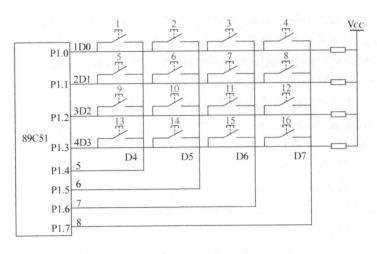

图 4-6 动态扫描法行列式键盘接口电路

D3 上的电平全为高电平，则表示没有键被按下。如果 D0～D3 上的电平不全为高电平，则表示有键被按下。

2) 如果没有键闭合，就返回扫描。如果有键闭合，再进行逐列扫描，找出闭合键的键号。先使 D4=0，D5～D7=1，检测 D0～D3 上的电平，如果 D0=0，表示第一行第一列键被按下，如果 D1=0，表示第二行第一列键按下，依次类推；如果 D0～D4 均不为 0，则表示这一列没有键被按下，再使 D5=0，检测第二列按键，这样依次进行下去，直到把闭合的键找到为止。

例 4.1 在图 4-6 中，若从第一行第一列键开始把 16 个按键按行编号，依次编为 00H、01H、02H、…、0DH、0EH、0FH，f=6MHz，编写程序寻找所按下的键为哪个键号，结果存放在 40H 单元内。

解：按键扫描程序采用子程序编写，先判断是否有键按下，若有，确定按键所在的行和列，然后计算出该键的键号（键号=行首键号+扫描列号），存入单元 40H；若无，退出扫描程序。

程序清单如下：

```
              ORG    0000H
              LJMP   MAIN
              ORG    0030H
;主程序
    MAIN:     :              ;有关初始化
    MAIN0:    LCALL  KEYSCAN ;键扫描
              JB     F0,KEYON ;有键
              LJMP   MAIN0   ;无键按下继续扫描
    KEYON:    :              ;键处理
              LJMP   MAIN0
;按键扫描子程序
    KEYSCAN: LCALL  KEYS    ;调用按键闭合子程序
```

```
            JNZ     KEY1           ;有键闭合则转至去抖动
            RET                    ;无键闭合则返回
KEY1：      LCALL   DELAY          ;调用10ms延时程序
            LCALL   KEYS           ;再次调用判键闭合子程序
            JNZ     KEY2           ;确认有键闭合,开始扫描
            RET                    ;无键闭合则返回
KEY2：      MOV     R2,#0EFH       ;送首列扫描字(D4=0)
            MOV     R4,#00H        ;列扫描计数初值
KEY0：      MOV     A,R2
            MOV     P1,A           ;扫描字从P1口送出
            MOV     A,P1           ;读P1口(读出P1.0至P1.3状态)
            JB      ACC.0,LINE1    ;P1.0=1,第1行无键闭合,转第2行
            MOV     A,#00H         ;第1行首键号送A
            LJMP    KNU            ;转键号计算程序
LINE1：     JB      ACC.1,LINE2    ;P1.1=1,第2行无键闭合,转第3行
            MOV     A,#04H         ;第2行首键号送A
            LJMP    KNU            ;转键值计算程序
LINE2：     JB      ACC.2,LINE3    ;P1.2=1,第3行无键闭合,转第4行
            MOV     A,#08H         ;第3行首键号送A
            LJMP    KNU            ;转键值计算程序
LINE3：     JB      ACC.3,NEXTK    ;P1.3=1,第4行无键闭合,转下1列
            MOV     A,#0CH         ;第4行首键号送A
            LJMP    KNU
NEXTK：     INC     R4
            CJNE    R4,#4,KEY5     ;列未扫完,继续
EXIT：      CLR     F0
            RET
KEY5：      MOV     A,R2           ;取列扫描值
            RL      A              ;为扫描下1行做准备
            MOV     R2,A           ;保存扫描值
            LJMP    KEY0           ;开始扫描下1列
KNU：       ADD     A,R4           ;计算键号
            MOV     40H,A          ;保存键号
KEY3：      LCALL   KEYS           ;等待键释放
            JNZ     KEY3
            SETB    F0
            RET
;判键闭合子程序
    KEYS：  MOV     P1,#0FH        ;P1.0~P1.4置1
```

```
        MOV    A,P1              ;读入 P1.0~P1.4
        ANL    A,#0FH
        CPL    A                 ;A=0 无键按下,A≠0 有键按下
        RET
;10ms 延时子程序
    DELAY: MOV  R7,#14H
      DD:  MOV  R6,#0F8H
     DD1:  DJNZ R6,DD1
           DJNZ R7,DD
           RET
           END
```

（2）定时扫描方式　定时扫描方式就是每隔一段时间对键盘扫描一次,它利用单片机内部的定时器产生一定时间（例如 10ms）的定时,当定时时间到就产生定时器溢出中断,CPU 响应中断后对键盘进行扫描,并在有键按下时识别出该键,再执行该键的功能程序。定时扫描方式的硬件电路与编程扫描方式相同。

（3）中断扫描方式　采用上述两种键盘扫描方式时,无论是否按键,CPU 都要定时扫描键盘,而单片机应用系统工作时,并非经常需要键盘输入,因此,CPU 经常处于空扫描状态,为提高 CPU 工作效率,可采用中断扫描工作方式。其工作过程如下：当无键按下时,CPU 处理自己的工作,当有键按下时,产生中断请求,CPU 转去执行键盘扫描子程序,并识别键号。

图 4-7 是一种简易键盘接口电路,该键盘是由 89C51 P1 口的高、低半字节构成的 4×4 键盘。键盘的列线与 P1 口的高 4 位相连,键盘的行线与 P1 口的低 4 位相连,因此,P1.4~P1.7 是键输出线,P1.0~P1.3 是扫描输入线。图中的 4 输入与门用于产生按键中断,其输入端

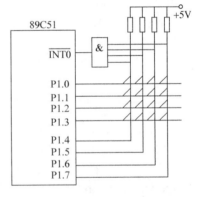

图 4-7　中断扫描键盘电路

与各列线相连,再通过上拉电阻接至+5V 电源,输出端接至 89C51 的外部中断输入端$\overline{INT0}$。具体工作如下：当键盘无键按下时,与门各输入端均为高电平,保持输出端为高电平；当有键按下时,$\overline{INT0}$端为低电平,向 CPU 申请中断,若 CPU 开放外部中断,则会响应中断请求,转去执行键盘扫描子程序。

4.2　显示器与单片机接口

在单片机应用系统中,进行人机交互的数据和状态信息输出通常采用显示器,显示器的种类很多,有：发光二极管显示器（Light Emitting Diode,LED）、液晶显示器（Liquid Crystal Display,LCD）、荧光管显示器和 CRT 显示器,使用最多的显示器是 LED 和 LCD,本节主要从显示器的结构、工作原理、显示方式以及与单片机的接口和编程技术来进行介绍。

4.2.1 LED 显示及其接口

常用的 LED 显示器有 LED 状态显示器（即发光二极管）、LED 7 段显示器（即数码管）和 LED 16 段显示器。发光二极管可显示两种状态，用于系统状态显示；数码管用于数字显示；LED 16 段显示器用于字符显示。

1. LED 结构

LED 由 8 个发光二极管（以下简称字段）构成，通过不同的组合可用来显示数字 0~9、字符 a~f、h、l、p、符号"-"及小数点"."。数码管的外形结构如图 4-8c 所示。所有发光二极管的阴极连在一起，如图 4-8b 所示，称为共阴极接法；阳极连在一起，如图 4-8a 所示，称为共阳极接法。

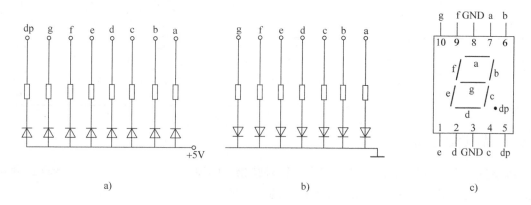

图 4-8 LED 数码管显示器
a）共阳极结构 b）共阴极结构 c）外形和引脚

2. LED 工作原理

共阳极数码管的 8 个发光二极管的正极端（阳极）连接在一起。公共阳极接电源，其他管脚接段驱动电路输出端。当某段驱动电路的输出端为低电平时，则该端所连接的字段导通并点亮，根据发光字段的不同组合可显示出各种数字或字符。

共阴极数码管的 8 个发光二极管的负极端（阴极）连接在一起，通常，公共阴极接地，其他管脚接段驱动电路输出端，当某段驱动电路的输出端为高电平时，则该端所连接的字段导通并点亮，根据发光字段的不同组合可显示出各种数字或字符。

3. LED 字形编码

要使数码管显示出相应的数字或字符必须使段数据口输出相应的字形编码。字形编码各位定义如下：

数据字	D7	D6	D5	D4	D3	D2	D1	D0
LED 段	dp	g	f	e	d	c	b	a

如使用共阳极数码管，数据为 0 表示对应字段亮，数据为 1 表示对应字段暗；如使用共阴极数码管，数据为 0 表示对应字段暗，数据为 1 表示对应字段亮。如要显示"0"，共阳极数码管的字形编码应为：11000000B（即 C0H）；共阴极数码管的字形编码应为00111111B（即 3FH）。依此类推可求得数码管字形编码见表 4-1。

表 4-1 数码管字形编码表

共阳极					共阴极				
字形	段选码	字形	段选码	字形	段选码	字形	段选码		
0	C0H	A	88H	0	3FH	A	77H		
1	F9H	B	83H	1	06H	B	7CH		
2	A4H	C	C6H	2	5BH	C	39H		
3	B0H	D	A1H	3	4FH	D	5EH		
4	99H	E	86H	4	66H	E	79H		
5	92H	F	8EH	5	6DH	F	71H		
6	82H	H	89H	6	7DH	H	76H		
7	F8H	L	C7H	7	07H	L	38H		
8	80H	P	8CH	8	7FH	P	73H		
9	90H	灭	FFH	9	6FH	灭	00H		
-	BFH	.	7FH	-	40H	.	80H		

4.2.2 静态显示接口

静态显示方式是指 LED 在显示某个字符时其相应的段（发光二极管）一直导通或截止，只有在改变显示另一字符时各段导通或截止的状态才改变。

LED 数码管工作在静态显示方式下，一般要把共阳极数码管的公共端接高电平，共阴极数码管的公共端接地，其他各引脚分别接至单片机的 I/O 口线上，由单片机控制从 I/O 口线上输出段选码来点亮数码管显示不同的字符。

例 4.2 用定时器/计数器模拟汽车生产线产品计件，以按键模拟产品检测，按一次键相当于产品计数一次。检测到的产品数送 P1 口显示，采用单只数码管显示，计满 16 次后从头开始，依次循环。系统采用 12MHz 晶振。

解：根据题意可设计出硬件电路如图 4-9 所示。

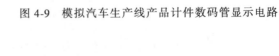

图 4-9 模拟汽车生产线产品计件数码管显示电路

其源程序可设计如下：

```
ORG   0030H
MOV   TMOD,#06H    ;定时/计数器 T0 工作在方式 2
MOV   TH0,#0F0H    ;T0 置初值
MOV   TL0,#0F0H
```

	SETB	TR0	;启动 T0
MAIN：	MOV	A,#00H	;计数显示初始化
	MOV	P1,#0C0H	;数码管显示 0
DSP：	JB	P3.3,DSP	;监测按键信号
	ACALL	DELAY	;消抖延时
	JB	P3.3,DSP	;确认低电平信号
DSP1：	JNB	P3.3,DSP1	;监测按键信号
	ACALL	DELAY	;消抖延时
	JNB	P3.3,DSP1	;确认高电平信号
	CLR	P3.4	;T0 引脚产生负跳变
	NOP		
	NOP		
	SETB	P3.4	;T0 引脚恢复高电平
	INC	A	;累加器加 1
	MOV	R1,A	;保存累加器计数值
	ADD	A,#08H	;变址调整
	MOVC	A,@ A+PC	;查表获取数码管显示值
	MOV	P1,A	;数码管显示查表值
	MOV	A,R1	;恢复累加器计数值
	JBC	TF0,MAIN	;查询 T0 计数溢出
	SJMP	DSP	;16 次不到继续计数
TAB：	DB	0C0H,0F9H,0A4H	;0,1,2
	DB	0B0H,99H,92H	;3,4,5
	DB	82H,0F8H,80H	;6,7,8
	DB	90H,88H,83H	;9,A,B
	DB	0C6H,0A1H,86H	;C,D,E
	DB	8EH	;F
DEALY：	MOV	R2,#14H	;10ms 延时
DY1：	MOV	R3,#0FAH	
	DJNZ	R3,$	
	DJNZ	R2,DY1	
	RET		
	END		

4.2.3 动态显示接口

1. 动态显示概念

动态显示是一位一位地轮流点亮各位数码管，这种逐位点亮显示器的方式称为位扫描。通常，各位数码管的段选线相应并联在一起，由一个 8 位的 I/O 口控制；各位的位选线（公共阴极或阳极）由另外的 I/O 口线控制。动态方式显示时，各数码管分时轮流选通，要使其稳定显示必须采用扫描方式,即在某一时刻只选通一位数码管,并送出相应的段码,在另一时刻选通另一位数码管,并送出相应的段码,依此规律循环,即可使各位数码管显示将要显示的字符,虽然这些字符是在不同的时刻分别显示,但由于人眼存在视觉暂留效应,只要每位显示间隔足够短就可以给人同时显示的感觉。

采用动态显示方式比较节省 I/O 口,硬件电路也较静态显示方式简单,但其亮度不如静态显示方式,而且在显示位数较多时,CPU 要依次扫描,占用 CPU 较多的时间。

2. 多位动态显示接口应用

用 87C51 或 89C51 在显示屏上扫描显示 1、2、3、4、5 等 5 个数字的电路图如图 4-10 所示。

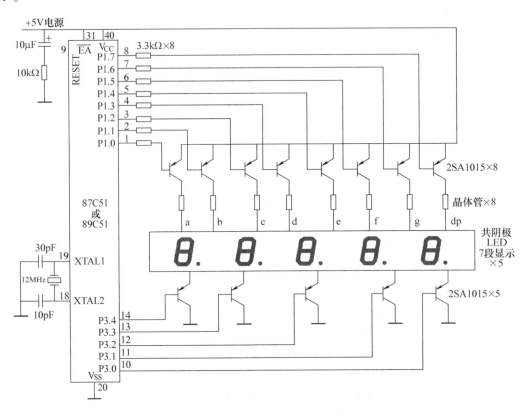

图 4-10 LED 显示器扫描显示接线图

(1) 扫描显示的技巧 图 4-10 是 5 个显示器的字形码扫描电路,7 段显示器的共阴极是由 MCS-51 的 Port 3 控制,所以想控制哪一个显示器发亮,只需改变送至 Port 3 的值即可。图 4-11 所示即为一例。像这种有规律的变化最适宜使用移位指令加以控制。

想要在显示器显示 12345,则需先如图 4-12a 所示由 Port 1 送出 "1" 的字形码 06H,并由 Port 3 送出 11101111B,使 "1" 亮在最左边的显示器,然后如图 4-12b 所示由 Port 1 送出 "2" 的字形码 5BH,并由 Port 3 送出 11110111B,使 "2" 亮在第 2 个显示器,依此类推。综观图 4-12 中的 a→b→c→d→e→a→b→… 可知,每次只有一个显示器在发亮,但由于人眼有视觉暂留的现象,只要以极快的速度令 5 个显示器依次轮流点亮,看起来就会觉得 5 个显示器同时都在亮。这种显示方法称为动态扫描显示法。

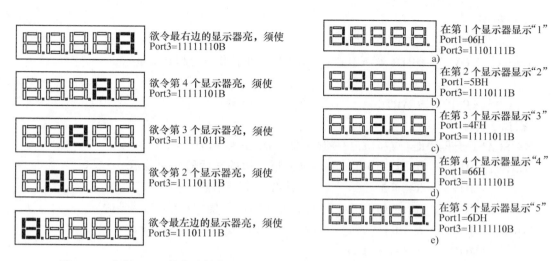

图 4-11 改变 Port 3 的值选择段码

图 4-12 改变 Port 3 的值选定位选

（2）字形码　由于在图 4-10 中是使用 PNP 晶体管来驱动，所以由 Port 1 送出的字形，要亮的字划需送出低电位使晶体管导通，不要亮的字划就送出高电位使晶体管截止。

（3）流程图　程序流程图如图 4-13 所示。

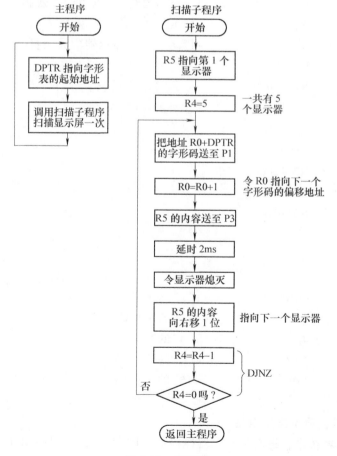

图 4-13　流程图

(4) 程序

```
            ORG     0000H
START:  MOV     DPTR,#TABLE     ;DPTR 指向字形表的起始地址
        ACALL   SCAN1           ;显示一次
        AJMP    START           ;重复执行程序
;扫描子程序
;本 SCAN1 子程序能自左向右扫描显示屏一次,共耗时 10ms
SCAN1:  MOV     R5,#11101111B   ;欲从最左边的显示器开始显示
        MOV     R4,#05          ;一共有 5 个显示器
        MOV     R0,#00          ;R0 为字形码的偏移地址,起始值为 0
LOOP:   MOV     A,R0            ;由地址 R0、DPTR 取得字形码
        MOVC    A,@A+DPTR
        MOV     P1,A            ;将字形码送至 P1
        INC     R0              ;令 R0 指向下一个字形码的偏移地址
        MOV     P3,R5           ;令一个显示器的共阴极为低电位
        ACALL   DELAY           ;延时 2ms
        ORL     P3,#11111111B   ;令显示器熄灭,以免产生残影
        MOV     A,R5            ;把 R5 的内容向右移 1 位
        RR      A
        MOV     R5,A            ;指向下一个显示器的共阴极
        DJNZ    R4,LOOP         ;一共需显示 5 个字
        RET                     ;返回主程序
;延时子程序
DELAY:  MOV     R6,#5
DL1:    MOV     R7,#200
DL2:    DJNZ    R7,DL2
        DJNZ    R6,DL1
        RET
;字形表
TABLE:
        DB      06H             ;"1"的字形码
        DB      5BH             ;"2"的字形码
        DB      4FH             ;"3"的字形码
        DB      66H             ;"4"的字形码
        DB      6DH             ;"5"的字形码
        END
```

3. 典型的键盘、显示接口电路

在单片机应用系统中,键盘和显示器往往需要同时使用,为节省 I/O 口线,可将键盘和显示电路做在一起,构成实用的键盘、显示电路。图 4-14 是用 8155 并行扩展 I/O 口构成的

典型的键盘、显示接口电路。

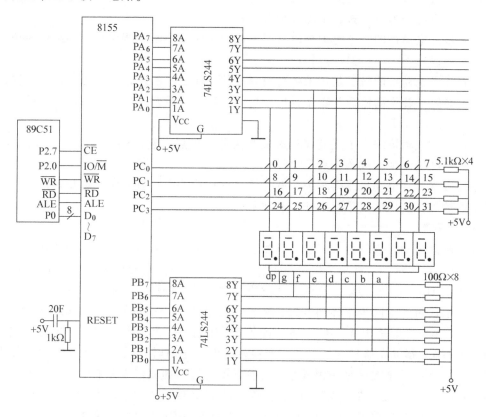

图 4-14 8155 构成的键盘、显示接口电路

由图可知，LED 显示器采用共阴极数码管，8155 的 A 口用作数码管位码输出口，同时它还用作键盘列选口，B 口用作数码管段码输出口，C 口用作键盘行扫描信号输入口，当其选用 4 根口线时，可构成 4×8 键盘，选用 6 根口线时，可构成 6×8 键盘。LED 采用动态显示软件译码，键盘采用逐列扫描查询工作方式，LED 的驱动采用 74LS244 总线驱动器。

键盘、显示器共用一个接口电路的设计方法除上述方案外，还可采用专用的键盘、显示器接口的芯片——8279。

4.3 汽车发动机怠速系统单片机控制技术

4.3.1 步进电动机控制技术

步进电动机是一种将电脉冲转换成相应角位移或线位移的电磁机械装置，也是一种能把输出机械位移增量和输入数字脉冲对应的驱动器件。步进电动机具有快速起动和停止的特点。另外，步进电动机的步距角和转速只和输入的脉冲频率有关，与环境温度、气压和冲击等因素无关，也不受电网电压的波动和负载变化的影响，因而具有步进精确和步距误差不会长期积累等特点。步进电动机主要用于开环控制系统，使系统结构简单、运行可靠，也可用于闭环控制系统。在数字控制系统中，它既可以用作驱动电动机，也可以用作伺服电动机。

在工业过程控制中得到广泛的应用,尤其在需要精确定位场合中应用得更为广泛。

步进电动机可分为反应式、永磁式和混合式三种。

反应式步进电动机的转子是由软磁材料制成的,转子中没有绕组。它的结构简单,成本低,步距角可以做得很小,但动态性能较差。

永磁式步进电动机的转子是用永磁材料制成的,转子本身就是一个磁源。它的输出转矩大,动态性能好。转子的极数与定子的极数相同,所以步距角一般较大,但需供给正负脉冲信号。

混合式步进电动机综合了反应式和永磁式两者的优点,它的输出转矩大,动态性能好,步距角小,但结构复杂,成本较高。

其中反应式步进电动机用得较为普遍,尤其是在单片机控制系统中应用最广,本节以反应式步进电动机为例说明其单片机的控制技术。

1. 控制原理

反应式步进电动机有三相、四相、五相、六相等多种,若以三相步进电动机为例,其中三相用 A、B、C 表示,这种步进电动机有三个绕组,当按不同的顺序向绕组通以电脉冲时,步进电动机以不同的方向转动,它的转速取决于通电脉冲的频率。通电脉冲的不同组合方式决定了步进电动机的不同步相控制方式,有"单三拍"、"双三拍"、"六拍"等工作方式。"单三拍"工作方式即是按 A→B→C→A 顺序循环通电工作,其中"单"指的是每次对一个相通电;"三拍"指的是磁场旋转一周需要换相3次,这时转子转动一个齿距角。如果对多相步进电动机来说,每次只对一相通电,要使磁场旋转一周就需要多拍。"双三拍"是指每次对两相同时通电,即所谓"双",磁场旋转一周需要换相3次,即所谓"三拍"。在双三拍工作方式中,步进电动机正转的通电顺序为 AB→BC→CA,反转的通电顺序为 BA→AC→CB;"六拍"是"单三拍"与"双三拍"交替使用的一种方法,其正转通电顺序为 A→AB→B→BC→C→CA,反转通电顺序为 A→AC→C→CB→B→BA。

步进电动机的运转是由脉冲信号控制的。传统的控制方法是采用环形脉冲分配器进行控制的,若采用单片机技术,则可以通过软件设置方式来控制步进电动机的运行,使用起来更方便、灵活。

(1)控制换相顺序 步进电动机的通电换相顺序严格按照步进电动机的工作方式进行。通常我们把通电换相这一过程称为脉冲分配。例如,三相步进电动机的"单三拍"工作方式,其各相通电的顺序为 A→B→C,通电控制脉冲必须严格按照这一顺序分别控制 A、B、C 相的通电和断电。

(2)控制步进电动机的转向 如果按给定的工作方式正序通电换相,步进电动机就正转;如果按反序通电换相,则电动机就反转。例如,"双三拍"工作方式,通电换相的正序是 AB→BC→CA,步进电动机就正转,如果按反序 BA→AC→CB,步进电动机就反转。

(3)控制步进电动机的速度 如果给步进电动机发一个控制脉冲,它就转一步,再发一个脉冲,它会再转一步。两个脉冲的间隔时间越短,步进电动机就转得越快。因此,脉冲的频率决定了步进电动机的转速。调整单片机发出脉冲的频率,就可以对步进电动机进行调速。

2. 汽车步进电动机型怠速控制阀的结构与工作原理

丰田公司的步进电动机结构与通用公司不同的是,步进电动机内的定子由4组相互独立的线圈绕构成，如图 4-15 所示。

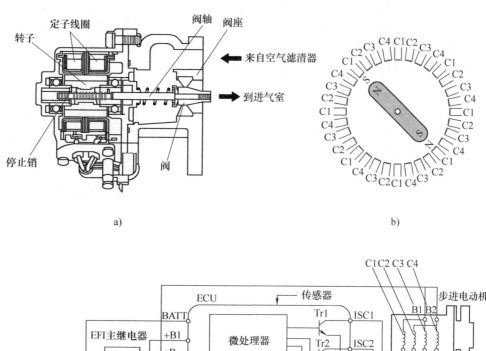

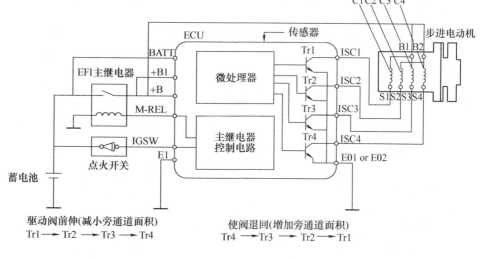

图 4-15 丰田公司步进电动机型怠速控制阀
a）步进电动机内部结构 b）步进电动机定子与转子相互作用原理 c）步进电动机控制电路简图

由图 4-15c 可知，EFI 主继电器触点闭合后，蓄电池电源经主继电器到达步进电动机的 B1 和 B2 端子、ECU 的 +B 和 +B1 端子，B1 端子向步进电动机的 C1-C3 相两个线圈供电，B2 端子向 C2-C4 相两个线圈供电。4 个线圈的分别通过端子 S1、S2、S3 和 S4 与 ECU 端子 ISC1、ISC2、ISC3 和 ISC4 相连，ECU 控制各线圈的搭铁回路，以控制怠速控制阀的工作。当 ECU 控制使步进电动机的电磁线圈 C1、C2、C3、C4 按 1—2—3—4 顺序通过晶体管依次搭铁时，定子磁场顺时针转动，由于与转子磁场间的相互作用（同性相斥，异性相吸），吸拉转子转动。同理，如果按 C4、C3、C2、C1 的顺序依次搭铁，步进电动机的线圈按相反的顺序通电，转子则随定子磁场同步反转。一台实际的步进电动机将利用 4 组电磁线圈，使转子永久磁铁旋转一圈具有 32 步，如图 4-15b 所示。

3. 步进电动机的单片机控制

（1）2相步进电机的励磁方式　励磁就是使线圈通过电流，2相步进电动机的基本驱动电路如图4-16所示，可采用3种励磁方式。分别为1相励磁、2相励磁和3相励磁。

1相励磁为每次使一个线圈通过电流。其步级角等于基本步级角，消耗电力小，角精确度良好，但转矩小、振动较大。1相励磁的时序如图4-17所示。

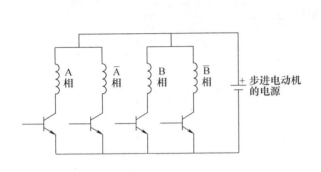

图 4-16　步进电动机的基本驱动电路　　　　图 4-17　1相励磁的时序图

（2）电路图　用单片机控制步进电动机运转的电路图如图4-18所示。

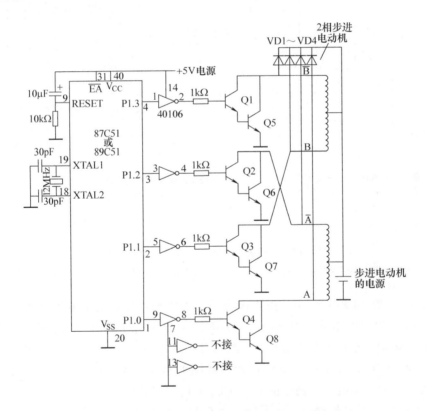

图 4-18　用单片机控制步进电动机运转的电路图

（3）程序设计方法　根据图4-18可以列出表4-2。表中的1表示步进电动机的线圈通电，0表示步进电动机的线圈断电。

表 4-2 1相励磁的顺序表

线圈				励磁的顺序	
$\overline{B}$	$\overline{A}$	B	A	正转	反转
0	0	0	1		
0	0	1	0		
0	1	0	0		
1	0	0	0		

由于单片机的累加器 A 是以 8 位为单位，所以表 4-2 必须改为图 4-19。可依需要而决定使用输出端口的高 4 位或低 4 位做步进电动机的励磁信号。

仔细观察图 4-19 可发现累加器内容的变化极有规则，只需先在累加器存入 00010001，然后用向左旋转指令或向右旋转指令即可控制步进电动机正转或反转。上述 00010001 称为励磁码。由于本电路要采用低态动作（active LOW，就是单片机输出 0 时，步进电动机的线圈通电；输出 1 时，步进电动机的线圈断电），所以程序中的励磁码为 11101110。

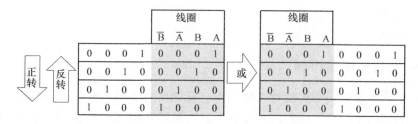

图 4-19 1相励磁时累加器的内容

（4）程序

实现功能：→正转 200 步级→停 2s→反转 200 步级→停 2s→

```
            ORG     0000H
            MOV     A,#11101110B    ;1 相励磁,低态动作,励磁码为 11101110
;正转 200 步级
LOOP：      MOV     R1,#200         ;欲转动正转 200 步级
FOR：       RL      A               ;把 A 的内容向左旋转 1 位
            MOV     P1,A            ;把 A 的内容送至 P1
            ACALL   DELAY           ;延时
            DJNZ    R1,FOR          ;一共正转 200 步级
;静止 2s
            ACALL   HOLD
;反转 200 步级
            MOV     R1,#200         ;欲转动正转 200 步级
REV：       RR      A               ;把 A 的内容向右旋转 1 位
            MOV     P1,A            ;把 A 的内容送至 P1
```

```
            ACALL    DELAY           ;延时
            DJNZ     R1,REV          ;一共反转200步级
            ACALL    HOLD            ;静止2s
            AJMP     LOOP
;延时子程序
HOLD:       MOV      R5,#200
DL1:        ACALL    DELAY
            DJNZ     R5,DL1
            RET
;延时10ms
DELAY:      MOV      R6,#25
DL2:        MOV      R7,#200
            DJNZ     R7,$
            DJNZ     R6,DL2
            RET
            END
```

4.3.2 直流电动机调速控制技术

直流电动机具有非常优秀的线性机械特性、宽的调速范围、大的起动转矩、简单的控制电路等优点，长期以来一直广泛地应用在各种驱动装置和伺服系统中。随着计算机进入控制领域以及新型的电力电子功率元器件的不断出现，使采用全控型的开关功率元件进行直流电动机脉宽调制（Pulse Width Modulation，PWM）控制方式已成为绝对主流。这种控制方式很容易在单片机控制中实现，从而为直流电功机控制数字化提供了契机。

1. 脉宽调制信号

加在功率开关元器件（如功率晶体管和场效应管）控制端的信号如图4-20a所示，控制电路如图4-21所示。当控制信号为高电平时，功率开关管导通，控制信号为低电平时，功率开关管截止，功率开关管输出电压波形如图4-20b所示。

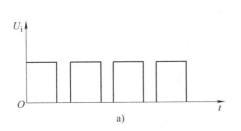
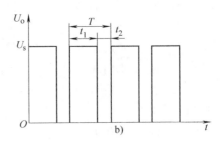

图4-20 直流电动机控制输入/输出波形
a) 输入控制信号 b) 输出电压波形

在图4-20b中，输出波形周期为T，正脉冲宽度时间为t_1，零脉冲宽度时间为t_2，加在直流电动机两端的电压平均值为

$$U_o = \frac{t_1}{t_1+t_2} \times U_{i_{max}}$$

式中，$U_{i_{max}}$ 为 U_i 的最大值，由于直流电动机呈线性特性，因此直流电动机的转速为

$$V_d = KU_o = KU_{i_{max}} \times \frac{t_1}{t_1+t_2} = KU_{i_{max}} \times \frac{t_1}{T}$$

式中，K 为定值，t_1/T 称为占空比，用 D 表示，由上式可知占空比越大，转速越高，反之，转速就越低。因此，控制直流电动机转速即控制输入信号的占空比。我们称这种输入信号为脉冲宽度调制信号。

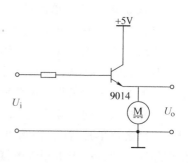

图 4-21 电动机速度控制连接电路

2. 汽车单驱动旋转电磁阀型怠速控制阀的结构和工作原理

单驱动旋转电磁阀型怠速控制阀只包括一组电磁线圈，另有永久磁铁、阀门以及自带 IC（集成电路），如图 4-22 所示。单驱动旋转电磁阀怠速控制阀附接在节气门体上。

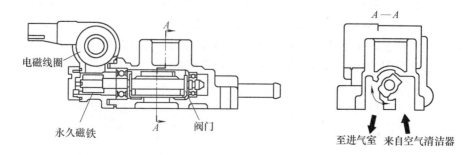

图 4-22 单驱动旋转电磁阀型怠速控制阀的剖面图

IC（集成电路）利用发动机 ECU 信号传出的占空信号，控制流入电磁线圈电流的方向及大小，并使阀门转动，从而控制从节气门的旁通道流入的空气量，如图 4-23 所示。占空比高时，IC 将阀门向打开方向转动；占空比低时，IC 将阀门向关闭的方向转动，该阀就这样打开和关闭。

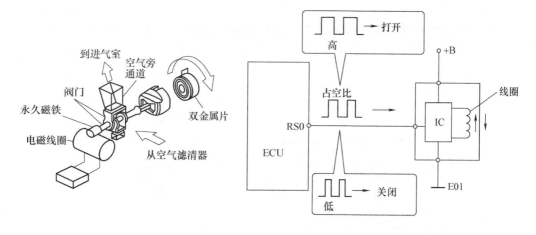

图 4-23 单驱动旋转电磁阀型怠速控制阀的工作原理

3. 直流电动机的单片机控制

（1）控制原理　单片机的 I/O 口作为输出口，控制直流电动机的单方向转动和正向、反向转动。单片机实现直流电动机的控制，需要解决两个问题：驱动和隔离。

电动机的工作电流一般都比较大，而单片机 I/O 口的输入和输出电流都很小，不能直接驱动直流电动机的工作，需要增加相应的驱动电路。

单片机系统的电源为+5V，而直流电动机的工作电压一般不是+5V，如果和单片机直接相连，则会使单片机控制系统的正常工作受到影响，甚至损坏单片机，因此需要进行隔离。在实际应用中，一般采用继电器隔离和光电耦合器隔离。

继电器通常用于驱动大功率电器并起到隔离作用，由于继电器所需的驱动电流较大，一般也要有晶体管或其他驱动电路的驱动。

图4-24a所示是高电平驱动继电器的电路。图4-24b所示似乎是低电平驱动继电器电路，但仔细分析，该电路并不能正常工作，因为单片机输出的高电平也只有+5V，而继电器的工作电压+12V使晶体管的发射结处于正偏，继电器并不能释放，而且这个电压加在单片机的输入端还有可能损坏单片机，所以，在使用单片机驱动继电器时，采用高电平驱动方式更加安全可靠。二极管 IN4148 起到保护驱动晶体管的作用，因为在继电器由吸合到断开的瞬间，将在继电器线圈上产生上负下正的感应电压，和电源电压一起加在驱动电路上，有可能损坏驱动电路，而二极管可以将线圈两端的感应电电压钳位在 0.7V 左右。

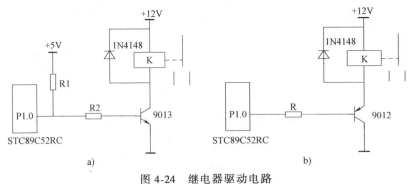

图 4-24　继电器驱动电路

a）正确接法　b）错误接法

为了实现和单片机系统彻底隔离，常常使用光电耦合器，如图4-25所示。当P1.0输出

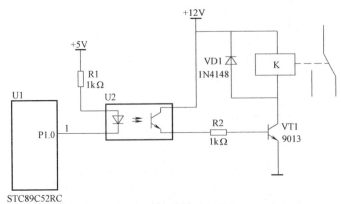

图 4-25　光电耦合器隔离、继电器驱动电路

低电平时，光电耦合器中的发光二极管导通发光，光敏晶体管受光照后导通，VT1 的基极得到高电平导通，继电器吸合。反之，继电器不吸合。

如果需要控制的继电器数目较多，则可采用继电器专用集成驱动芯片 ULN2003。ULN2003 芯片实物图及内部结构如图 4-26 所示。ULN2003 是高耐压、大电流达林顿阵列，每个达林顿驱动器上提供保护驱动器的二极管。采用 ULN2003 驱动多个继电器的电路如图 4-27 所示。

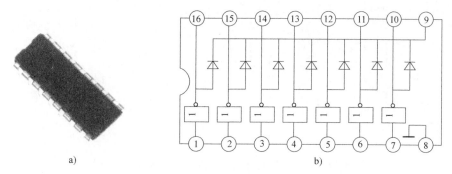

图 4-26　ULN2003 芯片实物图及内部结构
a）实物图　b）内部结构

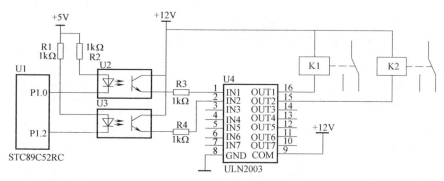

图 4-27　采用 ULN2003 驱动多个继电器的电路

（2）硬件电路设计　如果单片机控制直流电动机做单方向旋转，则只需一个继电器，电路原理图如图 4-28 所示。继电器吸合，电动机开始旋转，继电器释放，电动机则停止旋转。

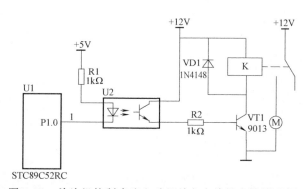

图 4-28　单片机控制直流电动机单方向旋转电路原理图

如果单片机要控制直流电动机正转和反转,则需要使用两个继电器,电路如图 4-29 所示。

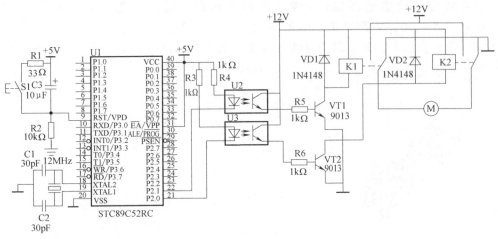

图 4-29　单片机控制直流电动机正、反转电路原理图

(3) 程序设计　根据电路原理图可知,当单片机的 P2.0 和 P2.1 分别输出 0 和 1 时,电动机正转;当 P2.0 和 P2.1 分别输出 1 和 0 时,电动机反转;当 P2.0 和 P2.1 均输出 0 或均输出 1 时,电动机停止。依此可编写控制电动机正转、反转和停止的程序。

控制直流电动机交替正、反转的程序流程图如图 4-30 所示。

根据程序流程图,编写程序如下。

```
#include <reg51.h>
sbit ctrl0 = P2^0;
sbit ctrl1 = P2^1;
delay( )
{
    unsigned int i;        //定义无符号整型变量 i
    for(i = 0;i < 50000;i++);
}
zheng( )
{
    ctrl0 = 0;
    ctrl1 = 1;
}
fan( )
{
    ctrl0 = 1;
    ctrl1 = 0;
}
```

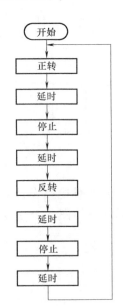

图 4-30　控制直流电动机交替正、反转的程序流程图

```c
stop()
{
    ctrl0 = 1;
    ctrl1 = 1;
}
int main(void)
{
    while(1)
    {
        zheng();
        delay();
        stop();
        delay();
        fan();
        delay();
        stop();
        delay();
    }
}
```

[项目实践]

1. 单片机控制接线图

汽车直流电动机正反转的单片机控制接线图如图 4-31 所示。

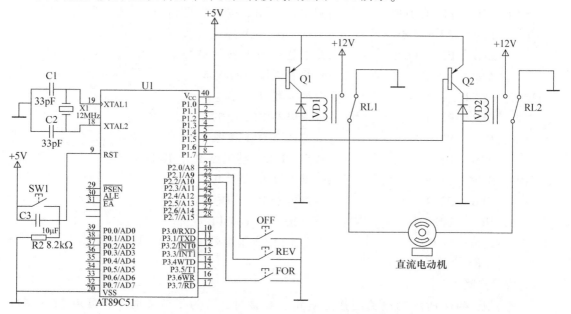

图 4-31　汽车直流电动机正反转的单片机控制接线图

2. 流程图

项目流程图如图 4-32 所示。

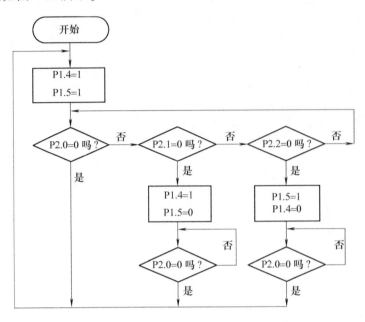

图 4-32　流程图

3. 项目程序

```
        ORG   0000H
OFF:    ORL   P1,#11111111B    ;令 P1.4=1,P1.5=1
        ORL   P2,#11111111B    ;设定 P2 为输入端口
;等待按下按钮
LOOP:   JNB   P2.0,OFF         ;测试是否 OFF 按钮被按下
        JNB   P2.1,REV         ;测试是否 REV 按钮被按下
        JNB   P2.2,FOR         ;测试是否 FOR 按钮被按下
        AJMP  LOOP             ;重复测试按钮的状态
REV:    SETB  P1.4             ;令继电器 RL1 断电
        CLR   P1.5             ;令继电器 RL2 通电
        JB    P2.0,$           ;等待按下 OFF 按钮
        AJMP  OFF              ;跳至 OFF,令继电器 RL1、RL2 都断电
FOR:    SETB  P1.5             ;令继电器 RL2 断电
        CLR   P1.4             ;令继电器 RL1 通电
        JB    P2.0,$           ;等待按下 OFF 按钮
        AJMP  OFF              ;跳至 OFF,令继电器 RL1、RL2 都断电
        END
```

4. 项目步骤

1) 按照图 4-31 所示的电路图接好电路。实验时,若为了节省时间,可用 LED 串联 330Ω 的电阻器代替继电器进行模拟实验。具体电路如图 4-33 所示。

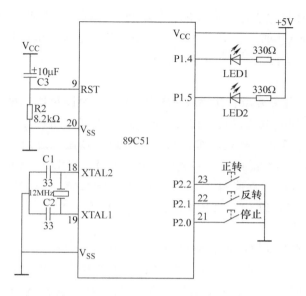

图 4-33 电动机正反转的仿真实验电路

2）输入程序，并通电执行。

3）按下 FOR 按钮时，RL1 通电或 RL2 通电？ 答：_____。

4）按下 REV 按钮时，RL1 通电或 RL2 通电？ 答：_____。

5）按下 OFF 按钮时，RL1 或 RL2 都断电吗？ 答：_____。

[项目拓展]

H 桥直流电机驱动电路

H 桥驱动电路是非常典型的直流电动机驱动电路，如图 4-34 所示。因为它的形状酷似字母 H 所以得名 "H 桥驱动电路"。

H 桥式电动机驱动电路主要包括 4 个晶体管和 1 个电动机。要使电动机运转，必须导通对角线上的一对晶体管。根据不同晶体管对的导通情况，电流可能会从左至右或从右至左流过电动机，从而控制电动机的转向。当晶体管 Q1 和 Q4 导通时，电流将从左至右流过电动机，从而驱动电动机顺时针转动；当晶体管 Q2 和 Q3 导通时，电流将从右至左流过电动机，从而驱动电动机逆时针转动。

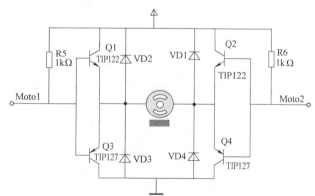

图 4-34 H 桥直流电动机驱动电路

需要特别注意的是，驱动电动机时，要保证 H 桥上两个同侧的晶体管不能同时导通。如果晶体管 Q1 和 Q2 同时导通，那么电流就会从正极穿过两个晶体管直接回到负极。此时，电路中除了晶体管外没有其他任何负载，电路上的电流会非常大，甚至烧坏晶体管，所以在使用 H 桥驱动电路时一定要避免这种情况的发生。

用分立元件制作 H 桥很麻烦，而且很容易搭错，可以选择封装好的 H 桥集成电路，例如常用的 L293D、L298N、TA7257P、SN754410 等。接上电源、电动机和控制信号就可以使用了。

1. 任务分析

直流电动机控制器任务要求：用 AT89C51 单片机作为控制器，设计 3 个按键控制直流电动机转动，Funckey 控制电动机转动方向，Inckey 为直流电动机加速键，Deckey 为直流电动机减速键，用外部中断 0 检测是否有键按下。加速和减速通过定时器调节驱动电动机的 PWM 波占空比来实现，占空晶体从 0~100% 可分为十级。用 LCD 1602 显示出工作状态：第一行显示直流电动机转向，顺时针转动时显示"MotoStatus：CWD"，逆时针转动时显示"MotoStatus：CCWD"；第二行显示 PWM 波占空比"H/L：x%"。

2. 电路设计

单片机控制的直流电动机控制器硬件电路图如图 4-35 所示。采用分立元件搭建 H 桥驱动电路，H 桥电动机驱动电路主要包括 4 个晶体管和一个电动机，单片机的 P2.6 和 P2.7 输出两路 PWM 驱动信号，3 个按键分别控制转动方向和速度，LCD1602 显示系统状态。

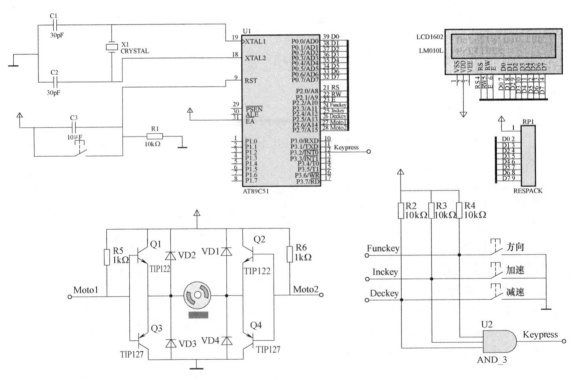

图 4-35 直流电动机控制器硬件电路图

3. 软件程序设计

直流电动机控制器软件设计分 3 个部分：按键控制电动机、占空比调节和 LCD 1602 显示控制。

按键控制电动机通过单片机外部中断 0 检测按键按下状态，当有键按下后触发中断执行按键检测程序。当 Funckey 按下，直流电动机转动方向标志取反，实现直流电动机正反转；当加速键 Inckey 按下，增加 PWM 波占空比，电动机加速；当减速键 Deckey 按下，减小 PWM 波占空比，电动机减速。

占空比调节通过定时器定时方式实现。设定 PWM 波周期为 100 个 250μs，用定时器 T0 方式 2 定时 250μs，无符号字符型变量 HPulseNum 和 LPulseNum（LPulseNum = 100-HPulseNum）对 PWM 波高电平、低电平状态计数。位变量 PulseStatus 标志 PWM 电平状态。PulseStams 为 0 时，表示当前为 PWM 波的高电平段；否则表示当前为 PWM 波的低电平段。每 250μs 时间到，首先判断当前 PWM 波电平状态，再进一步判断当前电平计数状态，然后依照 PWM 波占空比决定是否应该对 PWM 波电平状态取反。要特别说明的是，此处 PWM 波高电平状态指的是电动机被驱动转动的状态，而 PWM 波低电平状态指的是电动机停止状态。

LCD 1602 显示控制要完成 LCD 1602 初始化、写 LCD 1602 以及正常工作后随时显示系统工作状态等工作。系统程序清单如下：

```
#include<reg51.h>
//引脚定义
sbit RS = P2^0;                         //1602LCD RS
sbit RW = P2^1;                         //1602LCD RW
sbit E = P2^2;                          //1602LCD E
sbit Funckey = P2^3;                    //直流电动机转向控制键
sbit Inckey = P2^4;                     //增速键
sbit Deckey = P2^5;                     //减速键
sbit Moto1 = P2^6;                      //直流电动机控制端
sbit Moto2 = P2^7;                      //直流电动机控制端
#define uchar unsignedchar              //宏定义
#define uintunsigned int
#idefine LcdData P0
#define CWD Moto1 = 1;Moto2 = 0
#define CCWD Moto1 = 0;Moto2 = 1
#define Stop Moto1 = 1;Moto2 = 1
//全局变量定义
uchar HPulseNum;                        //高电平数(PWM 波高电平持续长度)
uchar LPulseNum;                        //低电平数(PWM 波低电平持续长度)
uchar Numchanger
//直流电动机转向状态,0 为 CWD(顺时针方向);1 为 CCWD (逆时针方向)
bit Motostatus;
bit PulseStaus;                         //PWM 波状态:0 为高电平,1 为低电平
//函数申明
void DeLayms (uint xms);                //ms 级延时函数
void WriteLcd(uchar Dat. bit x);        //写 LCD1602 指令、数据函数
```

```c
void InitLCD(void);                      //初始化 LCD1602 函数
void StatusLCD(void);                    //LCD1602 显示状态函数
void InitInt0T0(void);                   //初始化定时器 T0 面函数
void KeyScan(void);                      ///按键检测函数
uchar FirstLine[15=={"MotoStatus:CWD"};  //用于 LCD1602 第一行显示数组
uchar SecondLine[8=={"H/L: 0%"};         //用于 LCD1602 第二行显示数组
//ms 级延时函数 Delayms(uint xms)
//写 LCD1602 指令、数据函数 WriteLcd(uchar Dat. bit x)
//初始化 LCD1602 函数
void StatusLCD(void)                     //LCD1602 显示状态函数
{
    if(! MotoStatus)                     //顺时针时显示 CWD
    {
        FirstLine[11]=' ';
        FirstLine[12]='C';
        FirstLine[13]='W';
        FirstLine[14]='D';
    }
    else
    {
        FirstLine[11]='C';
        FirstLine[12]='C';
        FirstLine[13]='W';
        FirstLine[14]='D';
    }
    if(NumChange<100)
        SecondLine[4]=' ';               //占空比小于 100%时,不显示百位
    else
//取占空比百位并转换成 ASCII 码
        SecondLine1[4]=NumChange/100+0x30;
    if(NumChange<10)
        SecondLine[5]=' ';               //占空比小于 10%时,不显示十位
    else
//取占空比十位并转换成 ASCII 码
        SecondLine[5]=NumChang%100/10+0x30;
//取占空比个位并转换成 ASCII 码
        SecondLine[6]=NumChang%10/10+0x30;
Void InitInt0T0(void)                    //初始化外部中断 INT0 和定时器 T0
{
```

```c
    EA = 1;
    EX0 = 1;
    ET0 = 1;
    PX0 = 1
    PT0 = 0;
    IT0 = 1;
    TMOD = 0x02;                          //T0 工作于定时、方式 2
    TH0 = 6;                              //250μs 定时
    TL0 = 6;
    TR0 = 1;                              //启动定时器
}
void KeyScan(void)                        //按键检测函数
{
    if(!Funckey)                          //检测方向控制键是否按下
    {
        Delayms(10);                      //延时去抖
        if(!Funckey)
        {
            While(!Funckey);              //等待按键释放
            MotoStatus = _Motostatus;     //直流电动机转动方向改变
        }
    }
    if(!Inckey)                           //检测加速键是否按下
    {
        Delayms(10);
        if(!Inckey)                       //延时去抖
        {
            while(!Inckey);               //等待按键释放
//占空比加大 10,周期为 100,所以加 10 相当于加 10%
            NumChange+=10;
            1f (NumChange>=100)  NamChange=100;    //控制上限
        }
    }
    if(!Deckey)                           //检测减速键是否按下
    {
        Delayms(10);
        if(!Inckey)                       //延时去抖
            while(!Deckey);               //等待按键释放
//占空比减小 10,周期为 100,所以减 10 相当于减 10%
```

```
       NumChange-=10;
       if(Nunchange<10)/(NumChange>100))NumChange=0;    //控制下限
    }
  }
}
//INT0 中断服务程序
void Int0serv() interrupt 0
{ KeyScan();
}
void T0Serv() interrupt 1                              //T0 定时器中新服务函数
{
    if(!PulseStatus)                                   //如果当前处于 PWM 波高电平段
    {
      if(HPulseNum!=0)                                 //如果高电平段延时计数不为 0
      {
        if(!MotoStatus)                                //如果 MotoStatus=0（顺时针）
        {
          CWD;                                         //顺时针驱动直流电动机
        }
        else                                           // MotoStatus=1（逆时针）
        {                                              //逆时针驱动直流电动机
          CCWD:
        }
      }
      else                                             //高电平段延时计数为 0
      {
PulseStatus=!PulseStatus;                              //取反 PWM 波电平状态
LPulseNum=100-NumChange;                               //装载低电平段延时计数,为低电平段延
                                                       //  时做准备

    }
  }
    else                                               //当前处于 PWM 波低电平段
    if(LPulseNum!=0)                                   //如果低电平段延时计数不为 0
    {
      Stop;                                            //停止驱动直流电动机
    }
                                                       //低电平段延时计数为 0
    else
    {
```

```
PulseStatus = ! PulseStatus;              //取反 PWM 波电平状态
HPulseNum = NumChange;                    //装载高电平段延时计数,为高电平段延
                                            时做准备
void main( )
{
   uchar y;
InitLcd( );                               //初始化 LCD1602
InitInt0T0( );                            //初始化外部中断 INT0 和定时器 T0
//装载 PWM 波高电平段延时计数,为高电平段延时做准备
HPulseNum = NumChange;
while(1)
{
StatusLCD( );                             //根据当前工作状态改变 LCD1602 显示
                                            状态
//指定送入的字符显示于 LCD1602 第一行第一个字符位置
WriteLcd(0x80,0);
for( y = 0;y < 15; y++)                   //循环送入
WriteLcd(FirstLine[y],1);                 //向 LCD1602 送第一行显示内容数组
//指定送入的字符显示于 LCD1602 第二行第一个字符位置
WriteLcd(0xc0, 0);
for( y = 0;y < 8;y++)                     //循环送入
writeLcd(SecondLine[y], 1);               //向 LCD1602 送第二行显示内容数组
}
}
```

小　　结

按键按结构原理可分为触点式开关按键（如机械式按键）和无触点开关按键（如电气式按键），其中，机械式开关按键使用最为频繁，使用机械式按键时，应注意去抖。多个按键组合在一起可构成键盘，键盘可分为独立式按键和矩阵式（也叫行列式）按键两种。独立式键盘配置灵活，适合按键较少的键盘。矩阵式键盘占用 I/O 口线少，节省资源，软件相对复杂。矩阵键盘一般采用扫描方式识别按键，键盘扫描工作方式有三种，即编程扫描、定时扫描和中断扫描。

常用显示器件分为 LED 和 LCD 两大类。本单元重点介绍了 MCS-51 单片机与 LED 七段显示器的接口技术，包括单位 LED 静态显示、多位 LED 静态显示、多位 LED 动态显示等的原理与编程。

以汽车步进电动机型和旋转电磁阀型怠速控制系统为例，详细讲述了汽车发动机怠速系统的单片机控制技术。

本单元从汽车直流电动机正反转控制项目入手，介绍了汽车单片机接口技术的概念、功

能及使用。

习　题

1. 键盘的作用是什么？为什么要设置按键？
2. 机械式按键组成的键盘，应如何消除按键抖动？独立式按键和矩阵式按键分别具有什么特点？适用于什么场合？
3. 独立式按键和行列式按键有什么区别？分别说明它们的优缺点？
4. 一个系统若需要 8 个按键，采用哪种按键接口方法最好？说明理由。
5. 试设计一个 4×4 的行列式按键电路，写出各键的键值。
6. 7 段 LED 显示器有静态和动态两种显示方式，这两种显示方式要求 8051 系列单片机如何安排接口电路？
7. 显示器的种类有哪几种？它们的作用是什么？
8. 数码管共阳极与共阴极是什么意思？若数码管的段选码数据位排列为 a、c、b、e、g、f、d、dp，分别列表写出数字 0~F 和 "-"、字母 H、P 的共阳极与共阴极段选码。
9. 举例说明步进电动机的方向是如何控制的。
10. 简述汽车怠速控制阀的类型与控制方法。
11. 简述 H 桥直流电机驱动电路的工作原理。

学习情境5

汽车温度传感器的读取与显示

学习目标:

通过本次项目的完成,你应能够:

1. 描述ADC0809及其接口电路的原理。
2. 描述DAC0832及其接口电路的原理。
3. 正确完成ADC0809及其接口电路的设计及软件编程。
4. 正确完成DAC0832及其接口电路的设计及软件编程。
5. 完成对汽车温度传感器的读取与显示系统电路的设计及软件编程。

情境描述:

制作一个汽车温度传感器的读取与显示系统。

想一想:

1. 什么是数/模和模/数转换器?
2. 转换器与单片机的接口电路有哪些?

在微机过程控制和数据采集等系统中,经常要对一些过程参数进行测量和控制,这些参数往往是连续变化的物理量,如温度、压力、流量、速度和位移等。这里所指的连续变化即数值是随时间连续可变的,通常称这些物理量为模拟量,然而计算机本身所能识别和处理的都是数字量。这些模拟量在进入计算机之前必须转换成二进制数码表示的数字信号。能够把模拟量变成数字量的器件称为模/数转换器(A/D)。相反,微机加工处理的结果是数字量,也要转换成模拟量才能去控制相应的设备。能够把数字量变成模拟量的器件称为数/模转换器(D/A)。

5.1 A/D 转换器

对A/D转换器来讲,转换速度是一项重要的技术指标。不同芯片,其转换速度相差很大。产品手册一般给出的是完成一次转换所需的时间,在应用时要根据实际需要来选择器件。

分辨率与量化误差也是重要的技术指标。A/D转换器的分辨率有8位、10位、12位、16位等。量化误差则是由于A/D转换器分辨率有限引起的误差,其大小通常规定为±0.5LSB。该量反映了A/D转换器所能辨认的最小输入量。因而量化误差与分辨率是统一的,提高分辨率可以减少量化误差。

下面以典型的 A/D 转换器 ADC0809 芯片为例，说明 A/D 转换器的性能、结构、工作原理及接口技术。

5.1.1 ADC0809 的性能指标

1）分辨率为 8 位。

2）最大不可调误差不超过 ±1LSB。

3）单电源 +5V。

4）可锁存三态输出，输出与 TTL 电平兼容。

5）当用 +5V 电源供电时，模拟输入电压范围为 0~5V。

6）温度范围为 -40~85℃。

7）功耗为 15mW。

8）输出与 TTL 兼容。

9）转换速度取决于芯片的时钟频率，其时钟频率范围为 10~1280kHz，若 CLK = 500kHz，则转换速度为 128μs。

5.1.2 ADC0809 的结构及原理

ADC0809 由两部分组成，如图 5-1 所示。第一部分为 8 通道多路模拟开关以及相应的通道地址锁存与译码电路，可以实现 8 路模拟信号的分时采集，其 8 路模拟输入通道的选择见表 5-1。三个地址信号 ADDA、ADDB 和 ADDC 决定是哪一路模拟信号被选中并送到内部 A/D 转换器中进行转换。

第二部分为一个逐位逼近式 A/D 转换器，它由比较器、控制逻辑、三态输出缓冲器、逐位逼近寄存器（SAR）、树状开关和 256R 梯形电阻网络组成。其中由树状开关和 256R 梯形电阻网络构成 D/A 转换器。

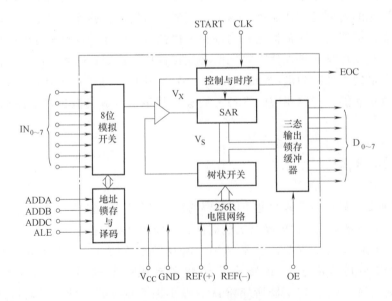

图 5-1　ADC0809 原理图

表 5-1 8 路模拟输入通道寻址表

ADDC	ADDB	ADDA	输入通道
0	0	0	IN_0
0	0	1	IN_1
0	1	0	IN_2
0	1	1	IN_3
1	0	0	IN_4
1	0	1	IN_5
1	1	0	IN_6
1	1	1	IN_7

控制逻辑用来控制逐位逼近寄存器 SAR 从高位至低位逐位取"1",然后将此数字量经 D/A 转换输出一个模拟电压 V_S,V_S 与输入模拟量 V_X 在比较器中进行比较。当 $V_S>V_X$ 时,该位 $D_i=0$;当 $V_S \leq V_X$ 时,该位 $D_i=1$。因此从 D_7 至 D_0 逐位逼近并比较 8 次,逐位逼近寄存器 SAR 中的数字量,即为与模拟量 V_X 所对应的数字量。此数字量送入输出锁存器,并同时发出转换结束信号 EOC(高电平有效,经反相器后,可向 CPU 发中断请求),表示一次转换结束。此时,CPU 发出一个输出允许命令 OE(高电平有效)即可读取数据。

5.1.3 ADC0809 引脚功能

ADC0809 的引脚如图 5-2 所示。

1) $IN_0 \sim IN_7$:8 个模拟量输入端。

2) START:启动 A/D 转换,当 START 为高电平时,A/D 开始转换。

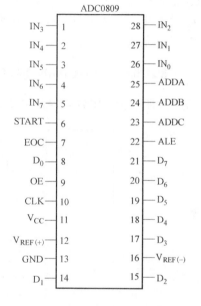

图 5-2 ADC0809 引脚图

3) EOC:转换结束信号。当 A/D 转换完毕,此信号可用作 A/D 转换是否完成的查询信号或向 CPU 请求中断的信号。

4) OE:输出允许信号或称为 A/D 数据读信号。当此信号为高电平时,可从 A/D 转换器中读取数据。此信号可作系统中的片选信号。

5) CLK:实时时钟,可通过外接电路提供频率信号,也可用系统 ALE 分频获得。

6) ALE:通道地址锁存允许。当 ALE 为高电平时,允许 ADDC、ADDB、ADDA 锁存到通道地址锁存器,并选择对应通道的模拟输入送 A/D 转换器。

7) ADDA、ADDB、ADDC:通道地址输入,C 为最高,A 为最低。

8) $D_0 \sim D_7$:数字量输出线。

9) V_{REF}(+),V_{REF}(-):正负参考电压,用来提供 D/A 转换器的基准参考电压。一般 V_{REF}(+)接+5V,V_{REF}(-)接地。

10）V_{CC}：电源电压，接+5V。
11）GND：地。

ADC0809 的操作时序如图 5-3 所示。从时序图中可以看出，启动信号 START 和地址锁存信号 ALE 的上升沿将三位地址送上地址总线，相应的模拟量经多路模拟开关进入指定的通道并送到 A/D 转换器。在 STRAT 信号下降沿的作用下，逐位逼近转换开始。此时转换结速信号 EOC 呈低电平状态，由于逐位逼近需要一定过程，所以，在此期

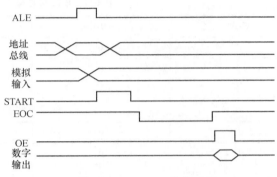

图 5-3 ADC0809 操作时序

间模拟输入量应维持不变，比较器要一次次进行比较，直到转换结束。此时转换结束信号 EOC 变为高电平，若 CPU 发出一输出允许信号 OE（高电平）则可读出数据。一次 A/D 转换的过程就完成了。

5.1.4 89C51 与 ADC0809 接口设计

图 5-4 所示为 89C51 与 ADC0809 的一种接口方法。

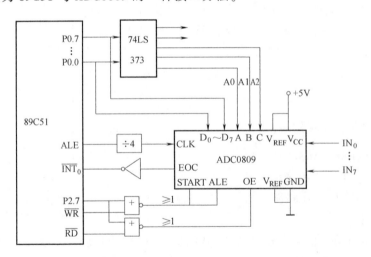

图 5-4 89C51 与 ADC0809 转换器接口电路

系统中 ADC0809 转换器的片选信号由 P2.7 线选控制，其通道地址 $IN_0 \sim IN_7$ 分别为 7FF8H～7FFFH。当 89C51 产生 $\overline{WR}$ 写信号时，则由一个或非门产生转换器的启动 START 和地址锁存信号 ALE（高电平有效），同时将通道地址 ADDA、ADDB、ADDC 送地址总线，模拟量通过被选中的通道送到 A/D 转换器，并在 START 下降沿时开始逐位转换，当转换结束时，转换结束信号 EOC 变高电平，经反相器可向 CPU 发中断请求，也可采用查询方式（可以将 EOC 反相后接到 P1.0，当 P1.0 为 0 时，表明转换结束。）。当 89C51 产生 $\overline{RD}$ 读信号时，则由一个或非门产生 OE 输出允许信号（高电平有效），使 A/D 转换结果读入 89C51 单片机。

ADC0809 转换器所需时钟信号可以由 89C51 的 ALE 信号分频获得。图 5-4 中 89C51 的晶振为 12MHz,故采用 4 分频产生 500kHz 的 CLK 作为转换器的时钟信号。

根据测量系统要求不同以及 CPU 忙闲程度,通常可采用三种软件编程控制方式:程序查询方式,延时方式和中断方式。

1. 程序查询方式

在接入模拟量以后,发出一启动 A/D 转换命令,用查询检测 P1.0 引脚电平是否为"0"(设 EOC 反相后与 P1.0 相接)的方法来读取 A/D 转换器的数据,若不为"0"则继续查询,直到 P1.0 引脚电平为"0"。这种方法较好地协调了 CPU 与 A/D 转换器在速度上的差别,通常用于检测回路较少而 CPU 工作不十分繁忙的情况。(晶振为 6 MHz 时,可以直接将 89C51 的 ALE 信号作为 ADC0809 的时钟信号,无需分频,转换效果也很好。)

例 5.1 模拟量由通道 0 输入,转换成对应的数字量之后存入内部 RAM 的 40H 单元中。

解:程序如下:

```
            MOV     R1,#40H         ;置数据缓冲区指针
            MOV     DPTR,#7FF8H     ;置 IN0 通道地址
            MOVX    @DPTR,A         ;IN0 接 A/D,并启动 A/D
H1:         JB      P1.0,H1         ;P1.0 为高,则继续查询
            MOVX    A,@DPTR         ;数据读入 A
            MOV     @R1,A           ;存入 40H 单元
```

例 5.2 求通道 7 模拟量 8 次采样的算术平均值,并将其存入 R3R2 中。

解:程序如下:

```
            CLR     A
            MOV     R2, A           ;
            MOV     R3, A           ;清除工作单元 R3、R2
            MOV     R7, #8          ;作采样次数计数器
            MOV     DPTR, #7FFFH    ;选 IN7 通道
L1:         MOVX    @DPTR, A        ;启动 A/D 转换
H1:         JB      P1.0, H1        ;等待 A/D 转换结束
            MOVX    A, @DPTR        ;采样
            ADD     A, R2           ;加低 8 位
            MOV     A, R3           ;取高 8 位
            ADDC    A, #0           ;加 CY
            MOV     R3, A           ;存高 8 位
            DJNZ    R7, L1          ;未完则继续
            MOV     R7, #3          ;R7 作移位计数器
L2:         CLR     C               ;清除 CY
            MOV     A, R3           ;
            RRC     A               ;
            MOV     R3, A           ;
            MOV     A, R2           ;
```

```
            RRC      A                 ;
            MOV      R2, A             ;
            DJNZ     R7, L2            ;
            RET                        ;R3、R2 内容右移三次即除 8
```

这种取八次采样平均值的方法,可以消除干扰,使采样数据更稳定可靠。如果需要,可以在每次采样后适当延时,进一步提高抗干扰的能力。

2. 延时方式

这种方式实际是无条件传送 I/O 方式,当向 A/D 转换器发出启动命令后,即进行软件延时,延时时间取决于进行一次 A/D 转换所需的时间,此时 A/D 转换器的数据(准备就绪)肯定转换完毕,从 A/D 转换器中读取数据即为采样值。

若 89C51 的晶振为 12MHz,则延时程序如下:

```
            MOV      Rn, #32H          ;延时常数
H2:         DJNZ     Rn, H2            ;重复执行一次 2μs
```

为了确保转换完成,延时常数可改写为 35H～40H。

3. 中断方式

不论采用查询方式,还是采用定时方式,CPU 大部分时间都消耗在查询或延时等待上,对于多回路的采样检测并且 CPU 工作很忙的测控系统,不宜采用这两种方式,而采用中断方式。

在这种方式中,CPU 启动 A/D 转换后,可以继续执行主程序。当 A/D 转换结束时,发出一转换结束信号 EOC,该信号反相后接 89C51 的 P3.2 ($\overline{INT0}$) 引脚,向 CPU 发出中断请求。CPU 响应中断后,即可读入数据并进行处理。

5.2 D/A 转换器

D/A 转换器芯片有许多种。转换精度有 8 位、10 位、12 位、14 位、16 位等,转换速度也有快有慢。从连接方式上分有并行接口和串行接口。应用时要根据设计要求选择性能合适的芯片。本节将通过介绍一种典型的 D/A 转换器芯片 DAC0832,来说明 D/A 转换器与单片机的接口和操作技术。

5.2.1 DAC0832 的性能指标

DAC0832 是一种具有两个输入数据寄存器的 8 位 D/A 转换器,它能直接与 MCS-51 单片机相接,不需要附加任何其他 I/O 接口芯片。其主要特性参数如下:

1) 分辨率 8 位。
2) 电流稳定时间 1μs。
3) 可以双缓冲、单缓冲或直接数字输入。
4) 只需在满量程下调整其线性度。
5) 单一电源供电 (5～15V)。
6) 所有引脚逻辑电平与 TTL 兼容。

5.2.2 DAC0832 的结构及原理

DAC0832 采用 CMOS 工艺，是具有 20 个引脚的双列直插式单片 8 位 D/A 转换器，其结构如图 5-5 所示。

它由三大部分组成：一个 8 位输入寄存器，一个 8 位 DAC 寄存器和一个 8 位 D/A 转换器。在 D/A 转换器中采用的是 T 型 R-2R 电阻网络。DAC0832 器件由于有两个可以分别控制的数据寄存器，使用时有较大的灵活性，可以根据需要接成多种工作方式。它的工作原理简述如下：

当 $\overline{LE}=0$ 时，寄存器的输出随输入变化；$\overline{LE}=1$ 时，数据锁存在寄存器中，而不随输入数据的变化而变化。

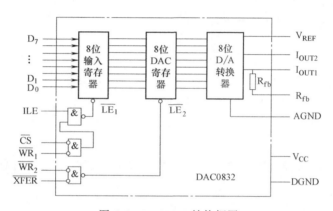

图 5-5　DAC0832 结构框图

由图可见，当 ILE=1，$\overline{CS}=\overline{WR_1}=0$ 时，$\overline{LE_1}=0$，允许数据输入。而当 $\overline{WR_1}=1$ 时，$\overline{LE_1}=1$，则数据被锁存。能否进行 D/A 转换，除了取决于 $\overline{LE_1}$ 以外，还要依赖于 $\overline{LE_2}$。由图可知，当 $\overline{WR_2}$ 和 XFER 均为低电平时，$\overline{LE_2}=0$，此时允许 D/A 转换，否则将停止 D/A 转换。在使用时可以采用双缓冲方式（两级输入锁存），也可以用单缓冲方式（只用一级输入锁存，另一级始终直通），或者接成完全直通的形式。因此，这种转换器用起来非常方便。

5.2.3 DAC0832 引脚功能

DAC0832 的引脚排列，如图 5-6 所示。

各引脚的功能如下：

1. 控制信号引脚

1) $\overline{CS}$：片选信号引脚（低电平有效）
2) ILE：输入锁存允许信号（高电平有效）
3) $\overline{WR_1}$：写 1（低电平有效）。当 $\overline{WR_1}$ 为低电平时，用来将输入数据传送到输入锁存器；当 $\overline{WR_1}$ 为高电平时，输入锁存器中的数字被锁存；当 ILE 为高电平，且 $\overline{CS}$ 和 $\overline{WR_1}$ 同时为低电平时，才能将锁存器中的数据进行更新。以上三个控制信号构

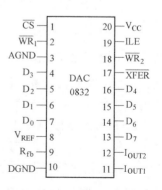

图 5-6　DAC0832 引脚图

成第一级输入锁存。

4) $\overline{WR_2}$：写2（低电平有效）。该信号与$\overline{XFER}$配合，可使锁存器中的数据传送到DAC寄存器中进行转换。

5) $\overline{XFER}$：传送控制信号（低电平有效）。$\overline{XFER}$将与$\overline{WR_2}$配合使用，构成第二级锁存。

2. 其他引脚的功能

1) $D_0 \sim D_7$：数字输入量。D_0是最低位（LSB），D_7是最高位（MSB）。

2) I_{OUT1}：DAC电流输出1。当DAC寄存器为全1时，I_{OUT1}为最大值；当DAC寄存器为全0时，I_{OUT1}为0。

3) I_{OUT2}：DAC电流输出2。I_{OUT2}为常数减去I_{OUT1}（$I_{OUT1}+I_{OUT2}$=常数）。在单极性输出时，I_{OUT2}通常接地。

4) R_{fb}：反馈电阻，为外部运算放大器提供一个反馈电压。R_{fb}可由内部提供，也可由外部提供。

5) V_{REF}：参考电压输入，要求外部接一个精密的电源。当V_{REF}为±10V（或±5V）时，可获得满量程四象限的可乘操作。

6) V_{CC}：数字电路供电电压，一般为5~15V。

7) AGND：模拟地。

8) DGND：数字地。

AGND和DGND是两种不同的地，但在一般情况下，这两个地最后总有一点接在一起，以便提高抗干扰能力。

5.2.4 8位D/A转换器输入端的接口方法

以DAC0832为例来说明在单片机系统设计时，对于D/A转换器输入端与单片机接口，有以下几种方法可供选择。

1. 双缓冲型接口方法

这种接口方法主要应用在多路D/A转换器同步系统中。

实际应用中，将数据从输入寄存器传送到DAC寄存器，可用下列三种接口方法：

1) 采用地址译码器输出端某2个地址号，各进行一次写操作，由程序自动控制传送。

2) 采用单片机P2口中的某2位作为控制信号，由程序自动控制传送。

3) 由外部控制电路提供选通脉冲信号。

第二种接口方法如图5-7所示。该接口电路中，P2.4口接$\overline{CS}$，P2.5口接$\overline{XFER}$，进行两次输出操作完成数据的传送及转换。第一次$\overline{CS}$（P2.4=0）有效时，完成将$D_0 \sim D_7$数据线上的数据锁存到输入寄存器中。第二次当$\overline{XFER}$（P2.5=0）有效时，完成将输入寄存器中的内容锁存到DAC寄存器，并由D/A转换成输出电压。

2. 单缓冲型接口方法

这种接口电路主要应用于一路D/A转换器或多路D/A转换器不同步的场合，主要是把D/A转换器两个寄存器中的任一个接成常通状态。

图5-8a所示的接口电路是把DAC寄存器接成常通状态，即ILE接高电平，$\overline{WR_2}$和

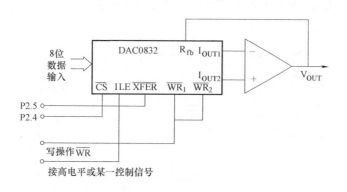

图 5-7 双缓冲型接口电路

$\overline{\text{XFER}}$ 接地，$\overline{\text{CS}}$ 与 P2.6 口连接，$\overline{\text{WR}_1}$ 与单片机的 $\overline{\text{WR}}$ 端连接。

图 5-8b 所示的接口电路是将输入寄存器接成常通状态；即将 ILE 接高电平，$\overline{\text{CS}}$ 和 $\overline{\text{WR}_1}$ 接地，$\overline{\text{WR}_2}$ 接单片机的 $\overline{\text{WR}}$ 端，$\overline{\text{XFER}}$ 与 P2.5 口连接。

图 5-8c 所示的接口电路使两个寄存器同时选通及锁存；即将 ILE 接高电平，$\overline{\text{WR}_1}$ 和 $\overline{\text{WR}_2}$ 与单片机的 $\overline{\text{WR}}$ 连接，$\overline{\text{CS}}$ 和 $\overline{\text{XFER}}$ 与 P2.4 口连接。

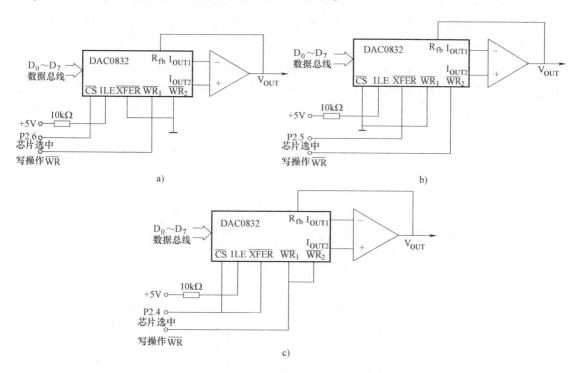

图 5-8 单缓冲型接口电路

3. 直通型接口方法

这种电路一般很少用于微机系统。可将该电路用在连续反馈控制系统中。它是将 $\overline{\text{CS}}$、

$\overline{WR_1}$、$\overline{WR_2}$ 和 $\overline{XFER}$ 接地，ILE 端保持高电平。如图 5-9 所示。

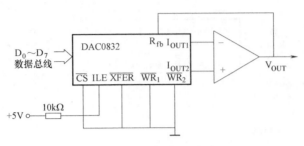

图 5-9　直通型接口电路

5.2.5　D/A 转换器的输出方式

D/A 转换器的输出分为单极性和双极性两种输出形式。其输出方式只与模拟量输出端的连接方式有关，而与其位数无关。

1. 单极性输出

图 5-10 所示为 DAC0832 与 89C51 单片机的一种接口电路。

在该图中，DAC0832 的输出端连接成单极性输出电路，输入端接成单缓冲型接口电路。它主要应用于只有一路模拟输出，或几路模拟量不需要同步输出的场合。这种接口方式，将二级寄存器的控制信号并接，输入数据在控制信号作用下，直接打入 DAC 寄存器中，并由 D/A 转换成输出电压。

图 5-10 中，ILE 接+5V，$\overline{WR_1}$ 和 $\overline{WR_2}$ 同时连接到 89C51 单片机的 $\overline{WR}$ 端口，$\overline{CS}$ 和 $\overline{XFER}$ 相连接到地址线 A_0，DAC0832 芯片也作为 89C51 的一个外部 I/O 端口，地址为 00FEH，CPU 对它进行一次写操作，把一个数据直接写入 DAC 寄存器，DAC0832 便输出一个新的模拟量。

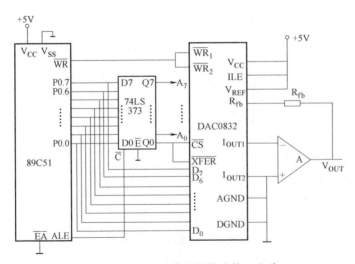

图 5-10　DAC0832 单极性输出接口电路

执行下面一段程度，DAC0832 输出一个新的模拟量。

```
MOV    DPTR, #00FEH
MOV    A, #data
MOVX   @ DPTR, A
```
CPU 执行 MOVX @ DPTR, A 指令时, 便产生写操作, 更新 DAC 寄存器内容, 输出一个新的模拟量。

在单极性输出方式下, 当 V_{REF} 接 +5V (或 -5V) 时, 输出电压范围是 -5~0V (或 0~+5V)。若 V_{REF} 接 +10V (或 -10V) 时, 输出电压范围为 -10~0V (或 0~+10V)。

其中数字量与模拟量的转换关系见表 5-2。

表 5-2 单极性输出 D/A 关系

输入数字量								模拟量输出
D_7	D_6	D_5	D_4	D_3	D_2	D_1	D_0	
1	1	1	1	1	1	1	1	$\pm V_{REF}(255/256)$
1	0	0	0	0	0	1	0	$\pm V_{REF}(130/256)$
1	0	0	0	0	0	0	0	$\pm V_{REF}(128/256)$
0	1	1	1	1	1	1	1	$\pm V_{REF}(127/256)$
0	0	0	0	0	0	0	0	$\pm V_{REF}(0/256)$

2. 双极性输出

一般情况下, 常把 D/A 转换器输出端接成单极性输出方式。但在随动系统中 (例如电动机控制系统), 由偏差产生的控制量不仅与其大小有关, 而且与控制量的极性有关。这时, 要求 D/A 转换器输出为双极性, 只需在图 5-10 的基础上增加一个运算放大器即可, 其电路如图 5-11 所示。

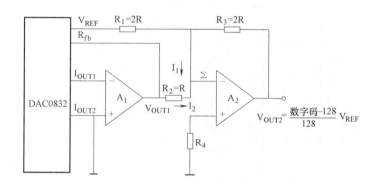

图 5-11 DAC0832 双极性输出电路

在图 5-11 中, 运算放大器 A_2 的作用是把运算放大器 A_1 的单向输出电压转变成双向输出。其原理是将 A_2 的输入端 Σ 通过电阻 R_1 与参考电压 V_{REF} 相连, V_{REF} 经 R_1 向 A_2 提供一个偏流 I_1, 其电流方向与 I_2 相反, 因此运算放大器 A_2 的输入电流为 I_1、I_2 的代数和。由图 5-11 可求出 D/A 转换器的总输出电压为

$$V_{OUT2} = -[(R_3/R_2) \times V_{OUT1} + (R_3/R_1) \times V_{REF}]$$

代入 R_1、R_2、R_3 的值, 可得

$$V_{OUT2} = -(2V_{OUT1} + V_{REF})$$

设 $V_{REF} = +5V$，当 $V_{OUT1} = 0V$ 时，$V_{OUT2} = -5V$；当 $V_{OUT1} = -2.5V$ 时，$V_{OUT2} = 0V$；当 $V_{OUT1} = -5V$，$V_{OUT2} = +5V$。其 D/A 转换关系见表 5-3。

表 5-3 双极性输出 D/A 关系

输入数字量								模拟量输出	
D_7	D_6	D_5	D_4	D_3	D_2	D_1	D_0	$+V_{REF}$	$-V_{REF}$
1	1	1	1	1	1	1	1	$V_{REF}-1LSB$	$-\|V_{REF}\|+1LSB$
1	1	0	0	0	0	0	0	$V_{REF}/2$	$-\|V_{REF}\|/2$
1	0	0	0	0	0	0	0	0	0
0	1	1	1	1	1	1	1	$-1LSB$	$+1LSB$
0	0	1	1	1	1	1	1	$-\|V_{REF}\|/2-1LSB$	$\|V_{REF}\|/2+1LSB$
0	0	0	0	0	0	0	0	$-\|V_{REF}\|$	$+\|V_{REF}\|$

5.2.6 D/A 转换器接口技术应用举例

D/A 转换器在很多应用系统中用来作电压波形发生器。图 5-12 所示为一种双极性电压波形发生器的电路图，图中与 D/A 转换无关的部分未画。

D/A 转换器输入数据采用单缓冲方式，即 $\overline{WR_2}$ 和 $\overline{XFER}$ 控制线与 DGND 一起接地，使第二级输入 DAC 寄存器处于常通状态。$\overline{WR_1}$ 与 89C51 的 $\overline{WR}$ 连在一起，$\overline{CS}$ 接 P2.6。当 P2.6 = 0 时，选通输入寄存器，由于 DAC 寄存器始终处于常通状态，数字量可直接通过 DAC 寄存器，并由 D/A 转换成输出电压。

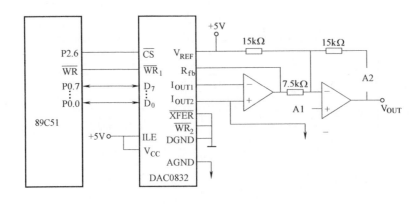

图 5-12 电压波形发生器硬件电路

D/A 转换器接口方式如下：

对于 D/A 转换器输出部分的接口电路，考虑到由软件产生的电压波形有正、负极性输出，因此这部分电路设计成双极性电压输出。其方法是在单极性输出运算放大器 A_1 后面加一级运算放大器 A_2，形成比例求和电路，通过电平移动，使单极性输出变为双极性输出。其中 A_1、A_2 可选用 LF356、OP07 等集成电路，低噪声的运算放大器可选用 OP27 集成电路。软件编程如下。在图 5-12 同一硬件电路支持下，只要编写不同的程序便可产生不同波形的模拟电压。

(1) 反向锯齿波程序清单

MSW：	MOV	DPTR，#0BFFH	;指向 D/A 输入寄存器
DA0：	MOV	R7，#80H	;置输出初值
DA1：	MOV	A，R7	;数字量送 A
	MOVX	@DPTR，A	;送 D/A 转换
	DJNZ	R7，DA1	;修改数字量
	AJMP	DA0	;重复下一个波形

其输出电压波形如图 5-13a 所示。

(2) 正向锯齿波程序清单

PSW：	MOV	DPTR，#0BFFFH	;指向 D/A 输入寄存器
DAP0：	MOV	R7，#80H	;置输出初值
DAP1：	MOV	A，R7	;数字量送 A
	MOVX	@DPTR，A	;送 D/A 转换
	INC	R7	;修改数字量
	CJNE	R7，#255，DAP1	;数字量≠255，转 DAP1
	AJMP	DAP0	;重复下一个波形

其输出电压波形如图 5-13b 所示。

(3) 双向锯齿波程序清单

DSW：	MOV	DPTR，#0BFFFH
	MOV	R7，#0
DAD0：	MOV	A，R7
	MOVX	@DPTR，A
	INC	R7
	AJMP	DAD0

其输出波形如图 5-13c 所示。

(4) 三角波程序清单

SSW：	MOV	DPTR，#0BFFFH
DAS0：	MOV	R7，#80H
DAS1：	MOV	A，R7
	MOVX	@DPTR，A
	INC	R7
	CJNE	R7，#255，DAS1
DAS2：	DEC	R7
	MOV	A，R7
	MOVX	@DPTR，A
	CJNE	R7，#80H，DAS2
	AJMP	DAS0

其输出波形为正向三角波如图 5-13d 所示。

（5）正弦波电压输出　正弦波电压输出为双极性电压，最简单的办法是将一个周期内电压变化的幅值（-5~+5V）按 8 位 D/A 分辨率分为 256 个数值列成表格，然后依次将这些数字量送入 D/A 转换输出。只要循环不断地送数，在输出端就能获得正弦波输出，如图 5-13e 所示。

正弦波程序清单：

```
SIN:    MOV     R7, #00H ；置偏移量
DAD0:   MOV     A, R7
        MOV     DPTR, #TABH ；设指针
        MOVC    A, @A+DPTR ；取数据
        MOV     DPTR, #0BFFFH ；
        MOVX    @DPTR, A ；送 D/A 转换
        INC     R7 ；修改偏移量
        DJMP    DAD0 ；
TAB:    DB      80H, 83H, 86H, 89H, 8DH, 90H, 93H, 96H
        DB      99H, 9CH, 9FH, A2H, A5H, A8H, ABH, AEH
        ·
        ·
        ·
        DB      69H, 6CH, 6FH, 72H, 76H, 79H, 7CH, 80H
```

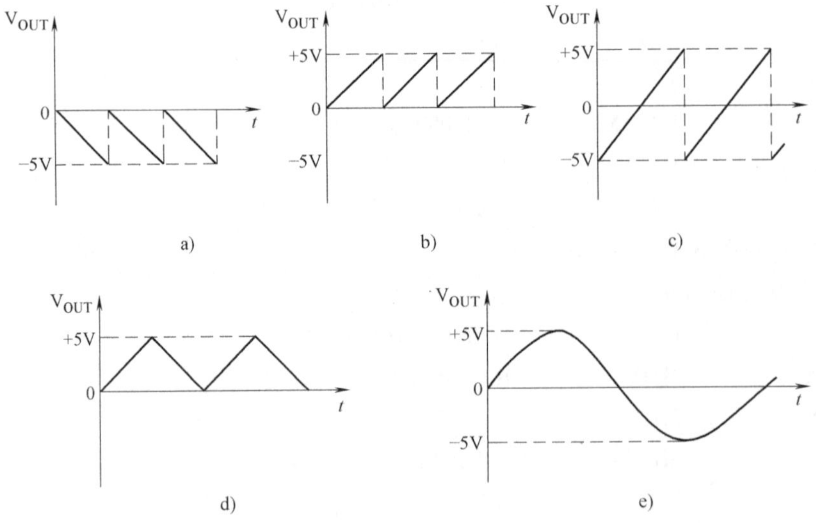

图 5-13　D/A 输出电压波形

5.2.7　双路 D/A 同步控制系统设计

DAC0832 工作在双缓冲方式时，输入寄存器的锁存信号 $\overline{LE_1}$ 和 DAC 寄存器锁存信号 $\overline{LE_2}$ 分开控制，这种方式适合于几路模拟量同步输出的控制系统。每一路模拟量输出需要一个 DAC0832，构成多个模拟量同步输出的控制系统。图 5-14 为双线性输出双路 D/A 同步输出

的 89C51 系统。图中 U_1 和 U_2 的第一级缓冲器的选通由 89C51 的 P2.5 和 P2.6 线选控制，其地址分别为 DFFFH 和 BFFFH，第二级缓冲器共用一个选通信号，由 89C51 的 P2.7 线选控制，其地址为 7FFFH。

89C51 执行下列程序，即可完成双路 D/A 同步控制。

MOV	DPTR, #0DFFFH	；选通 U_1 输入寄存器
MOV	A, # Data1	；数字量送 A
MOVX	@ DPTR, A	；数字量锁入 U_1 输入寄存器
MOV	DPTR, # 0BFFFH	；选通 U_2 输入寄存器
MOV	A, # Data2	；数字量送 A
MOVX	@ DPTR, A	；数字量锁入 U_2 输入寄存器
MOV	DPTR, #7FFFH	；选通 U_1U_2 DAC 寄存器
MOVX	@ DPTR, A	；同步转换

在图 5-14 中若将 U_1U_2 的第二级缓冲器锁存信号分开控制，并修改相应的程序，就可以进行异步输出的控制。

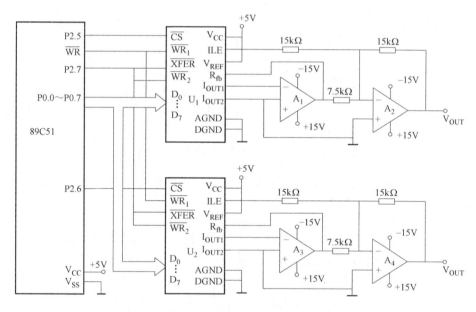

图 5-14　双路 DAC0832 与 89C51 接口电路

[项目实践]

本项目中，通过模拟温度传感器 LM35 采集当前温度，将非电量的温度信号转换成模拟电压信号，并由 ADC0809 进行 A/D 转换后送至单片机，单片机将转换的数字量换算成其对应的温度值，由 3 位数码管以十进制的形式显示。

1. 硬件电路设计

（1）模拟温度传感器 LM35　　LM35 是精密集成电路温度传感器，它的输出电压与摄氏温度呈线性比例，测量精度可以精确到 1 位小数，且体积小、成本低、工作可靠，因此被广泛应用于工业场合及日常生活中。

LM35 典型应用电路如图 5-15 所示。

由 LM35 的数据手册可知，LM35 每升高 1℃，输出电平提高 10mV，0~100℃时输出电平对应为 0~1V。因此，得出：

$$U_0 = 0.01T$$

ADC0809 的参考电压为 5V，为了提高测量精度，可以将 LM35 输出的电压放大 5 倍之后再进行 A/D 转换，电路如图 5-16 所示。采用 5 倍放大的计算公式为

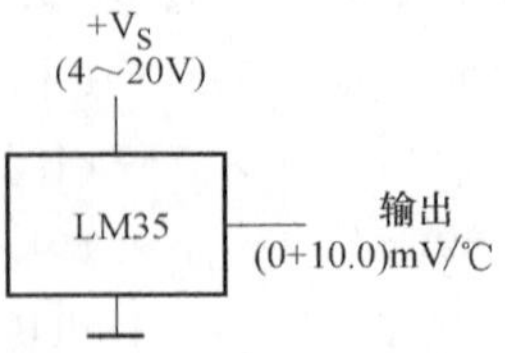

$$U_0/1 = X/255$$
$$0.01T/1 = X/255$$
$$T = 20 \times X/51$$

图 5-15　LM35 典型应用电路

式中，T 是当前温度；X 是 A/D 转换得到的二进制值。

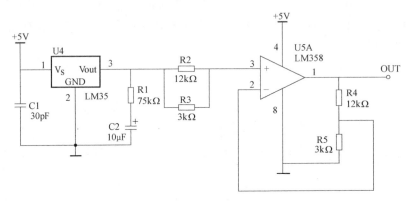

图 5-16　对 LM35 输出的电压放大 5 倍的电路

（2）汽车温度传感的读取与显示系统框图　汽车温度传感的读取与显示系统框图如图 5-17 所示。

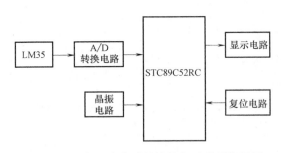

图 5-17　汽车温度传感的读取与显示系统框图

（3）复位、晶振及显示电路　数码显示电路：使用 3 位数码管，采用动态扫描显示方式，P1 口提供段码，P3 口的 P3.0、P3.1、P3.2 作为位控。汽车温度传感的读取与显示系统的复位、晶振及显示电路如图 5-18 所示。

（4）A/D 转换电路　A/D 转换电路如图 5-19 所示。将二输入或非门的两个输入端相连即可构成非门，这样一共用到 3 个或非门，可以采用一片四或非门 74LS02 实现。由于我们只有一路模拟信号输入，直接将地址线 A、B、C 接地，就可以选中 ADC0809 的 IN_0 通道。

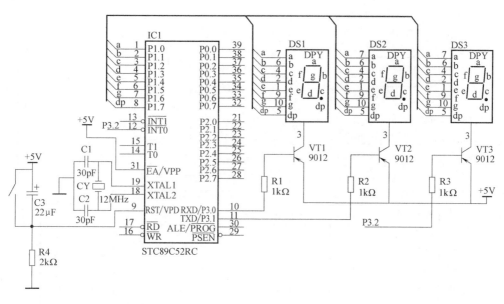

图 5-18 汽车温度传感的读取与显示系统的复位、晶振及显示电路

2. 程序设计

根据系统需要实现的功能,软件要完成的工作:读取 A/D 转换结果、经过换算后以十进制形式显示电压值。

软件部分可以分为以下几个模块:

1)主程序:主要完成中断初始化(设置触发方式、开中断、启动 A/D 转换)和数码显示。主程序流程图如图 5-20 所示。

2)外部中断 1 服务程序:根据图 5-19 所示的硬件电路,当 A/D 转换结束后引起外部中断 1 中断,所以其任务是读取 A/D 转换结果,进行电压数据处理之后送显示缓冲区用于显示。外部中断 1 服务程序流程图如图 5-21 所示。

根据程序流程图,编写程序如下:

```
#include<reg51.h>
#inchude<ABSACC.H>              //包含定义 XBYTE 函数的头文件 ABSACCH
#define AD_port XBYTE[0x7ff8]   //定义 ADC0809 的外部地址
unsigned int dig;               //用于存放 A/D 转换结果
unsigned int v;                 //温度值
unsigned char seg[]{0xc0,0xf9,0xa4,0xb0,0x99,0x92,0x82,0xf8,0x80,0x90,0xff};
void delay()
{
    unsigned char i=200;
    for(i=0;i<250;i++);
}
void display()
{
```

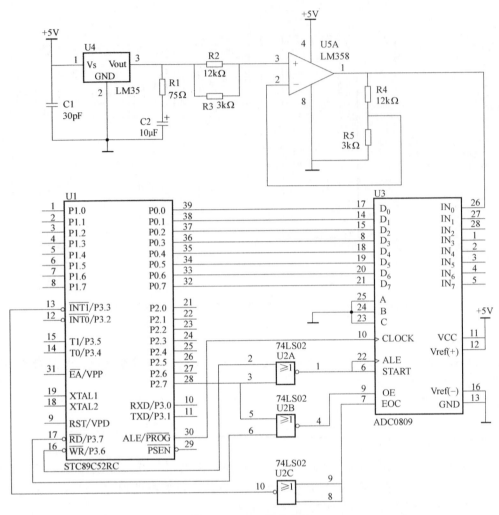

图 5-19 A/D 转换电路

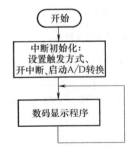

图 5-20 主程序流程图

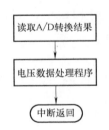

图 5-21 外部中断 1 服务程序流程图

P1 = seg[v%10];

P3 = 0xfb;

delay( )

```
        P3 = 0xff;
        P1 = seg[v/10%10];
        P3 = 0xfb;
        delay();
        P3 = 0xff;
        P1 = seg[v/100%10];
        P3 = 0xfe;
        delay();
        P3 = 0xff;
        P1 = 0x7f;                    //显示小数点
        P3 = 0xfe;
        delay();
        P3 = 0xff;
        int main()
{
        IT1 = 1;
        EA = 1;
        EX1 = 1;
        AD_port = 0x00;               //启动转换
        while(1)
        {
            delay();
        }
}
int_x() interrupt 2
{
        dig = AD_port;                //读取转换结果
        v = (dig * 20)/51;            //换算成温度值
        AD_port = 0x00;               //再次启动转换
}
```

[项目拓展]

简易数字电压表设计

1. 任务分析

通过设计实现简易数字电压表,将 ADC0809 与数码管显示结合起来,学习 A/D 转换技术在单片机系统中的应用。熟悉模拟信号采集与输出数据显示的综合程序设计与调试方法。

2. 电路设计

由于数字电压表电路复杂,本任务设计的简易数字电压表可通过滑动电阻阻值变化来表示外界变化模拟电压值,用数码管显示经过 A/D 转换后的数字电压值,学习相关知识后可知,ADC0809 有 8 个模拟输入通道,本任务的模拟量从 0 通道输入,由通道地址表可知,本任务的 IN0 通道地址为 000,由于本任务仅使用了通道 0,因此 ADDA、ADDB 和 ADDC 3 只引脚全部接地。具体设计电路图如图 5-22 所示,同时根据电路图绘制仿真电路图。

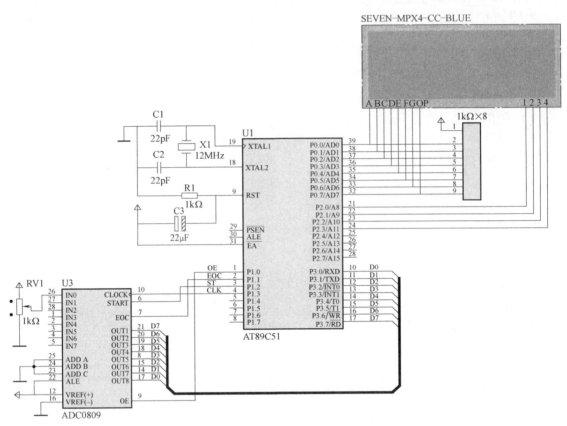

图 5-22 硬件电路图

3. 软件设计

从 ADC0809 的工作时序图可知,START 引脚在一个高脉冲后启动 A/D 转换,该高脉冲用指令模拟,当 EOC 引脚出现一个低电平时转换结束,然后由 OE 引脚控制,当软件指令设置 OE 端为 1 时允许输出,延时等待输出完毕后,设置 OE 为 0 关闭输出。具体程序如下:

```
//名称:ADC0809 模数转换与显示
#include<reg51.h>
#define uchar unsigned char
#define uint unsigned int
//数码管段码定义
uchar code LEData[ ] = {0x3F,0x60,0x5B,0x4F,0x66,0x6D,0x7D, 0x07,0x7F, 0x6F};
//ADC0809 引脚定义
sbit OE = P1^0;
sbit EOC = P1^1;
sbit ST = P1^2;
```

```c
sbit CLK = P1^3;
//延时子程序
void DelayMS(uint ms)
{
    uchar i;
    while(ms--) for(i=0; i<120; i++);
}
//显示转换结果
void Display_Result (uchar d)
{
    P2 = 0xF7;                  //第 4 个数码管显示个位数
    P0 = LEDData[d%10];
    DelayMS(5);                 //第 3 个数码管显示十位数
    P2 = 0xFB;
    P0 = LEDData[d%100/10];
    DelayMS(5);
    P2 = 0xFD;                  //第 2 个数码管显示百位数
    P0 = LEDData[d/100];
    DelayMS(5);
}
//主程序
void main( )
{
    TMOD = 0x02;
    TH0 = 0x14;
    TL0 = 0x00;
    IE = 0x82;
    TR0 = 1;
    while(1)
    {
        ST = 0;
        ST = 1;
        ST = 0;                 //自动转换
        while(EOC == 0);        //等待转换结束
        OE = 1;                 //允许输出
        Display_Result(P3);     //等待转换结束
        OE = 0;                 //关闭输出
    }
}
```

```
//T0 定时器中断给 ADC0809 提供时钟信号
void Timer0_INT( ) interrupt 1
{
    CLK = ! CLK;              //ADC0809 时钟信号
}
```

小　结

A/D 和 D/A 转换器是单片机与外界模拟信号的重要沟通途径，本单元重点介绍了常用转换器 ADC0809 和 DAC0832 的相关原理知识、硬件电路设计及软件程序设计，并详细介绍了编程方法。

习　题

1. A/D 转换器有哪些性能指标？
2. ADC0809 的应用步骤是什么？
3. ADC0809 与 8051 单片机的硬件接口如图 5-23 所示，模拟量输入选择 7 通道，请编制 A/D 转换程序，将转换结果送 30H 单元。
4. ADC0809 与 8051 单片机的硬件接口如图 5-24 所示，模拟量输入选择 IN2 通道，请编制 A/D 转换程序，将转换结果送 30H 单元。注意：EOC 直接与 P1.0 相连，通道选择由 P1 口控制，在软件编程时要仔细考虑。

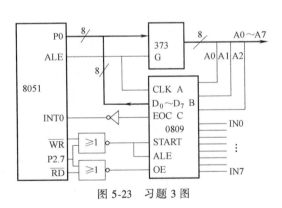

图 5-23　习题 3 图

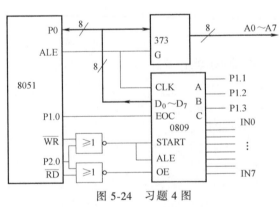

图 5-24　习题 4 图

5. 选用 DAC0832 芯片，设计有三路模拟量同时输出的 MCS-51 应用系统，画出硬件结构框图，编写数模转换程序。
6. 选用 DAC0832 芯片产生一个三角波，要求幅值为 0~2.5V。

学习情境6

汽车单片机片内存储器的读写

学习目标：

通过本次项目的完成，你应能够：

1. 描述汽车电脑的分类与特点。
2. 分析汽车电脑的工作原理。
3. 正确完成对汽车电脑硬件电路的检测。
4. 正确完成对汽车电脑软件数据存储的处理。
5. 用专用编程器完成对汽车单片机EEPROM的编程。

情境描述：

用UPA编程器完成对玛瑞利单点喷射系统CPU EEPROM的编程。

想一想：

1. 汽车电脑的原理是怎样的？
2. 汽车电脑的常见故障和维修方法有哪些？

6.1 汽车电脑原理

ECU 是 Electronic Control Unit(电子控制单元)缩写，俗称汽车电脑。

汽车电脑是按照预定程序自动地对各种传感器的输入信号进行处理，然后输出信号给执行器，从而控制汽车运行的电子设备。现代汽车采用电脑为控制中心的高度自动化控制系统，该系统随着汽车功能的不断增加而日渐完善和复杂，并在解决汽车所面临的安全、能源和污染三大问题上起着重要作用。

6.1.1 汽车控制电脑介绍

1. 汽车电脑的分类

目前，汽车电脑的主要控制装置如下：

(1) 发动机电脑控制装置 主要包括电控汽油喷射系统、电控汽油点火系统、发动机怠速控制系统、废气再循环控制系统、汽油机进气控制系统、气缸变排量控制系统、可变压缩比系统、柴油机电控系统等。

(2) 汽车传动系统微电脑控制装置 主要有电控自动变速器、四轮驱动系统控制、防滑差速器控制等。

(3) 汽车转向和行驶系统电控装置 动力转向系统控制、电脑控制主动悬架系统、巡航行驶控制系统等。

(4) 保证行车安全的电控装置 主要有电子控制防抱死制动系统(ABS)、电子防滑系统(ASR)、电子控制安全气囊和安全带装置、电子车身稳定控制(ESP)、系统防撞报警系统、电子防盗系统等。

(5) 舒适性和娱乐性的电控装置 包括电脑控制的全自动空调系统、自动驾驶系统、DVD电子语音导航系统、车载电视等。

(6) 汽车工况监视及信息管理系统 主要有数字式仪表、油耗指示仪、维修间隔指示仪、倒车监视、电子地图等。

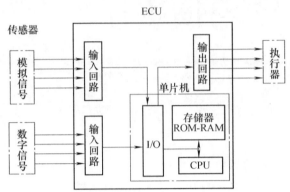

图 6-1 汽车电脑(ECU)的基本构成

2. 汽车电脑的构成

汽车电脑的基本构成如图 6-1 所示。汽车电脑作为控制系统的核心，按照预定程序和数据自动地对各种传感器和开关的输入信号进行运算、分析、判断、处理，并根据信号处理的结果输出信号指令，控制执行器工作。

汽车电脑由输入信号处理电路、输出信号处理电路和微机系统构成。

输入信号处理电路是把传感器输入的各种信号进行放大、滤波、整形、变换等一系列的处理，转换为计算机可以识别的标准信号。

输出信号处理电路把计算机发出的控制指令信号，经过放大、变换等处理转换成可以驱动各执行器工作的电信号。

微机系统的主要部分是单片机，单片机普遍都是将中央处理器(CPU)、随机存取数据存储器(RAM)、只读程序存储器(ROM)、并行和串行通信接口、中断系统、定时电路、时钟电路集成在一块单一的芯片上，增强型的单片机集成了如 A/D 转换器、PMW(脉宽调制电路)、WDT(看门狗)。有些单片机将 LCD(液晶)驱动电路都集成在单一的芯片上，这样单片机包含的单元电路就更多，功能就更强大。

微处理器是单片机的核心部件，微处理器将输入模拟信号转化为数字信号，并根据存储的参考数据进行对比处理，计算出输出值，输出信号经过功率放大后控制执行器，例如喷油器和继电器等。随着单片机计算能力和内存容量越来越大，汽车电脑的功能也越来越多。汽车发动机电喷系统实物图如图 6-2 所示。

3. 汽车电脑的工作过程

(1) 输入接口 输入电路接收传感器和其他装置的输入信号，并对信号进行过滤和放大。输入信号放大的目的是使信号增加到汽车电脑可以识别的程度，输入信号的处理如图 6-3 所示，信号进行预处理，一般是在去除杂波和把正弦波变为矩形波后，再转换成输入电平。

一般输入信号都要经过输入回路进行处理。如磁电式曲轴位置传感器输入微机的信号，其幅值是随转速变化的，发动机转速升高时，输出的电压幅值增大，发动机转速降低时，输出的电压幅值减小。在发动机低速运转时，电压信号显得很弱，为了使信号能够送入微机并被采用，必须将输入回路的信号进行整形处理，将其信号放大并将波形变

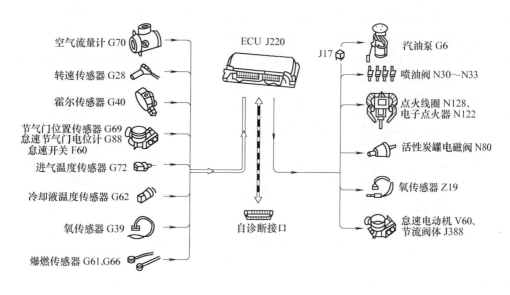

图 6-2　汽车发动机电喷系统实物图

成整齐的矩形波。

另外，一般曲轴位置传感器的齿盘只有几十个齿，如果仅用这些齿数产生的几十个脉冲来代表曲轴每一转中的步数，就显得太粗糙，会引起较大的误差。为了保持一定的精度，转角的步长设定为 0.5°（或 1°），为此在输入回路设立一个转角脉冲发生器，把齿盘上产生的几十个脉冲转变成曲轴转一圈产生 720 个脉冲（或 360 个脉冲），这样一个脉冲就代表曲轴转角的 0.5°（或 1°）。

某些传感器，例如氧传感器，产生一个低于 1V 的低电压信号，只能产生极小的电流，这样的信号送入电脑内的微处理器之前必须放大，这个放大作用由电脑中输入芯片中的放大电路来完成。

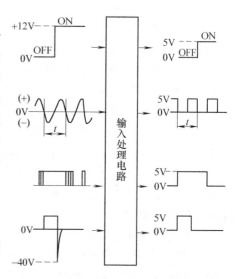

图 6-3　输入信号的处理

(2) A/D 转换器（模拟/数字转换器）　从传感器送出的信号，有模拟信号和数字信号两种。其中相当一部分传感器输入的信号都是模拟信号，如空气流量计、冷却液温度传感器、节气门位置传感器等向微机输入的都是变化缓慢的连续信号，它们经过传感器及输入回路处理后，都已变成相应的电压信号，但这些信号微机不能直接处理，需经过相应的 A/D 转换器，将模拟信号转换成数字信号后才能输入微机，如从空气流量计输入的 0~5V 的模拟电压信号，当输入电平与 A/D 转换器设定的量程相同时，则模拟信号经 A/D 转换器转换成数字量后，才能输入微机。

(3) 输出接口　输出接口为微机与执行器之间建立联系的一部分装置。它将微机发出的决策指令，转变成控制信号来驱动执行器工作。输出回路一般起着控制信号的生成和放大等作用。微机输出的是数字信号，而且输出的电流很小，用这种信号一般不能驱动执行器工作,需要输出电路将其转换成可以驱动执行器工作的控制信号,如喷油器驱动信号、点火控制信号、燃油泵控制信号等,控制输出回路中,通过功率管(实际电路不只是一个晶体管)的导通和截止,为喷油器提供一定宽度的脉冲驱动信号,使喷油器喷油。喷油器输出信号的处理回路如图6-4所示。

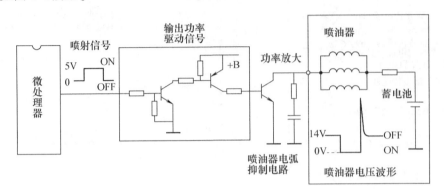

图6-4 输出信号的处理回路

(4) 发动机电子控制系统的工作过程 发动机起动时,电子控制器进入工作状态,通过CPU的控制,一个个指令逐个地进行循环。执行程序过程中,所需的发动机信息,来自各个传感器。从传感器来的信号首先进入输入回路,对其信号进行处理。如是数字信号,根据CPU的安排,经I/O接口直接进入微机;如是模拟信号,还要经过A/D转换,转换成数字信号后,才能经A/D接口进入微机。大多数信息暂时存储在RAM内,根据指令再从RAM送至CPU。下一步是将存储在ROM(或PROM)中的参考数据引入CPU,使输入传感器的信息与之进行比较。对来自有关传感器的指令信号,经I/O接口,必要的信号还经D/A转换器转变成模拟信号,最后经输出回路去控制执行器动作。如是喷油器驱动信号,则控制喷油正时和喷油脉宽,完成控制喷油功能。发动机工作时,微机的运行速度是相当快的,如点火正时,每秒可以修正上百次,因此其控制精度是相当高的。

4. 汽车电脑的特点

1) 汽车需要在不同的道路和气候条件下行驶,汽车电脑的工作环境较差,经常需要承受振动以及温度和湿度的变化。汽车电脑的电源电压变化较大,而且还受到车内外电磁波的干扰,因此汽车电脑需要很高的可靠性和对环境的耐久性。

2) 汽车电脑必须具有足够的智能化,具有自诊断和检测能力,能及时发现系统中存在的故障,并存储故障码,告知维修人员故障可能存在的部位,以便于维修。例如,安全气囊在关键时刻必须要及时、正确、迅速地打开,但在大多数时候气囊是处于待命状态。因此,安全气囊电脑必须具有自检能力,不断确认气囊系统是否正常工作。

3) 几乎所有汽车电脑都使用5V电源驱动其传感器。在电子工业中,5V电压几乎普遍作为传送信息的标准。这个电压对传送可靠性来说已经足够高,而对电脑芯片的安全性来说足够低。而且使用计算机工业标准电压,对于汽车制造商来说会使电子零部件制造规范同时成本低。

5. 汽车电脑生产厂家

全球生产汽车电脑的主要厂家有德尔福(Delphi)公司、博世(Bosch)公司、摩托罗拉

（MOTOROLA）公司、西门子威迪欧 VDO（Siemens VDO）公司、玛瑞利（Magneti Marelli）、电装（Denso）公司、京滨（Keihin）、伟世通（Visteon）、比亚迪（BYD）和锐意泰克（Troitec）等跨国公司，他们的产品在整车配套市场和零部件市场均占有很大的比重。由于配套体系的原因，他们的产品分别在本国车系的整车配套体系中占有重要的部分。

6.1.2 汽车输入信号处理

1. 传感器的种类

在汽车微机控制系统中，控制和检测对象的参数尽管是多种多样的，但都要变成电信号，这种电信号可分为模拟量和数字量两种。

（1）模拟信号　信号电压或电流随时间连续变化的信号。

1）直流（DC）信号。包括在汽车中产生直流（DC）信号的传感器或电源装置为蓄电池电压或控制电脑（ECU）输出的传感器参考电压。

模拟传感器信号有发动机冷却液温度传感器、燃油温度传感器、进气温度传感器、节气门位置传感器、废气再循环压强和位置，翼板式或热丝式空气流量计、真空和节气门开关、进气压力传感器。

2）交流（AC）信号。在汽车中产生交流（AC）信号的传感器和装置有车速传感器（VSS）、防滑制动轮速传感器、磁电式曲轴转角（CKP）和凸轮轴（CMP）传感器、从模拟压力传感器（MAP）信号得到的发动机真空平衡波形、爆燃传感器（KS）。

（2）数字信号　信号电压或电流不随时间连续变化的信号。

1）频率调制信号。在汽车中产生可变频率信号的传感器和装置有数字式空气流量计、福特数字式进气压力传感器、光电式车速传感器（VSS）、霍尔式车速传感器（VSS）、光电式凸轮轴和曲轴转角（CKP）传感器、霍尔式凸轮轴（CAM）和曲轴转角（CKP）传感器。

2）脉宽调制信号。在汽车中产生脉宽调制信号的电路或装置有初级点火线圈、电子点火正时电路、废气再循环控制（EGR）、净化、涡轮增压和其他控制电磁阀、喷油器、怠速控制电动机和电磁阀。

3）串行数据（多路）信号。若汽车中具备有自诊断能力和其他串行数据送给能力的控制模块，则串行数据由发动机控制电脑（PCM）、车身控制电脑（BCM）和防滑制动系统（ABS）或其控制模块产生。

2. 输入信号处理

（1）数字信号的处理

1）钳位滤波电路。比较常用的是开关与电源相接，此时一般需要一个下拉电阻来分压，为了使得输入微处理器的电压范围不超过 0~5V，常加上一个钳位稳压管，再经过一个滤波电路。图 6-5 所示为变速器控制器中的开关量输入电路。

2）RC 延时电路。RC 延时电路是利用 RC 的延迟作用来控制对振荡脉冲的响应。图 6-6 所示为抑制开关 SW 抖动干扰的 RC 电路。其原理是利用电容上的电压不能突变，从而使 A 点的电位

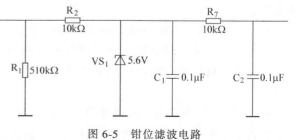

图 6-5　钳位滤波电路

不会随触点闭合或断开时的抖动而急剧变化，于是消除了抖动干扰。7414 施密特反相器的作用是对 RC 电路的输出进行整形。为了有效消除抖动干扰，同时使电路能够正常工作，元件 R_1、R_2 和 C 的数值必须合适。其选择依据和方法：R_1 与 R_2 的大小必须能使下级 7414 施密特反相器获得正常的工作电平。TTL 施密特反相器的正向阈值电压 U_{T+} 和反向阈值电压 U_{T-} 的典型值分别是 1.7V 和 0.9V。

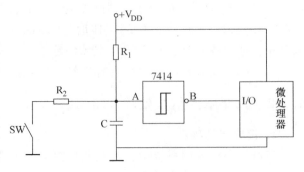

图 6-6 施密特反相器的 RC 延迟电路

如图 6-6 所示的电路，使用开关 SW 的"常开"触点，当开关完成一次动作（断开—闭合—断开），微处理器可获得一个高电平单脉冲信号。相反，若使用"常闭"触点，当开关完成一次动作（闭合—断开—闭合），微处理器可获得一个低电平单脉冲信号。

3）RS 触发器。图 6-7 所示为用 RS 触发器消除抖动干扰的电路。图中的 D_1 与 D_2 构成 RS 触发器，其作用是将开关 SW 动作时的抖动多脉冲输入变换为单脉冲输出，触点抖动对触发器的状态没有影响，从而消除了抖动干扰。应用该电路时应考虑下面几个问题：①微处理器对输入的要求。当 SW 进行一次从触点 2 向触点 1 闭合，然后又返回触点 2 时，从触发器的 A 点输出一个高电平脉冲，而从 B 点输出一个低电平脉冲。如果微处理器要求输入为高电平脉冲，则从 A 点取信号；若要求低电平脉冲输入，则从 B 点取信号。②信号线间的

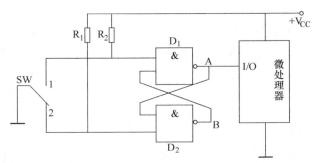

图 6-7 RS 触发器电路

串扰。由于开关 SW 一般安装在被控的机电设备处，并通过较长的信号线与微处理器相连，由于断开的开关触点处于高阻态，任何脉冲干扰很容易通过容性或感性方式耦合到连接线上，而使 RS 触发器误触发。为了消除这种干扰，在 RS 触发器的两个输入端与地之间各并接一个小电容。

4）去开关抖动集成电路。采用 RC 延时电路和 RS 触发器能有效地清除抖动干扰，但电路中需要多个元器件，当输入回路较多时，控制器的体积大，成本增加。为解决多输入回路问题，可采用具有开关去抖动和 ESD、过电压保护功能的 MAX6816/MAX6817/MAX6818 集成电路。

5）灭弧电路。当用接触器控制电动机起停时，由于线圈本身的电流及它控制的负荷电流都较大，尤其是在断电时容易产生电弧放电的干扰，通常采用 RC 阻容吸收回路来克服。另外，由于压敏电阻在电压较高时阻抗很小，利用压敏电阻这一特性也可为电路提供一个通路。

6）光耦合器。微机测控系统中，一般都有大量的开关量和脉冲量输入和输出，光耦合器是将发光二极管电信号转换为光信号，光敏晶体管接收该光信号后又转换成与原电信号一

致的电信号,其输入输出电信号在电气上完全隔离,这是它抗干扰能力强的原因之一。光耦合器的动态输入电阻一般为 100~1000Ω,而产生干扰信号的干扰源内阻为 0.1~1MΩ。即使干扰的电压幅值很大,但对于发光二极管这种电流型驱动元件,因其能量不够,也不足以使发光二极管点燃。这是光耦合器抗干扰能力强的原因之二。

(2) 模拟信号的处理　在系统中,微处理器获取的被测模拟量信号的精度是至关重要的,而汽车上传感器送出的信号往往很小,有的是毫伏级甚至是微伏级,很容易被干扰噪声所淹没。因此,如何排除干扰,保证现场模拟量正确及时输入到微处理器,是汽车控制系统中的重要问题,存在于模拟量输入通道的干扰主要有串模干扰和共模干扰两种,下面分别介绍两种干扰的抑制方法。

1) 串模干扰的抑制。所谓串模干扰就是干扰串联于信号回路中,既可能来自传感器信号源本身,也可能是信号线检拾干扰而形成的。串模干扰的抑制方法应从干扰信号的特性和来源入手,分别对不同情况采取相应的措施。

① 在输入回路中接入模拟滤波器,如果干扰信号频率比被测信号频率高,可采用低通滤波器,如果干扰频率比被测信号频率低,则采用高通滤波器,若串模干扰信号落在被测信号频率的两侧时,需采用带通滤波器。若串模干扰和被测信号的频率相当,则很难用滤波的办法消除,通常在信号源到计算机间选用带屏蔽层的双绞线或同轴电缆,并确保接地正确可靠。一般情况下,串模干扰均比被测信号变化快,故常用两级阻容低通滤波网络作为模/数转换器的输入滤波器,如图 6-8 所示。它可使 50Hz 的串模干扰信号衰减至 1/600 左右。该滤波器的时间常数小于 200ms,因此当被测信号变化较快时,应相应改变网络参数,以适当减小时间常数。

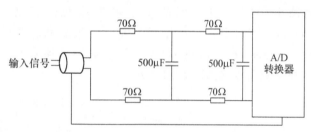

图 6-8　两级阻容低通滤波网络

② 当尖峰型串模干扰为主要干扰时,使用双积分 A/D 转换器,因为它是输入电压在一段时间内的平均值,所以对瞬态干扰有较好的抑制作用。如果取积分周期等于主要串模干扰的周期或为整数倍,则通过积分比较变换后,对串模干扰有更好的抑制效果。

③ 对于串模干扰主要来自电磁感应的情况,对被测信号应尽可能早地进行前置放大,从而达到提高回路中的信号噪声比的目的;或尽可能早地完成模/数转换或采取隔离和屏蔽等措施。

④ 尽量用电流传输来代替电压传输。在一次表直接输出 4~20mA 的电流时,再并联一个 250Ω 的精密电阻,使电流转换成 1~5V 的直流电压,然后进入 A/D 转换器。在现代发展的微型传感器中,为了避免信号线传输过程中的干扰,常将放大线路与传感器做成一体,甚至将其进行 A/D 转换,以数字量的形式输出。选用这类传感器,将使整个系统的可靠性和抗干扰能力大为加强。

⑤ 从选择逻辑器件入手,利用逻辑器件的特性来抑制串模干扰。此时可采用高抗扰度逻辑器件,通过高阈值电平来抑制低噪声的干扰;也可采用低速逻辑器件来抑制高频干扰;当然也可以人为地通过附加电容器,以降低某个逻辑电路的工作速度来抑制高频干扰。对于主要由所选用的元器件内部的热扰动产生的随机噪声所形成的串模干扰,或在数字信号的传

输过程中夹带的低噪声或窄脉冲干扰,这种方法是比较有效的。

⑥ 采用双绞线作信号引线的目的是减少电磁感应,并且使各个小环路的感应电动势互相呈反向抵消。选用带有屏蔽的双绞线或同轴电缆作信号线,且有良好接地,并对测量仪表进行电磁屏蔽。

2) 共模干扰的抑制。所谓共模干扰就是指 A/D 转换器的两个输入端上共有的干扰电压。这种干扰可能是直流电压,也可能是交流电压,其幅值可达几伏甚至更高,取决于车内当时产生干扰的环境条件和微处理器等设备的接地情况。共模电压主要是由于被测信号端的接地端与主机的地线之间存在着一定的电位差。消除共模干扰的方法:采用具有高共模抑制比的差动放大器、仪器用放大器、可编程放大器作为输入放大器。由于它们具有输入阻抗高、零漂低、增益可调等特点,对抑制共模干扰有良好的效果。

6.2　汽车电脑内部电路的分析

Motronic1.5.4 电脑是由上海大众汽车有限公司与德国博世(BOSCH)公司合作开发的新型电子燃油喷射系统,其形式为 D 型集中控制式,称为 Motronic(莫特朗尼克)系统,全称是闭路电子控制多点燃油顺序喷射系统;其点火系统与燃油喷射系统复合在一起。Motronic1.5.4 已广泛应用于长安、一汽夏利、桑塔纳 2000GLi、世纪新秀、奇瑞 QQ 等车型。Motronic1.5.4 电脑的故障分析具有普遍意义。Motronic1.5.4 电脑实物如图 6-9 所示,其外部应用接线如图 6-10 所示。

图 6-9　Motronic1.5.4 电脑实物图

1. Motronic1.5.4 电脑的 CPU-B58468

B58468 是 BOSCH 公司委托 Siemens 公司生产的 8 位微控制器。它具有 Siemens 公司 80C537 的典型内核,是 Siemens 公司 8 位单片机家族中的高端产品,基于众所周知的工业标

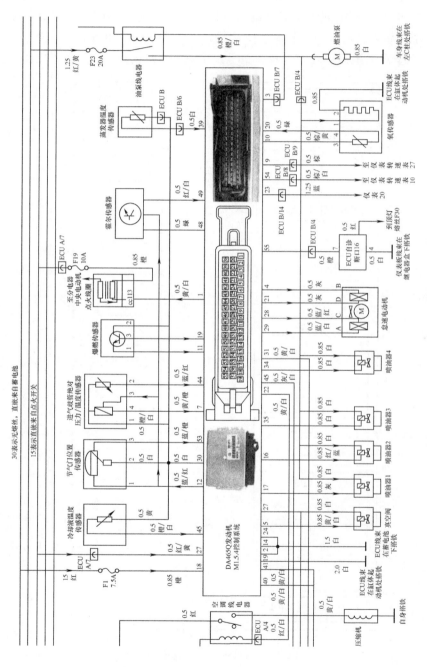

图 6-10 Motronic1.5.4 电脑外部应用接线图

准8051结构,性能得到了大幅增强,外围元件也进行了大幅扩展,以适应更加广泛的应用要求,并且可以全面兼容Siemens8051/80C51系列微控器。其内部结构如图6-11所示。主要性能参数如下:256B片内随机存储器;256个直接寻址位;64KB可寻址程序和数据存储器;带有12路输入及可编程参考电压的8位A/D转换器;4个16位定时计数器;强大的比较/捕获单元(至多21个高速或者脉宽可调的输出通道,5个捕获输入);外部乘除单元可进行快捷的乘、除、移位等操作;8个用于间接寻址的数据指针;9个端口(56条I/O线,12条输入线);2个全双工串口,自带波特率信号发生器;4种优先级,14个中断向量等。

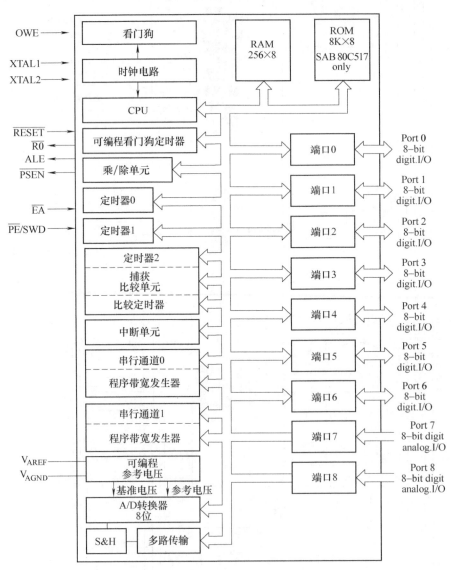

图6-11 B58468内部结构框图

B58468并行端口中的Port7、Port8可输入模拟信号,也可输入数字信号。当输入模拟信号时,用于A/D转换,该转换器具有可变内部参考电压,在参考电压范围内的转换精度为8位。在12MHz时钟频率时,指令周期仅为13μs、Port7和Port8的数字输入脚在相邻脚进行 A/D 转换时，状态不应跳变，否则影响转换精度。CPU-B58468 各脚功能说明见表 6-1。

表 6-1　CPU-B58468 各脚功能说明表

脚号	代号	信号	功能	脚号	代号	信号	功能
1	P4.0	I/O	1 缸喷油控制	32	P1.4		点火正时调整信号
2	P4.1	I/O	2 缸喷油控制	33	P1.3		急速阀驱动块（2）/30311 的故障报告
3	P4.2	I/O	3 缸喷油控制				
4	$\overline{PE}$/SWD			34	P1.2		急速阀控制 ON/OFF（配备步进电动机的车型）
5	P4.3	I/O	4 缸喷油控制				
6	P4.4	I/O	故障灯控制	35	P1.1		30424F/V 转换应用（为其提供转换频率）
7	P4.5	I/O	急速阀控制 ON/OFF				
8	P4.6	I/O	急速阀控制电流方向	36	P1.0		转速信号输入
9	P4.7	I/O	转速信号输出 ECU54	37	VSS		接地
10	$\overline{RESET}$		复位信号	38	VCC		电源
11	V_{AREF}		A/D 转换基准电压	39	XTAL2		晶振 2
12	V_{AGND}		A/D 转换基准电压				
13	P7.7	A/D	爆燃信号	40	XTAL1		晶振 1
14	P7.6	A/D	蒸发箱温度信号				
15	P7.5	A/D	氧传感器信号	41	P2.0		地址总线 A8
16	P7.4	A/D	节气门信号	42	P2.1		地址总线 A9
17	P7.3	A/D	冷却液温度信号	43	P2.2		地址总线 A10
18	P7.2	A/D	进气温度信号	44	P2.3		地址总线 A11
19	P7.1	A/D	蓄电池电压信号	45	P2.4		地址总线 A12
20	P7.0	A/D	进气压力信号	46	P2.5		地址总线 A13
21	P3.0	RXD	通信 RXD	47	P2.6		地址总线 A14 B58091(74HC173) 输入使能-G1
22	P3.1	TXD	通信 TXD				
23	P3.2		喷油块 30373 的故障报告（INT0/TIME0）	48	P2.7		地址总线 A15 B58091(74HC173) 输入使能-G2
24	P3.3		车速信号输入				
25	P3.4			49	$\overline{PSEN}$		片选信号
26	P3.5			50	ALE		地址锁存允许（27C512 应用）
27	P3.6		B58091（74HC173）CLK	51	$\overline{EA}$		内部/外部 ROM 选择信号
28	P3.7		EEPROM 24C02-6（个别车型）	52	P0.0		数据总线 D0/地址总线 A0
29	P1.7		低端开关控制 ECU 的 6 脚（对于雪弗兰及欧宝车型）	53	P0.1		数据总线 D1/地址总线 A1
				54	P0.2		数据总线 D21/地址总线 A2
30	P1.6		30424F/V 转换应用	55	P0.3		数据总线 D3/地址总线 A3
31	P1.5		急速阀驱动块 TLE5205/5203/B58291/B58574 的故障报告（T2EX）	56	P0.4		数据总线 D4/地址总线 A4
				57	P0.5		数据总线 D5/地址总线 A5
				58	P0.6		数据总线 D6/地址总线 A6

(续)

脚 号	代 号	信 号	功 能	脚 号	代 号	信 号	功 能
59	P0.7		数据总线 D7/地址总线 A7	70	P6.0		30424F/V 转换应用
60	$\overline{HWPD}$			71	P6.1		30424F/V 转换应用
61	P5.7			72	P6.2		30424F/V 转换应用
62	P5.6		点火控制（对于没有防盗车型及直接点火车型）	73	P6.3		
				74	P6.4		30424F/V 转换应用
63	P5.5		点火控制（对于带有防盗车型及直接点火车型）	75	P6.5		30424F/V 转换应用
				76	P6.6		
64	P5.4		低端开关控制 ECU 的 25 脚（对于欧宝及雪弗兰车型）	77	P6.7		EEPROM 24C02-5（个别车型）
				78	P8.0		
65	P5.3		空调继电器（个别车型）	79	P8.1		空调请求信号
66	P5.2		炭罐电磁阀控制	80	P8.2		
67	P5.1		燃油泵继电器控制	81	P8.3		
68	P5.0		急速阀控制电流方向（配备步进电动机的车型）	82	$\overline{RO}$		
				83	VSS		接地
69	OWE		看门狗检测	84	VCC		电源

80C537 有两个全双工串口，串口 0 可工作在模式 0（移位寄存器模式）、模式 1（8 位异步，可变波特率）、模式 2（9 位异步，固定波特率）、模式 3（9 位同步，可变波特率）四种模式。串口通常用做 ECU 同诊断设备通信。

2. 点火控制电路

（1）霍尔式传感器工作原理　霍尔原理如图 6-12 所示。当电流 I 通过放在磁场中的半导体基片（即霍尔元件），且电流方向与磁场方向垂直时，在垂直于电流和磁场的半导体基片的横向侧面上将产生一个电压 U_H（通常称之为霍尔电压）。霍尔电压的高低与通过的电流和磁感应强度成正比，可用下式表示：

$$U_H = \frac{R_H}{d} IB$$

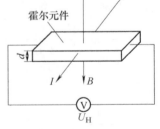

图 6-12　霍尔原理

式中，R_H 是霍尔系数；d 是半导体基片厚度；I 是电流；B 是磁感应强度。

由上式可知，当通过的电流 I 为一定值时，霍尔电压 U_H 随磁感应强度 B 的大小而变化。

（2）霍尔效应式点火信号发生器的工作原理　霍尔信号发生器正是利用霍尔现象来产生点火信号的。霍尔式信号发生器的结构组成如图 6-13a 所示，其工作原理如图 6-13b、c 所示。

在与分火头制成一体的触发叶轮的四周，均匀分布着与发动机气缸数相同的缺口，当触发叶轮由分电器轴带着转动，转到触发叶轮的本体（没有缺口的地方）对着装有霍尔集成块的地方时（叶片在气隙内），通过霍尔集成块的磁路被触发叶轮短路，如图 6-13b 所示，此时霍尔集

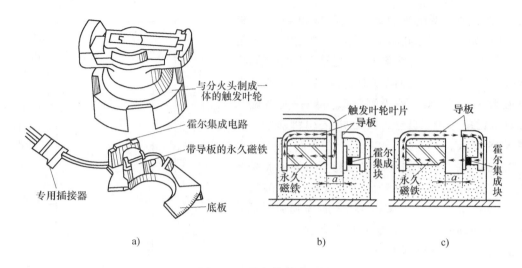

图 6-13 霍尔信号发生器

a) 霍尔信号发生器的组成　b) 叶片在气隙内　c) 叶片不在气隙内

成块中没有磁场通过，不会产生霍尔电压；当触发叶轮转到其缺口对着装有霍尔集成块的地方时（叶片不在气隙内），永久磁铁所产生的磁场，在导板的引导下，垂直穿过通电的霍尔集成块，于是在霍尔集成块的横向侧面产生一个霍尔电压 U_H，但这个霍尔电压 U_H 是 mA 级，信号很微弱，还需要进行信号处理，这一任务由集成电路完成。这样霍尔元件产生的霍尔电压 U_H 信号，经过放大、脉冲整形，最后以整齐的矩形脉冲（方波）信号 U_g 输出，如图 6-14 所示。

（3）点火控制电路分析　Motronic1.5.4 电脑点火部分电路原理图如图 6-15 所示，其工作原理如下：来自电脑插脚 PIN49、PIN48 的霍尔信号送至 30311 的 3 脚，信号经 30311 整形并驱动后由 30311 的 1 脚输出送至 CPU B58468 的 36 脚，B58468 根据此信号来判断准确的点火时刻，由 62 脚输出点火驱动信号到

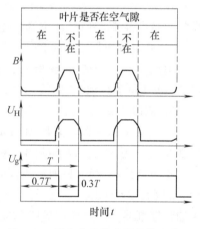

图 6-14 霍尔信号发生器的输出信号

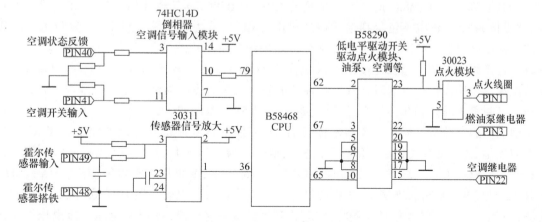

图 6-15 电脑点火部分电路原理图

B58290 的 2 脚，低电平驱动开关集成电路 B58290 是 BOSCH 公司委托 Infineon 公司生产的智能型 6 通道低电平驱动开关，其中第 5、6 通道驱动电流可以达到 0.5A，并具有电源限制能力；第 1～4 通道驱动电流为 50mA，能自动检测负载短路；所有输出端都具有钳位保护二极管，B58290 的引脚功能定义如图 6-16 所示。

B58290 进一步增加电流驱动能力，同时将信号倒相后，由 B58290 的 23 输出到点火模块 30023（点火线圈驱动晶体管）的 1 脚；30023 的 3 脚通过插脚 PIN1 控制外部的点火线圈来进行点火。

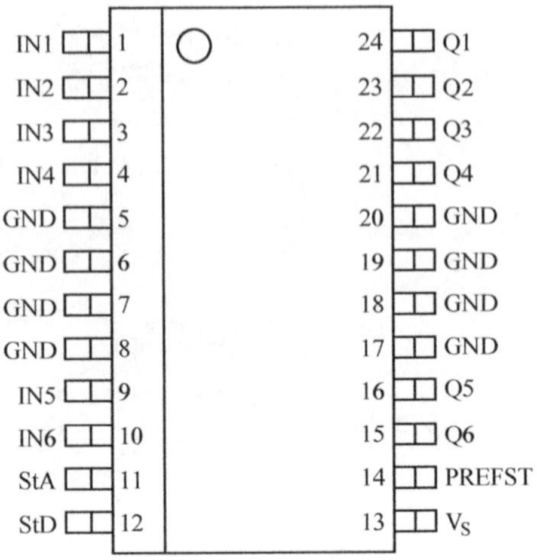

3. 空调继电器控制电路

电路原理：如图 6-15 所示，打开空调开关后，由 PIN41 送来高电平信号至 74HC14D 的 11 脚，倒相后从 10 输出至 B58468 的 79 脚。B58468 收到空调开关信号后由 65 脚输出高电平信号加到 B58290 的 10 脚，由 B58290 的 15 脚输出低电压驱动信号使空调继电器吸合。

图 6-16 B58290 的引脚功能定义

4. 油泵继电器控制电路

电路原理：如图 6-15 所示，打开点火开关后，B58468 的 67 脚输出低电平驱动信号，经 B58290 驱动后由 22 脚输出至 PIN3 使油泵吸合。

5. 故障实例

一辆桑塔纳轿车，采用 Motronic1.5.4 燃油喷射系统，控制单元号为 330 907 311A，故障现象为无法起动，没有喷油和高压电。

拆下该控制单元（ECU），对其进行模拟测试以判断故障。将控制单元供电，即 ECU 的 18 脚、27 脚、37 脚供 12V 电压，2 脚接搭铁。连接工作器件，将 1 脚（原接点火线圈）、3 脚（原接油泵继电器）、16 脚、17 脚、34 脚、35 脚（原接四个喷油器）分别串联 330Ω 电阻接至发光二极管负极端，发光二极管的正极端接 12V 电压，用来模拟测试喷油、点火、油泵是否工作。

开始供电后，代表油泵的发光二极管点亮了几秒，随即熄灭。这表明我们的接线无误，ECU 的核心部件 CPU（Motronic1.5.4 系统的 CPU 为 B58468）已经开始工作，CPU 的供电正常（这里指的 CPU 供电不包含其他元件的供电，ECU 内分为几路单独供电），复位电路工作正常，程序存储器（M27C512）工作正常等。如果油泵没工作或工作不停，一定要马上断电，重新检查接线，以防止错误连接，确认无误后再继续检测。将 ECU 49 脚提供一方波信号，以模拟霍尔传感器信号。这时，代表喷油器的发光二极管点亮喷油、点火信号均以固定频率闪亮。又测量 12 脚（霍尔传感器的供电）的电压是 5V，没问题。怎么会不着车呢？到底是什么原因呢？通过分析，模拟一个霍尔传感器 5V 方波的信号能得到正确的喷油、点火信号，原因应该是 ECU 没有收到霍尔传感器的输入信号。检测霍尔传感器，无故障；影响信号的只有霍尔传感器的供电脚了，12 脚即为 ECU 为外部提供 5V 电压，霍尔传感器、MAP、TPS 都属 12 脚的供电范畴，难道是 12 脚的供电电流不够？为了验证，将 12 脚接一发光二极管，再测量其电压，5V 竟变为 1V 不到。问题找到了！就是这个虚假的 5V 电压，该电压根本无法驱动外围传感器。

ECU 的 5V 电源是由 BOSCH 公司的 30358 芯片提供,如图 6-17 所示。其 3 脚为 ECU 给外部传感器提供 5V 电压,应加负载后进行测试,15 脚为 CPU 供电,测量电压应为 5V;13、14 脚为 ECU 内部其他器件供电,电压应为 5V;10 脚由 ECU 端子 18 脚供电,测量应为 12V 电压;12 脚由 ECU 端子 27 脚提供信号,也应有 12V 电压。当发现电压有异常时,按照连接进行排查就可以了,但要注意千万不要忽略了短路所造成的影响。更换 30358 后故障排除。

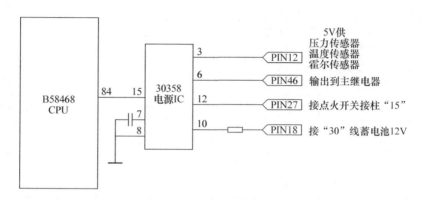

图 6-17　Motronic1.5.4 电脑电源部分电路图

6.3　汽车电脑数据综合处理与检修

6.3.1　电脑芯片的识别

1. 电脑芯片引脚顺序的识别方法

芯片有缺口时,缺口向上摆放,左上第一个引脚为 1 脚,逆时针数引脚依次为 1、2、3、4、5、6、7、8。AT24C01/02/04/08/16 管脚配置图如图 6-18 所示,AT93C46/56/57/66 管脚配置图如图 6-19 所示。

芯片若无缺口但有"·"点标识的,点向上摆放,靠近"·"点的引脚为 1 脚,其他引脚的识别方法同上;芯片若只有文字而无缺口或"·"点的,按图 6-20 所示摆放,从文字正面看左下第一个引脚为 1 脚,其他引脚的识别方法同上。

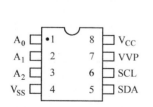 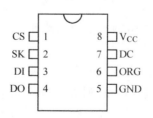 

图 6-18　EEPROM 芯片 24 系列　　图 6-19　EEPROM 芯片 93 系列　　图 6-20　EEPROM 芯片 93C56 外形

2. 汽车芯片端子说明

汽车芯片主要是储存汽车电脑中的一些常用数据,例如,在仪表芯片中存储里程表的里程数据,在音响芯片中存储音响的密码,在防盗系统芯片中存储防盗登录密码,在安全气囊电脑芯片中存储安全气囊碰撞数据。具体说明见表6-2。

表6-2 汽车芯片端子说明表

AT24C01A/02/04/08/16型音响防盗芯片		AT93C46/56/57/66型防盗芯片	
管脚名称	用途	管脚名称	用途
A0	地址输入	CS	片选信号
A1	地址输入	SK	串行数据时钟
A2	地址输入	DI	串行数据输入
GND	接地	DO	串行数据输出
SAD	串行数据输入	GND	接地
SCL	串行时钟输入	ORG	内部功能信号
V/P	写保护	DC	没有连接
VCC	电源供给	VCC	电源供给
NC	没有连接		

3. 常用 EEPROM 数据特殊芯片的识别

识别标准与非标准的 93C46、93LC46、LC46。

1) 标准芯片 93 系列封装引脚排列如图 6-21 所示,该芯片在电路板上的特点是第 5 脚接地(也称搭铁),第 7 脚悬空或 6、7、8 脚连接在一起。

2) 非标准芯片 93 系列封装引脚排列如图 6-22 所示,该芯片在电路板上的特点是第 7 脚接地(也称搭铁),第 1 脚悬空或 1、2 脚连接在一起。

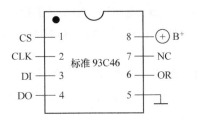

图 6-21 标准芯片 93 系列

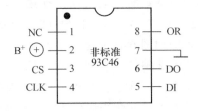

图 6-22 非标准芯片 93 系列

3) 14 脚 93CS56 与 8 脚 93C56 引脚对应图如图 6-23 所示。

4. 汽车电脑常用存储器的分类

(1) 8~16 引脚存储器 按封装分有直插型、贴片型;按数据系列分有 24xxxx 系列、25xxxx 系列、31xxxx 系列、35xxxx 系列、59xxxx 系列、68xxxx 系列、85xxxx 系列、89xxx 系列、93xxx 系列、95xxx 系列、97xxx 系列、Bxxxxx 系列、Cxxxxxx 系列、Dxxxx 系列、PDHxxxx 系列、S~STxxxxx 系列、Xxxxxxxxx 系列、非标准 93Cxxx 系列等,汽车常用各系列 EEPROM 芯片型号(直插型、贴片型)见表 6-3。

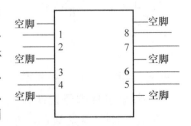

图 6-23 14 脚 93CS56

表 6-3　8~16 引脚 EEPROM 芯片型号表

24C01	25010	68343	93CS56	93LC56	95P08	PDH001
24C01A	25020	85C72	93CS66	93LC66	97101	PDH004
24C02	25040	85C82	93LC46	93LC86	B58(BOSCH)	S130
24C02A	25043	85C92	93LC56	95010	B58252	S220
24C04	25045	89102	93LC66	95020	B59	ST14771
24C08	25080	93C06	93LC86	95040	BAW574252	ST9722
24C128	25160	93C14	95010	95080	C46M6	X25043
24C16	25170	93C46	95020	95128	C66M6	X5043
24C17	25320	93C56	95040	95160	CXK1011P	X5045
24C256	25640	93C66	95080	95320	D6253	XICOR 9640
24C32	3132	93C76	95128	95P01	D6254	非标准 93C46
24C44	35080	93C86	93CS66	95P02	DY6N	
24C64	59C11	93CS46	93LC46	95P04		

（2）20~54 引脚存储器　主要用于 Boot loader 程序存储，包括 ATxxxxx 系列（含单片机 ATMEGA8L 系列）、AVPxxxx 系列、PICxxxx 系列、ImBusxxxx 系列、MCxxxxx 系列、AMxxxx 系列等。例如别克发动机电脑 Boot loader 程序芯片有 AB28f400 AM29f400 都是 44 脚封装。

（3）CPU 四方形存储器　EEPROM 内置在 CPU 里，数据安全级别很高，主要应用在中高档汽车电脑上，各系列型号见表 6-4。

表 6-4　四方形内置 EEPROM CPU 芯片型号表

A 系列	B6　H12　V12　E6	E 系列	973　949　828
B 系列	0　60　60A　32　32A	F 系列	9S12DG128B　9S12DG256C　912C128　912G128
C 系列	E9　KA　EA9　PH8　P2　F1		912DC128A　912DG128A　912D60　E60(Flash)
D 系列	D60　B32　G128　S128　S256　S64　H128		E65(Flash)

6.3.2　汽车电脑的检修过程

下面以发动机电脑控制的喷油器电路为例，简要说明检修发动机电脑的过程。

（1）喷油器电源电路　喷油器电路分为电源电路和发动机电脑控制电路两部分。喷油器的电源大都由燃油喷射继电器提供，即点火开关打开后，燃油喷射继电器动作，蓄电池电压到达喷油器，此时等待发动机电脑的控制信号，以配合发动机所需的工作。

（2）发动机电脑控制电路　发动机电脑依据负载、转速以及各种修正信号进行运算，由输出电路输出喷油器脉冲信号，并由驱动电路放大电压信号，再接到 NPN 功率晶体管的基极（b），使晶体管执行脉冲频率的开关动作，即完成喷油器电磁线圈的通电与断开的动作。

（3）喷油器电路故障分析　执行喷油器开关动作的控制电路，是由晶体管控制喷油器线圈的搭铁回路，晶体管的集电极 c 连接喷油器，发射极 e 搭铁。如果 c 极和 e 极短路，就会出现打开点火开关后，喷油器始终喷油的故障；如果 c 极断路，就会使喷油器无法完成搭铁回路，导致喷油器不喷油。另外，与晶体管 c 极并联的保护二极管如果短路，也会出现喷油器一直喷油的现象。

（4）喷油器电路检测方法 可以使用数字万用表、示波器或 LED 测试灯等工具，严禁带电插拔线束插头，或使用指针式万用表或大功率测试灯，以免引起瞬间大电流造成发动机电脑内部晶体管损坏。将 LED 测试灯连接在喷油器插头两个插孔中，打开点火开关。如果 LED 灯一直点亮，表示晶体管 c 极和 e 极短路；如果 LED 灯不亮，起动发动机，如果 LED 灯仍不亮，表示晶体管 c 极和 e 极断路。

6.3.3　玛瑞利单点电脑逻辑电路的检修

在逻辑电路中数据总线是公用的，这样使很多器件交连在一起，检修工作相对比较复杂，需根据具体情况作出不同的判断，检修思路一定要清晰，尽量作出准确的判断，否则不但会造成时间上的浪费，还有可能会造成器件的人为损坏。

（1）时钟信号 时钟信号是逻辑电路同步的基础，没有时钟信号，逻辑电路就会瘫痪。电脑板通电后，在 CPU 的 6、7 脚用示波器测量应有如图 6-24 所示的正弦波信号，如果没有波形说明时钟电路工作异常，测量 CPU 的 6、7 脚应有 3V 左右的电压，如果没有电压，说明 CPU 内部时钟电路损坏，应更换 CPU；如有电压，请更换 12MHz 晶振、电容、电阻等元器件。

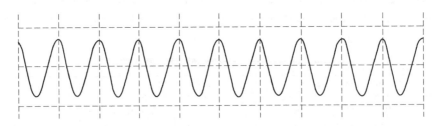

图 6-24　时钟信号波形

（2）复位信号 复位信号是逻辑电路的启动指令，由 L9170 产生，接通电源通电后在 8 脚产生一定时间的低电平延迟信号，然后跳到高电平，用示波器 SCAN 档在通电瞬间测量 8 脚应能看到明显的低电平延迟及跳变过程，如果没有说明 L9170 内部复位电路损坏，更换 L9170。

（3）数据及地址信号测量 在 CPU 的数据及地址线上应能测到如图 6-25 所示的波形。

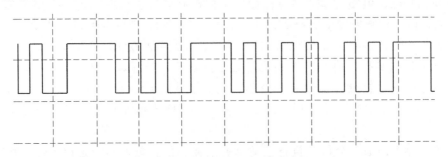

图 6-25　数据波形

如果测不到正常的地址信号,可先将 M27C512 从插座上拔下,再进行测量;这样可以区分是 M27C512 故障还是 CPU 故障;如果是数据信号不正常(影响数据信号的因素有 74HC244、74HC273、CPU 及 M27C512)可采用上面的方法首先排除 M27C512 故障的可能,然后判断 74HC273。

判断方法如下:将其 MR 脚挑起后接地,测量 Q0~Q7 应为低电平,否则更换。然后挑起 CP 脚,同时将 D0~D7 用 10kΩ 电阻接到 +5V 电源上,用另一个 10kΩ 电阻一端接 +5V,另一端接 CP 脚(相当于给 CP 脚一个上升沿),此时测量 Q0~Q7 应为高电位,否则更换 74HC273。用类似的方法可检查 74HC244 是否损坏,如果排除了 M27C512、74HC273、74HC244 的故障可能,请更换 CPU。

6.3.4 电脑芯片的参数测量对比法

在上面介绍了示波器检测电脑的方法,当没有示波器时也可以利用万用表的功能进行电脑的维修工作。外加一台汽车专用多路可调稳压电源。

电脑芯片的参数测量包括电压的测量、电阻的测量、频率的测量。维修时把电脑插脚只接电源,其他各脚在没有任何连接的情况下,通过对故障电脑中的主要电路、集成块、晶体管等各脚测量出来的电压值、电阻值与正常汽车电脑对应芯片各脚的电压值、电阻值进行对比,能很快地确定故障部位。

下面以帕萨特四缸机发动机电脑,型号 037、906、258AD 为例。该电脑为博世公司生产的 68 针插脚电脑板,如图 6-26 所示。首先用汽车专用可调电源或蓄电池按图 6-27 所示的标号,1 号脚接搭铁,23 号脚接正电极。把主电源调到 12V/5A,然后用数字万用表参照下表给出的数据对照测量,当测量某芯片的某脚电压相差明显时,查明原因分析判断是否是故障点所在。

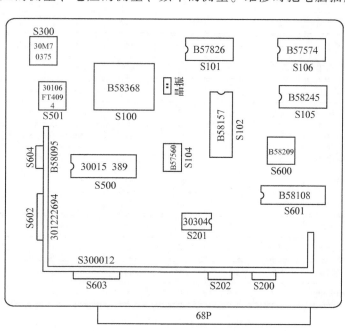

图 6-26 68 脚电脑芯片位置示意图

注意事项:在测量电脑内部电子元件时,必须戴防静电手带。在电压测试的过程中由于很多集成电路为贴片元件,引脚之间很近,特别注意不能用表笔在两脚之间短路。

(1) 帕萨特四缸机发动机电脑各芯片位置、型号数据的测量

1) S100 B58368 主处理器 84 脚电压参考见表 6-5。

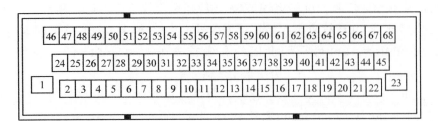

图 6-27 电脑插脚示意图

表 6-5 S100 B58368 主处理器 84 脚电压参考表　　　　　　　　　（单位：V）

管脚	1	2	3	4	5	6	7	8	9	10
电压值	0.3	0.3	0.3	4.82	0.3	0	0	0.5	5	5
管脚	11	12	13	14	15	16	17	18	19	20
电压值	5	0	0.12	0	1.9	4	5	4.6	4.6	3.6
管脚	21	22	23	24	25	26	27	28	29	30
电压值	5	5	5	0.12	0.25	0	5	5	5	0.9
管脚	31	32	33	34	35	36	37	38	39	40
电压值	3.6	5	1.3	0.3	0	5	0	5	2.5	2.6
管脚	41	42	43	44	45	46	47	48	49	50
电压值	3.6	3.6	2	2.8	2.8	1.1	1.1	1.2	2.7	1.7
管脚	51	52	53	54	55	56	57	58	59	60
电压值	0	2.6	2.6	1.8	1.7	2.6	2.5	2.7	2.8	0
管脚	61	62	63	64	65	66	67	68	69	70
电压值	5	0	0	5	5	5	5	5	0	0
管脚	71	72	73	74	75	76	77	78	79	80
电压值	5	5	0	0	0	0	0	0	5	0
管脚	81	82	83	84						
电压值	0.5	5	0	5						

2）S101 B57826 芯片 28 脚电压参考见表 6-6。

表 6-6 S101 B57826 芯片 28 脚电压参考表　　　　　　　　　（单位：V）

管脚	1	2	3	4	5	6	7	8	9	10
电压值	0	2.8	3.3	2.9	3	3	2.2	2.3	2.6	2.8
管脚	11	12	13	14	15	16	17	18	19	20
电压值	2.6	2.6	1.8	0	1.7	2.6	2.5	2.7	2.8	1.2
管脚	21	22	23	24	25	26	27	28		
电压值	1.9	5	2.8	3.7	3.7	5	5	4.9		

（2）68 针电脑各插脚与电脑地线搭铁之间电阻值的测量

1）电脑各插脚与电脑地线（黑笔）搭铁之间的电阻值，测量参照值见表 6-7。

表 6-7　插脚与电脑地线（黑笔）搭铁之间的电阻值参考表　　　　（单位：kΩ）

管脚	1	2	3	4	5	6	7	8	9	10
电阻值	0	31	31	31	114	∞	10	∞	∞	10
管脚	11	12	13	14	15	16	17	18	19	20
电阻值	42	14.5	∞	3	10.4	0	10	13	∞	51
管脚	21	22	23	24	25	26	27	28	29	30
电阻值	54	7.2	18.5	31	31	31	88.5	∞	∞	15
管脚	31	32	33	34	35	36	37	38	39	40
电阻值	30	∞	0	∞	4	3	∞	103	52	168
管脚	41	42	43	44	45	46	47	48	49	50
电阻值	∞	0	104	10.4	∞	∞	∞	4.2	∞	∞
管脚	51	52	53	54	55	56	57	58	59	60
电阻值	4.2	∞	15	∞	0	0	∞	1.4	∞	∞
管脚	61	62	63	64	65	66	67	68		
电阻值	∞	∞	∞	∞	∞	∞	65	0		

2）电脑各插脚与电脑地线（红笔）搭铁之间的电阻值，测量参照值见表 6-8。

表 6-8　插脚与电脑地线（红笔）搭铁之间的电阻值参考表　　　　（单位：kΩ）

管脚	1	2	3	4	5	6	7	8	9	10
电阻值	0	31	31	31	∞	∞	10.4	132	∞	10.4
管脚	11	12	13	14	15	16	17	18	19	20
电阻值	4.6	14.5	∞	3	10.4	0	10	13.6	∞	51.6
管脚	21	22	23	24	25	26	27	28	29	30
电阻值	55	6.4	16	31	31	31	112	169	∞	15
管脚	31	32	33	34	35	36	37	38	39	40
电阻值	30	∞	0	∞	4.3	3	∞	101	52	170
管脚	41	42	43	44	45	46	47	48	49	50
电阻值	∞	0	104	10	∞	∞	∞	4.6	∞	∞
管脚	51	52	53	54	55	56	57	58	59	60
电阻值	4.6	134	15	∞	0	0	∞	1.4	∞	134
管脚	61	62	63	64	65	66	67	68		
电阻值	∞	∞	∞	∞	101	∞	66	0		

（3）68针电脑各插脚与电脑地线搭铁之间的空载电压值的测量　测量参照值见表6-9。

表6-9　插脚与电脑地线搭铁之间的空载电压值参考表　　　　（单位：V）

管脚	1	2	3	4	5	6	7	8	9	10
电压值	0	—	—	—	0.3	0.2	5	0	0	5
管脚	11	12	13	14	15	16	17	18	19	20
电压值	10.7	0	0	4.7	5	0	0	11.2	4.2	0.6
管脚	21	22	23	24	25	26	27	28	29	30
电压值	8.7	0.11	12	0	0	0	3.2	0	0	0
管脚	31	32	33	34	35	36	37	38	39	40
电压值	0	0	0	0	11.4	4.7	0	12	0	4.1
管脚	41	42	43	44	45	46	47	48	49	50
电压值	4.2	0.17	11.5	5	0	0	0	11.7	0	0
管脚	51	52	53	54	55	56	57	58	59	60
电压值	0.38	0	0	0	0	0	0	5	0	0
管脚	61	62	63	64	65	66	67	68		
电压值	0	0	0	0	5	0	4.7	0		

通过以上几种数据测量的对比，基本上能准确地找到电脑故障的发生点，只是该方法工作量很大、繁琐，要求理论知识和动手能力功底踏实，还需要灵活的头脑及很强的分析能力，才不会在维修当中扩大故障，烧毁电脑。

6.3.5　汽车电脑软件数据的检修过程

汽车电脑的软件数据检修是对其数据进行的读出、显示、保存及改写，主要适用汽车仪表、发动机电脑、AT自动变速器电脑、气囊电脑等常用数据的调校及故障分析处理、电脑程序匹配、音响解码、清除保养灯、清除安全气囊（SRS）故障指示灯。可快速、准确解决修车中遇到的技术难题。

在通过以上检测，硬件部分的信号输入电路和输出电路正常时，即通过数据及地址信号测量这个步骤，怀疑是Boot程序芯片和EEPROM芯片（含CPU内的EEPROM）的数据不正常，可以通过编程器提取Boot程序芯片和EEPROM芯片（含CPU内的EEPROM）的数据对比正常的数据进行修改、替换和测试。

1. 数据提取常用的几种接线方法

（1）EEPROM摘取法　根据维修的需要，直接把EEPROM程序芯片或CPU摘取下来，安装在专用的适配器上，进行数据的读出、显示、保存、改写或替换，如图6-28、图6-29所示。

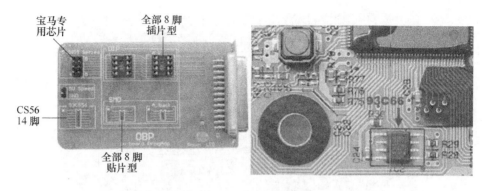

图 6-28　EEPROM 摘取法

图 6-29　芯片适配器

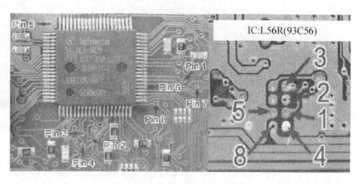

该种方法需要维修人员操作技能高，焊接工艺水平精湛，缺点是易伤坏电脑的附属件，如仪表指针、芯片脚电路板等。

（2）免拆连线法　根据维修的需要，直接把 EEPROM 程序芯片或 CPU 的与适配器对应的各功能脚用导线连接起来，进行数据的读出、显示、保存、改写或替换，如图 6-30、图 6-31、图 6-32 和图 6-33 所示。

图 6-30　EEPROM 免拆连线法

图 6-31　CPU 免拆连线法

195

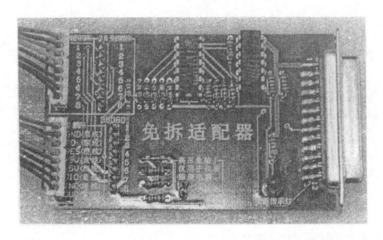

图 6-32 免拆适配器

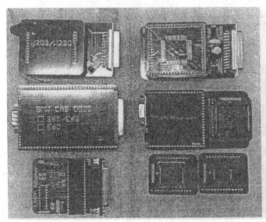 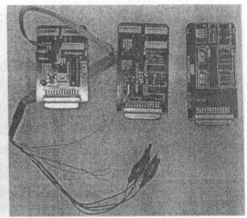

图 6-33 拆卸 CPU 连接适配器和常用免拆适配器

该种方法需要维修人员操作技能高，焊接工艺水平精湛，基础知识功底厚，分析采点准确熟练，缺点是采点不准确易伤坏电脑。仪表免拆调校的接线方法见表 6-10。

表 6-10 仪表免拆调校的接线方法

适配器名	序号	线名和线色	93CXX	250XX	24CXX	CPU
数码大师	1	黑色	CS	CS		GND
	2	棕色	CLK	DO		TO
	3	橙色	DI	ORG/VCC		RES
	4	黄色	DO	VSS/UN		+9V
	5	红色（白色）	VSS/UN	DI		+5V
	6	蓝色	ORG/VCC	CLK		DIO
	7	绿色	UN/VSS	ORG/VCC		IND
	8	紫色	VCC/ORG	ORG/VCC		OUD

（续）

适配器名	序号	线名和线色	93CXX	250XX	24CXX	CPU
UPA	1	棕色信号一	NC	NC	NC	
	2	红色12V电源输入				
	3	橙色5V电源输出/VCC	8/VCC	8/VCC	8/VCC	
	4	黄色信号二	NC	NC	NC	
	5	绿色信号三/CS	1/CS	1/CS	NC	
	6	蓝色信号四/DI/SI/SDA	3/DI	5/SI	5/SDA	
	7	紫色信号五/CK/SCK/SCL	2/CK	6/SCK	6/SCL	
	8	灰色GND/	5/GND	4/GND	4/GND	
	9	白色信号六/DO/SO/	4/DO	2/SO	NC	
	10	黑色GND				

注：1. NC表示不连接。
2. 在做免拆读写时一定要注意不要把线接错。
3. UPA一定要把晶体管的一脚焊开。
4. 在读写93CXX系列时一定要注意芯片6脚是和8脚连接还是和5脚连接，如6脚和8脚连接用16位来读写，如6脚和5脚连接用8位来读写。

（3）通信K线连接法　该种方法需要维修人员对汽车电路和电脑外围电路比较了解，操作简便，对电脑及附属件无伤坏。但需要仪器功能强大（具备原厂仪器的编程升级功能），适应的车型不广，数据源有限，如图6-34所示。

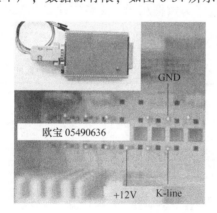
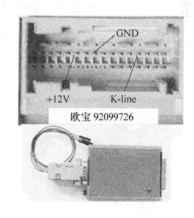

图6-34　K线连接法

2. 数据提取中的注意事项

在对汽车电脑数据维修处理前应了解该车型，并记录汽车电脑相关信息，如电脑版本、软件号、CODING号、里程、油量等信息；正确操作电脑的拆装程序，电脑解体操作前做好防静电准备；芯片操作要防止温度过高烧坏；芯片安装连接确认准确无误后才进行数据读写操作；编程器在读写操作时应禁止掉电、掉线；养成在第一时间保存电脑或芯片的原始数据（图6-35），然后再进行数据修改，保证数据的正确性，错误的数据修改会导致电脑工作不正常，严重的则烧坏电脑及附件。在读写 93CXX 系列时一定要注意芯片 6 脚是和 8 脚连接还是和 5 脚连接，如 6 脚和 8 脚连接用 16 位来读写，如 6 脚和 5 脚连接用 8 位来读写。

图 6-35　保存电脑或芯片的原始数据

3. 数据对比或替换

在进行数据修改前应将从电脑中调取的数据和正常数据进行对比分析，判断出故障的所在地址，再做修改，如图 6-36 所示。其中灰色区为数据相同，黑色字体区为数据不相同区，

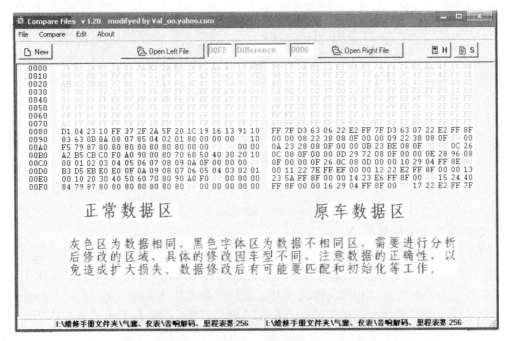

图 6-36　正常数据与维修电脑数据对比

需要进行分析后修改的区域,具体的修改因车型不同,注意数据的正确性,以免造成扩大损失。数据修改后有可能要匹配和初始化等工作,如发动机电脑、AT自动变速器电脑、气囊电脑、仪表电脑、车身电脑(BCM)等维修。但在做里程数据修改、音响密码读取时不需要匹配和初始化工作。

4. 数据及地址信号测量确定

在数据修改后,继续利用示波器的示波功能测量,采用数据及地址信号测量确定的方法来验证电脑是否恢复正常,方法同上节。

5. 汽车电脑的软件数据检修后的在车检测步骤

(1) 汽车检测仪的在车故障检查　维修好的汽车电脑安装好后,安装好汽车检测仪,起动发动机或打开点火钥匙对维修后的电脑进行故障码的读取、故障码的清除、动态数据数据流的分析,参照汽车原厂标准数据进行分析,确认汽车故障是否真正排除。

(2) 汽车电脑的初始化、同步、匹配　当维修的是发动机电脑、AT自动变速器电脑、气囊电脑、仪表电脑、车身电脑(BCM)之一时,由于修改的数据当中包含车辆信息存储值,如系统初始化数据、运行状态数据、钥匙信息数据、匹配数据、VIN码和程序软件信息数据、配置信息数据等,当与原车车辆信息存储值不一样就必须进行恢复一致,此时利用维修仪器给汽车进行初始化、同步、匹配等工作,汽车才能正常运行。

(3) 路试和动态数据流分析　通过路试和动态数据流的分析更进一步论证电脑是否完全恢复原有的功能。

[项目实践]

玛瑞利单点喷射系统的ECU(图6-37)所用的CPU(单片机)为MOTOROLA(摩托罗拉)公司生产的MC68HC11F1,管脚定义如图6-38所示,在片内含有512B的EEPROM (Electrically Erasable Programmable ROM 电可擦除可编程存储器),其存储的内容为喷油、点火等所需要的数据,如果数据错误就会导致ECU工作不正常,而更换新的CPU则必须进行EEPROM编程才能正常使用(CPU内的程序分为两部分,除EEPROM外还有EPROM,EPROM则需专用开发设备进行编程)。

1. MOTOROLA编程器与CPU的硬件连接

图6-37　玛瑞利单点电脑实物图

MOTOROLA编程器是一种体积比较小巧的便携式编程器,市面上常用的工具为摩托罗拉UPA,它支持多种CPU内部存储器的烧写,对MOTOROLA CPU更是强项。它采用串行通信方式进行编程,只需连接几根导线就可以进行编程。无需将CPU从线路板上取下,比较适合维修的二次编程,完全杜绝了CPU焊下焊上所带来的风险,缩短了操作时间。

首先让我们进行硬件连接(图 6-39),图 6-40 为 MOTOROLA 的编程接口,其中 2 脚为 RXD(数据接收),3 脚为 TXD(数据发送),5 脚为 GND(接地),7 脚为 RST(复位),9 脚为 5V 电源。另一端的接口与 PC 机的 COM 口连接,用来完成编程器与 PC 机进行数据通信与控制,电源接口输入 DC9~12V。传统的连接方法是用编程器编程接口的 9 脚接 CPU 的 34 脚给 CPU 进行供电,2 脚接 CPU 的 29 脚,3 脚接 CPU 的 28 脚,7 脚接 CPU 的 17 脚,将 CPU 的 1、2、3 脚短接(使 CPU 处于自举模式),但却必须将 CPU 的 28 脚和 29 脚的线路连接割断或将 L9101 取下,否则将不能编程,这是因为 L9101 为得到供电,导致与其相连的 CPU 28、29 脚的电压被下拉到地,最终编程失

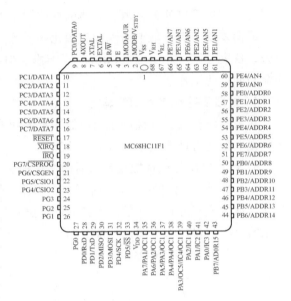

图 6-38　68 引脚 PLCC 封装引脚图

图 6-39　编程 MC68HC11F1 的接线图

败。另一种方法如下:编程器编程接口的 2 脚接 CPU 的 29 脚,3 脚接 CPU 的 28 脚,7 脚接 CPU 的 17 脚。将 CPU 的 1、2、3 脚短接(以上操作与传统接法相同,下面为改动之处),将 ECU 接口(与外部线束的接口)的 26 脚供 12V 电源,2 脚接地(应使 MOTOROLA 编程器的供电电源与 ECU 的供电电源共地)即可完成硬件的连接。经过实验,用此种连接方法可在不割线路板,不取下 L9101 的情况下顺利读写 CPU 内的程序,没有任何的负面影响。

2. MOTOROLA 编程器的软件操作

运行 MOTOROLA 编程器后,点击 File-New。此时出现 New File 对话框,点击 Hex Editor Programmer,出现一个文件名为 Untitled 1 的数据缓冲区框,再点击 All Devices 右侧的下拉

箭头，选择 Motorola MCU，在 select a mcu device 栏中选择 MC 68HC11F1/16MHz。我们可以看到 MC68HC11F1 有三种，分别为 4MHz、8MHz、16MHz，它们代表的是晶振的振荡频率。玛瑞利 ECU 采用的就是 16MHz 的晶振，所以我们选择 MC68HC11F1/16MHz；此时界面图中有五个按键。分别为 Read（读）、Program（编程）、Verify（校验）、Blank-check（空白检查）、Test connection（测试连接）。

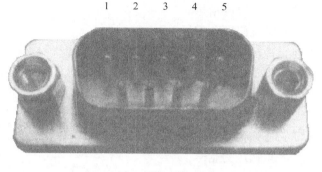

图 6-40 MOTOROLA 的编程接口

我们首先要进行测试连接，点击 Test connection 按键，此时在弹出对话框的状态栏框显示 Connecting…，如果连接成功则显示 Connecting success。对话框自动消失，可以进行后面的操作，如果对话框无响应，则表明连接有问题，需要检查连接。

连接成功后，可以点击 Read 按键，进行读取数据操作，此时我们需要注意一下 Read 按键上方的两个单选框 EPROM 和 All Memory，两者只可选其一，前者只读取 EEPROM 内的数据而后者则读取包括 EPROM 和 EEPROM 在内的所有数据。数据读出后，可以进行保存。步骤是点击 File→Save（保存）或 Save As（另存为），在选择路径和为文件命名后点击保存即可。

要对 EPROM 进行编程，必须先将数据导入缓冲区，可以是读出的数据，按照需要直接进行修改，也可以从文件导入。从文件导入的步骤：点击 File→Load，选择路径和文件，最后点击 Program 按键。

[项目拓展]

M7-Motronic 发动机控制单元电路板认知

1. M7-Motronic 发动机管理系统

发动机管理系统通常主要由传感器、微处理器（ECU）、执行器三个部分组成，对发动机工作时的吸入空气量、喷油量和点火提前角进行控制。基本结构如图 6-41 所示。

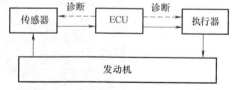

图 6-41 发动机电控系统的组成

在发动机电控系统中，传感器作为输入部分，用于测量各种物理信号（温度、压力等），并将其转化为相应的电信号；ECU 的作用是接受传感器的输入信号，并按设定的程序进行计算处理，产生相应的控制信号输出到功率驱动电路，功率驱动电路通过驱动各个执行器执行不同的动作，使发动机按照既定的控制策略进行运转；同时 ECU 的故障诊断系统对系统中各部件或控制功能进行监控，一旦探测到故障并确认后，则存储故障码，调用"跛行回家"功能，当探测到故障被消除，则正常值恢复使用。

2. M7-Motronic 发动机管理系统输入/输出信号

M7 系统中 ECU 的主要传感器输入信号包括：

1) 进气压力信号。

2）进气温度信号。
3）节气门转角信号。
4）冷却液温度信号。
5）发动机转速信号。
6）相位信号。
7）氧传感器信号。
8）车速信号。
9）空调压力信号。

以上信息进入 ECU 后经处理产生所需的执行器控制信号，这些信号在输出驱动电路中被放大，并传输到各对应执行器中，这些控制信号包括：

1）怠速调节器开度。
2）喷油正时和喷油持续时间。
3）油泵继电器。
4）碳罐控制阀开度。
5）点火线圈闭合角和点火提前角。
6）空调压缩机继电器。
7）冷却风扇继电器。

3. M7-Motronic 发动机控制单元电路板认知

M7-Motronic 发动机控制单元电路板如图 6-42 所示。

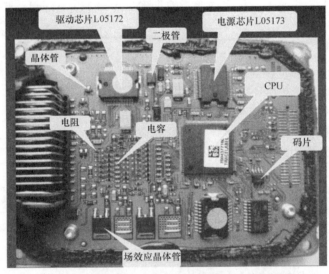

图 6-42　M7-Motronic 发动机控制单元电路板组成

M7-Motronic 发动机控制单元电路板包括贴片电阻、贴片电容、贴片电感、贴片二极管、贴片晶体管和贴片集成电路；其中电源芯片 L05173 负责将 12V 变为 5V，给 CPU 及外部传感器供电。驱动芯片 L05172 负责喷油器的驱动和怠速执行器步进电动机的驱动，喷油器控制电路如图 6-43 所示，每个喷油器共有两个针脚。其中，在壳体一侧用正号标识的接主继电器输出端的 87 号针脚；另一个分别接 ECU 的 50、63、49、64 号针脚。怠速执行器步进电机电路如图 6-44 所示，针脚 A 接 ECU 22 号针脚，针脚 B 接 ECU 21 号针脚，针脚 C 接 ECU 35 号针脚，针脚 D 接 ECU 36 号针脚。

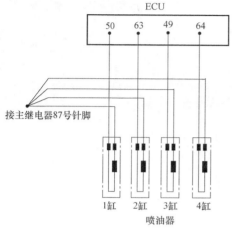

图 6-43　电磁喷油器电路图

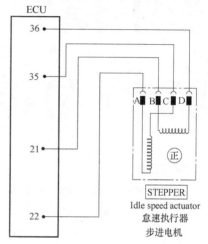

图 6-44　急速执行器步进电机电路图

小　　结

汽车电脑是按照预定程序自动地对各种传感器的输入信号进行处理，然后输出信号给执行器，从而控制汽车运行的电子设备。本章介绍了汽车电脑原理、单片机在汽车上的应用和汽车电脑的检修；还对汽车电脑硬件检测项目及方法作了详细的介绍，并介绍了电脑软件数据存储的处理、恢复方法。从而加强学生对汽车电脑的深入认识和熟练应用。

本单元从汽车单片机片内存储器的读写项目入手，介绍了汽车单片机片内存储器读写的概念、功能及使用。

习　　题

1. 汽车电脑如何分类？
2. 汽车电脑的构成与工作过程是怎样的？
3. 汽车电脑输入信号的处理方法有哪些？
4. Motronic1.5.4 电脑点火电路的原理是怎样的？
5. 汽车电脑的硬件检修步骤与方法是怎样的？
6. 汽车电脑的软件数据检修步骤与方法是怎样的？
7. M7-Motronic 发动机控制单元电路板的结构与特点如何？

学习情境7
汽车CAN总线系统智能节点的设计

学习目标：

通过本次项目的完成，你应能够：

1. 描述汽车网络的分类与基本特征。
2. 完成汽车CAN总线系统的检测与维修。
3. 分析汽车CAN控制器与收发器芯片的基本原理与功能。
4. 完成汽车CAN总线系统智能节点的设计。

情境描述：

完成汽车CAN总线系统智能节点的设计。

想一想：

1. 汽车上为何采用车载网络技术？
2. 汽车车载网络包含哪些类型？

7.1 汽车车载网络系统的组成和基本原理

7.1.1 汽车网络技术概述

电子技术的迅速发展并在汽车上的广泛应用使得汽车电子化程度越来越高，特别是微控制器进入汽车领域后，给汽车带来了划时代的变化。同时，汽车电子设备的应用和不断增多也导致了汽车布线越来越复杂，电气设备运行可靠性降低，故障维修难度增大等问题。为了提高信号的利用率，大批数据信息能在不同的电子控制单元中共享，汽车综合控制系统中大量的控制信号能实时交换，人们选择了网络技术。汽车上使用网络，另一个原因是计算机网络在生活中的广泛应用和智能交通系统的应用。

1. 汽车网络技术的发展历史

从1980年起，汽车内就开始安装使用网络。早期的汽车网络中，通用网络标准并未得到广泛的认同和应用，汽车制造商通常利用自己制定的电路和通用异步收发器（UART）设备来实现简单的串行通信。由于没有统一标准，各汽车制造商都有一套独立定义的接口规范和专门的供应商。这样，供应商虽然纵向紧密地与汽车制造商合作，但却缺乏与其他汽车制造商的横向联系，导致生产的同类产品不能兼容互换。

采用标准化网络技术以后，各供应商按照统一的标准生产零部件，提高了同类产品的兼容性和互换性。从而汽车制造商就可以委托任意一家合格的供应商开发符合标准的模块。

国际著名汽车制造商和零部件供应商于1980年就致力于汽车网络技术的研究与应用，迄今为止已经推出多种网络标准，如J1850、VAN、CAN、ABUS等。在各种汽车网络中，CAN以其独特的设计，优异的性能和极高的可靠性得到了最为广泛的应用。尤其在欧洲，Daimler Chrysler、BWM、Volkswagen及Volvo公司等都将CAN作为他们电子系统控制器网络化的手段。美国的制造商也正逐步将他们的汽车网络系统由J1850过渡到CAN。

2. 汽车网络技术的作用

（1）提高控制系统的可靠性　采用网络技术后，解决了汽车内部存在的集中控制与分散控制的矛盾。分散控制是指汽车电子技术发展初期一个部件采用一个单片机进行控制，一旦该系统出现故障，整个系统瘫痪。集中控制分为完全集中控制、分级集中控制和分布集中控制。完全集中控制是指一个单片机控制多个系统。如美国通用公司的电子控制系统，一个单片机控制了发动机点火与爆燃、超速报警、ABS、牵引力控制、自动门锁和防盗系统等。分级集中控制是指一个中央控制单片机控制多个单片机。如日产公司的分级集中控制系统，发动机燃油喷射、点火与爆燃、ABS及数据传输分别采用了一个单片机控制。分布集中控制指分块进行集中控制。如五十铃公司的I-TEC系统，发动机燃油喷射、点火、怠速以及EGR等系统分别进行集中控制。这些控制方式存在一个致命缺点：一旦其中的一个单片机出现故障，整个系统也不能工作。而利用网络技术后，传感器及其他硬件资源、数据信息等可以实现共享，一两个单片机出现故障不会影响系统工作。

（2）网络组成灵活方便　可针对不同需要进行组合，无需对整车进行重新设计。

（3）降低生产成本　可以最大程度实现硬件和软件等资源的共享，节省传感器、线束及连接器，减少工作量。

（4）扩充功能方便　在不增加硬件的条件下，修改软件即可开发新功能、新的子系统。

3. 汽车网络的拓扑结构

汽车网络拓扑结构常见有星形、总线型和环形网络，如图7-1所示。

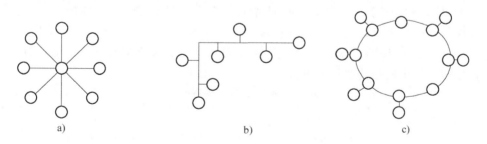

图7-1　网络的拓扑结构
a）星形　b）总线型　c）环形

（1）星形拓扑　星形拓扑中，每个站点通过点—点连接到中央节点，任何两站之间的通信都通过中央节点进行。星形拓扑采用电路交换，一个站点的故障只会影响本站，而不会影响到全网。但是在这种结构中，通信极大地依赖中央节点，对中央节点的可靠性和容量要求很高；另外每个站点都要同中央节点连接，耗费大量电缆。

（2）总线型拓扑　总线型拓扑采用单一信道作为传输介质，所有站点通过相应硬件接口接至这个公共信道（总线）上，任何一个站点发送的信息，所有其他站都能接收。

因此，总线型拓扑称为多点式或广播式。信息也是按组发送，达到各站点后，经过地址识别（滤波），符合的站点将信息复制下来。由于所有节点共享一条公共信道，当多点同时发送信号时，信号会相互碰撞而造成传输失败。这种现象称为冲突。为了避免冲突，每次只能由一个站点发送信号，因此，必须有一种仲裁机制来决定每次由哪个站点使用信道，这是属于数据链路层的任务。总线网中通常采用分布式的控制策略，如CSMA/CD协议就是常用的规范。

总线型拓扑的优点是，所需电缆长度短，布线容易。总线仅仅是一个传输信道，没有任何处理功能，从硬件的角度看，它属于无源器件，工作的可靠性较高，增加和减少站点都很方便。缺点是系统范围受到限制（由于数据速率和传输距离的相互制约关系）。一个站点的故障可能影响整个网络，故障的检测需要在各站点上进行。

（3）环形拓扑 在环形拓扑中，站点和连接站点的点—点链路组成一个闭合环路，每个站点从一条链路上接收数据，然后以同样的速率从另一条链路发送出去。链路大多数是单方向的，即数据沿一个方向在网上环行。

环形拓扑也同总线型拓扑一样，存在冲突问题，必须采用某种控制机制来决定每个站点在什么时候可以将数据送到环上。环型网络通常也采用分布式控制策略，这里主要包含一种特殊信息帧——"令牌"。

环形拓扑的优点是，所需介质长度较短；它的链路都是单方向性的，因而可以用光纤作为传输介质。环形拓扑的缺点是，一个站点的故障会引起全网的故障。

汽车网络大多采用总线型拓扑结构。

4. 汽车网络的类型

汽车网络技术从20世纪80年代提出以来，至今存在许多侧重功能不同的汽车网络标准，为方便研究和设计应用，20世纪90年代中期SAE（Society of Automotive Engineer）把车用网络分为A、B、C、D、E等类型，其中，A类网为面向执行器、传感器的低速网络，LIN和TTP/A为其主流协议；B类网为面向数据共享的中速网络，其主流协议是CAN（ISO 11898—3）、SAE J1850、VAN等协议；C类网为面向实时控制的高速网络，其主流协议为高速CAN（ISO 11898—2）、TTP/C（Time-Triggered Protocol）、Flex Ray等协议；D类网主要面向多媒体、导航系统等，目前该类网络的主流协议为：D2B（Domestic Digital Bus）、MOST（Media Oriented Systems Transport）；E类网是面向乘员安全系统的网络，主要应用于车辆被动安全性领域，该类网络的协议有Byteflight等，见表7-1。

表7-1 SAE的汽车网络分类

网 络 分 类	位传输速率	应 用 场 合
A	低速,<20kbit/s	应用于只需传输少量数据的场合,如控制行李舱开启和关闭
B	中速,20~125kbit/s	应用于一般的信息传输场合,例如仪表
C	高速,125k~1Mbit/s	应用于实时控制的场合,例如动力系统
D	高速,>1Mbit/s	应用于更严格的实时控制场合及多媒体控制
E	高速,>5Mbit/s	应用于车辆被动安全性领域,例如乘员的安全系统

5. 汽车网络技术的发展趋势

（1）在汽车中应用迅速普及 短短几年内，汽车网络技术的发展速度惊人，仅以上海大众的三款引进车型为例，作为中档车的PassatB5采用了CAN总线控制技术，如今作为经济型轿车推出的 Polo 也已全面采用网络控制技术，Touran 汽车在这方面表现更为突出，Touran 汽车车载局域网(LAN)的构成如图 7-2 所示。从目前情况看，世界各大汽车公司的车身网络控制和动力系统网络控制技术平台均已基本建立，在新推出的车型中，全面采用网络控制技术已成为可能。

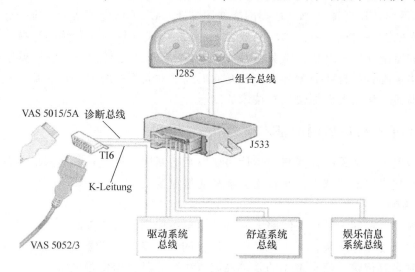

图 7-2　Touran 汽车车载局域网(LAN)的构成

（2）高速、实时、容错的网络控制技术　线控概念(x-by-wire)是一种新的汽车工程概念，目前已有使用线控系统的概念车出现。2002 年 1 月初在底特律举行的北美国际车展上，展出的跑车 Autonomy 就首次在汽车中使用了 x-by-wire 技术。x-by-wire 技术在未来将是十分重要的技术，该技术极大改善了汽车的可操纵性、安全性、设计的灵活度及总体结构。驾驶人和转向盘之间将没有任何机械部分的连接，使用这种技术使汽车的操纵系统、制动系统及其他辅助系统能够通过电子方式进行控制，这就是说，像汽车内的刚性传动件将会被基于网络控制的各种传感器、控制器和电液式电动执行器所组成的线控系统取而代之。x-by-wire 技术必将促进高速、实时、容错网络通信技术的发展。

（3）多媒体、高带宽的网络　未来汽车网络同时将是一个多媒体、高带宽的网络。它能使车主生活更轻松，并在某种程度上将办公室移入车内。若从长远来看，汽车甚至可以成为一个网站，人们可以下载软件以提高汽车的性能。目前，此类技术尚处研发阶段，与蜂窝移动电话技术相结合，如全球定位系统(GPS)和导航系统等少数技术已在高档汽车得到应用。作为最早的汽车电子产品的汽车收音机，现在不止是一种娱乐工具，还可以适配导航系统等的接口。

（4）丰富的软件设计　未来汽车将成为软件产品，此断言可能是一种幻想，因为现在无法想象除了机械之外，还有什么能使汽车运动、关闭车窗和天窗、打开气门或电动机。然而，这说明在未来的汽车中软件主导硬件的趋势是不可避免的，软件在汽车设计中已无处不见，可以说未来汽车市场竞争的热点之一就是软件的竞争。这也正是 OSEK 产生的原因，使用 OSEK 将大大缩短开发新型模块的周期。将来，汽车制造商必须与配件制造商、芯片供应商紧密协作，三方各尽所能以确保汽车工程项目的成功。在汽车设计过程中，软件开发正变得与发动机或者车身设计一样重要。据估计，在不久的将来，会出现汽车专用软件供应商，现有零部件供应商可能转移研发的重点和方向。一方面，汽车软件设计的分工会更明细和模块化；另一方面，专用软件的开发也是一个趋势。

（5）统一网络协议　目前在汽车行业中存在许多网络通信协议，由于缺乏全世界统一的标准，实际上提高了汽车的制造成本。虽然建立一个统一的汽车网络协议体系是一件十分复杂和困难的工作，但在汽车制造商和供应商之间已逐渐对这一问题达成一致：A 类网络使用 LIN；B 类网络使用低速 CAN；C 类网络使用高速 CAN 已作为事实上的统一标准；在采用 x-by-wire 技术的下一代汽车中，TTP/C 或者 FlexRay 协议将是一种必然的选择。此外，大多数汽车公司和零配件厂商对统一开发环境 OSEK/VDX 非常感兴趣。可以预见，在不久的将来，各类网络标准将被合并成为一个。若真的形成这种天下一统的局面，那么汽车及其相关工业将受益匪浅，从而大大加快汽车技术的发展。

7.1.2　汽车单片机局域网的基本概念

车载局域网实际上是一种网络的通信协议以及达到协议规定目的所采取的各种措施和方法。采用网络技术目的：减少汽车线束，提高通信速度。

1. 多路传输

多路传输就是在同一通道或线路上同时传输多条信息，又叫多路复用。事实上数据是依次传输的，但速度非常之快，似乎就是同时传输的。许多单个的数据都能被一段一段传输，这就叫作分时多路传输。汽车上用的是单线或双线制分时多路传输系统。

常见的多路传输技术如下：

1）分时多路传输又叫时分多路复用（Time Division Multiplexing，TDM），是多路复用技术的一种，是用时间分割信道的方法，使每个控制系统独占信道时隙而共享总线的频率资源。

2）频分多路复用（Frequently Division Multiplexing，FDM），频分多路复用是用频率分割信道的方法，使每个控制系统独占信道频道而共享总线的时间资源。

3）码分多路复用（Code Division Multiple Access，CDMA），码分多路复用是分配给每个控制系统不同的扩频编码以区分不同的信号，就可以同时使用同一频率进行通信。

4）波分多路复用（Wavelength Division Multiplexing，WDM），在全光纤通信中采用。

从图 7-3 中可以看出，常规线路要比多路传输线路简单得多，然而请注意：多路传输系统 ECU 之间所用的导线比常规线路系统所用导线少得多。ECU 可以触发仪表板上的警告灯或故障指示灯等，又由于多路传输可以通过一根线（数据总线）执行多个指令，因此可以增加许多功能装置。

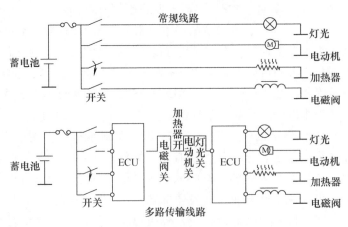

图 7-3　常规线路和多路传输线路的对比

2. 模块/节点

模块就是一种电子装置，简单一点的如温度和压力传感器，复杂的如计算机（微处理器）。传感器是一个模块装置，根据温度和压力的不同可产生不同的电压信号。这些电压信号在计算机的输入接口被模数转换器（ADC）转变成数字信号。在计算机多路传输系统中一些简单的模块被称为节点。

3. 数据总线

数据总线(BUS)是控制单元之间传递数据的通道。数据总线可以达到在一条数据线上传递的信息能被多个系统(控制单元)共享的目的,从而最大限度地提高系统整体效率,充分利用有限的资源。

如果系统可以发送和接收数据,则该数据总线称为双向数据总线。数据总线可以单线式或是双线式。双线式的其中一条导线不是用作额外的通道,它的作用是一旦数据通道出了故障,它让数据换向通过或是在两条数据总线中未发生故障的部分通过。为了抗电磁干扰,双线式数据总线的两条线是绞接在一起的(双绞线)。各汽车制造商一直在设计各自的数据总线,如果不兼容,就称为专用数据总线。如果是按照某种国际标准设计的,就是非专用的。为使不同厂家生产的零部件能在同一辆汽车上协调工作,必须制定标准。按照 ISO 有关标准,CAN 的拓扑结构为总线式,因此也称为 CAN 总线(CAN-BUS)。

4. 网络

网络是为了实现信息共享而把多条数据总线或者把数据总线和模块当作一个系统连在一起。车载网络一般采用几种不同速率的总线协议构成功能各异的网段,并通过网关连接,达到信息共享和集中管理控制的目的。如图 7-4 所示,其中包括高速主干网 IEEE1394b 协议标准、多媒体网段 MOST、高速 CAN 协议和低成本的串行通信 LIN 协议。

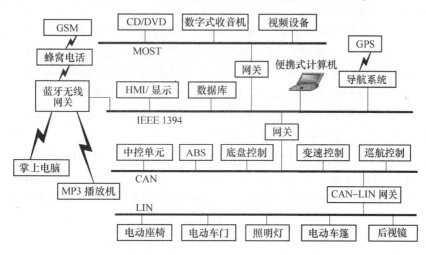

图 7-4 汽车电子网络体系结构示意图

5. 通信协议

通信协议是控制通信实体间有效完成信息交换的一组约定和规则。要实现车内各 ECU 之间的通信,必须制定规则保证通信双方能相互配合,即通信方法、通信时间、通信内容,这是通信双方同样能遵守、可接受的一组规定和规则。也就是说,要想成功交流信息,通信双方必须"说同样的语言"(如相同的语法规则和语速等)。

(1) 协议的三要素

1) 语法:确定通信双方之间"如何讲",即通信信息帧的格式。

2) 语义:确定通信双方之间"讲什么",即通信信息帧的数据和控制信息。

3) 定时规则:确定事件传输的顺序以及速度匹配。

(2) 协议的功能

1) 差错监测和纠正:面向通信传输的协议常使用"应答—重发"和通信校验进行差错

的检测和纠正工作。一般来说，协议中对异常情况的处理说明要占很大的比重。

2) 分块和重装：为符合协议的格式要求，需要对数据进行加工处理。分块操作将大的数据划分成若干小块，如将报文划分成几个子报文组；重装操作则是将划分的小块数据重新组合复原，如将几个子报文组还原成报文。

3) 排序：对发送的数据进行编号以标识它们的顺序，通过排序，可以达到按序传递、信息流控制和差错控制等目的。

4) 流量控制：通过限制发送的数据量或速率，以防止在信道中出现堵塞现象。

6. 总线速度

总线速度是数据总线的速度，有波特率（每秒传输的码元数）和比特率（每秒传输的二进制位数）之分，如果一个码元只携带一个比特的信息，则波特率和比特率在数值上相等。

传输速度快并不能说明一切。高速数据总线及网络容易产生电噪声（电磁干扰），这种电噪声会导致数据传输出错。数据总线有多种检错方法，如检测一段特定数据的长度。如果出错，数据将重新传输，但这就会导致各系统的运行速度减慢。解决的方法有：使用价格高、功能更强大、结构更复杂的模块；使用屏蔽双绞线。为了使价格适中，数据总线及网络必须避免无谓的高速和复杂。大多数的设计都有三种基本型，即低速型、中速型和高速型。

7. 总线介质访问控制方式

由于各节点利用总线来传输信息，在总线上某一时刻若两个节点同时发送数据，则这两个数据将会在总线上发生"冲突"，造成所发送的数据不能被目的节点正确接收。为了避免冲突产生，就要有一个解决"争用"总线的方法，以使各节点充分利用总线的信道空间和时间来传送数据而不会发生冲突，这正是介质访问控制方式的管理机制。

CSMA/CD 是"载波侦听多路访问/冲突检测"（Carrier Sense Multiple Access with Collision Detect）的缩写，是一种总线访问控制方式。

利用 CSMA 访问总线，可对总线上的信号进行检测，只有当总线处于空闲状态时，才允许发送数据。利用这种方法，可以允许多个节点挂接到同一网络上。当检测到一个冲突位时，所有节点重新回到"监听"总线状态，直到该冲突时间过后，才开始发送。

7.1.3 汽车网络参考模型

1. OSI 参考模型

在计算机网络发展的初期，许多研究机构、计算机厂商和公司都大力发展计算机网络。这些自行发展的网络，在体系结构上差异很大，以至于它们之间互不相容，难以相互联接成更大的网络系统。为此，国际标准化组织（ISO）在 1979 年提出了"开放系统互联"模型，简称 ISO/OSI 参考模型。ISO 提出七层网络系统结构参考模型的目的，就是要在各种终端设备、微机、操作系统进程之间以及人们互相交换信息的过程中，能够逐步实现标准化。ISO/OSI 参考模型如图 7-5 所示，从第一层到第七层依次

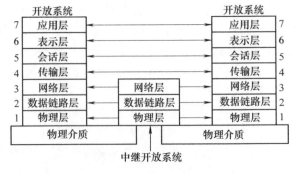

图 7-5 OSI 的七层体系结构

为物理层、数据链路层、网络层、传输层、会话层、表示层和应用层。每个层次都在完成信息交换任务中担当一个相对独立的特定功能。而中继开放系统只有下三层。对于每一层 OSI 都至少制定有服务定义和协议规范两个标准。对不同的实用系统,同一个服务可以由不同协议提供,因此可能有多个协议规范。表 7-2 简单地说明了 OSI 开放式互联模型的各层功能。

表 7-2 OSI 开放系统互联模型

7	应用层	最高层。用户、软件、网络终端等之间用来进行信息交换。如 DeviceNet
6	表示层	将两个应用不同数据格式的系统信息转化为能共同理解的格式
5	会话层	依靠低层的通信功能来进行数据的有效传递
4	传输层	两通信节点之间数据传输控制、操作。如:数据重发,数据错误修复
3	网络层	规定了网络连接的建立、维持和拆除的协议。如:路由和寻址
2	数据链路层	规定了在介质上传输的数据位的排列和组织。如:数据校验和帧结构
1	物理层	规定通信介质的物理特性。如:电气特性和信号交换的解释

2. 汽车网络参考模型

汽车网络应为总线型结构,它应简单但必须满足现场的需要。在现场总线的通信结构只采用了 ISO/OSI 的三层模型:物理层、数据链路层和应用层,如图 7-6 所示。

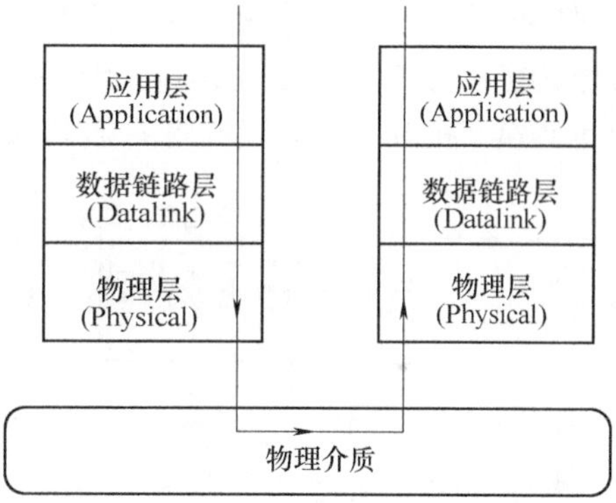

这种结构简单,层次较少的通信结构主要是针对过程控制的特点,使数据在网络流动中尽量减少中间环节,加快数据传递速度,提高网络通信及数据处理的实时性。

3. 汽车网络参考模型各层的功能

(1) 物理层 直接与物理信道相连,起到数据链路层和传输媒体之间的逻辑接口作用。

图 7-6 汽车局域网的参考模型

功能:提供建立、维护和释放物理连接的方法,实现在物理信道上进行比特流的传输。

传送的基本单位:bit(比特)。

物理层的内容:

1) 通信接口与传输媒体的物理特性:物理层协议主要规定了计算机或终端 DTE 与通信设备 DCE 之间的接口标准,包括接口的机械特性、电气特性、功能特性和规程特性。

2) 物理层的数据交换单元为二进制比特:对数据链路层的数据进行调制或编码,成为传输信号(模拟、数字或光信号)。

3) 比特的同步:时钟的同步,如异步/同步传输。

4) 线路的连接:点—点(专用链路),多点(共享一条链路)。

5) 物理拓扑结构:星形,环形,网状。

6) 传输方式:单工,半双工,全双工。

物理层能够使用很多物理介质,例如双绞线、光纤等,最常用的就是双绞线。

双绞线是由两根各自封装在彩色塑料套内的铜线缠绕而成的,其结构如图 7-7 所示,缠绕在一起的目的是降低它们之间的干扰。多对双绞线之外再套上一层保护套就构成了双绞线电缆。

光纤是有线传输介质中性能最好的一类，其结构如图7-8所示。它是一种直径为50~100μm柔软的传导光波的介质，一般由玻璃纤维和塑料构成，在折射率较高的纤芯外面，用折射率较低的包层包住，再在包层的外面加上一层保护套，就构成了一根单芯光缆。

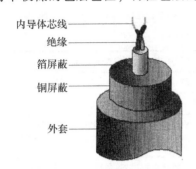

图7-7 双绞线的结构

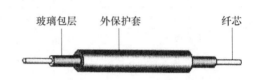

图7-8 单芯光缆

光纤传输数字信号是利用光脉冲的有无来代表"1"和"0"的。典型的光纤传输系统如图7-9所示。在发送端，可用发光二极管（LED）或激光二极管（LD）等光电转换器件把电信号转换成光信号，再耦合到光纤中进行传输；在接收端，通过光敏二极管（PIN）等器件进行逆变换，把光纤传来的光脉冲转换成电信号输出。

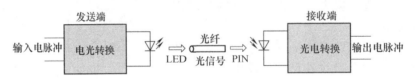

图7-9 光纤传输系统

（2）数据链路层　在物理线路上，由于噪声干扰、信号衰减等多种原因，数据传输过程中常常出现差错，而物理层只负责透明地传输无结构的原始比特流，不可能进行任何差错控制。因此，当需要在一条线路上传送数据时，除了必须有一条物理线路（链路）外，还必须有一些必要的规程来控制这些数据的传输。把实现这些规程的硬件和软件加到链路上，就构成了数据链路层（Data Link Layer）。

数据链路层最重要的作用就是通过一些数据链路层的协议，在不可靠的物理链路上实现可靠的数据传输。为此，通常将原始数据分割成一定长度的数据单元（帧），一帧内应包含同步信号（例如帧的开始与结束）、差错控制（各类检错码或纠错码，大多数采用检错重发的方式）、流量控制（协调发送方和接收方的速率）、控制信息、数据信息、地址信息（在信道共享的情况下，保证每一帧都能到达正确的目的节点，收方也能知道信息来自何处）等。

（3）应用层　应用层协议是基于低层协议的上层协议，目前主流的协议有用于轿车的OSEK和用于大客车和载货车的SAE J1939，另外，还有一些大的汽车制造商制定自己的应用层协议。

OSEK/VDX是开放式标准化的系统，规范了及时的作业系统、软件界面以及网络管理和通信功能，它包括三个基本的部分：操作系统规范（OSEK OS）、网络通信管理（OSEK COM）以及网络管理规范（OSEK NM），另外还包括一些辅助标准。目前，OSEK/VDX组织正在开发OSEK/VDX调试规范。

SAE J1939标准是美国汽车工程师协会发布的以CAN2.0B为核心的车辆网络串行通信

和控制协议,并由 SAE 负责组织维护和推广。它是按照 ISO 的开放式数据互联模型的七层基准参考模型制定的。其中包括物理层、数据链路层、网络管理层和应用层。通信速率为 250kbit/s,是目前在大型汽车和货车上应用最广泛的应用层协议。

7.2 CAN 总线

7.2.1 CAN-BUS 概述

1. CAN-BUS 的由来

由于现代汽车的技术水平大幅提高,要求能对更多的汽车运行参数进行控制,因而汽车控制器的数量在不断地上升,从开始的几个发展到几十个以至于上百个控制单元。控制单元数量的增加,使得它们互相之间的信息交换也越来越密集。如果按照传统的汽车数据传送方式建立数据传递将是一个庞大的数据网路,如图 7-10a 所示。为此德国 BOSCH 公司开发了一种设计先进的解决方案——CAN 数据总线,提供一种特殊的局域网来为汽车的控制器之间进行数据交换,如图 7-10b 所示,实现了各种控制器的相互通信,做到了全车信息及时共享,如图 7-11 所示。

图 7-10 汽车数据传送方式
a) 传统方式数据传送示意图 b) CAN 数据总线数据传送示意图

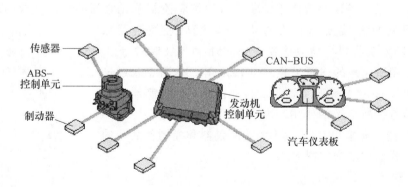

图 7-11 CAN-BUS 数据传送实物简图

2. CAN-BUS 系统组成

CAN-BUS 系统组成如图 7-12 所示。

(1) CAN 控制器 接受在控制单元中的微处理器中的数据,处理数据并传给 CAN 收发器。同时控制器接受收发器的数据,处理并传给微处理器。

（2）CAN 收发器　安装在控制器内部，同时兼具接收和发送的功能，将控制器传来的数据化为电信号并将其送入数据传输线。

（3）数据传输终端　数据传输终端是一个电阻，防止数据在线端被反射，以回声的形式返回，影响数据的传输。

（4）数据传输线　双向数据线，由高低双绞线组成，分为 CAN 高线（CAN-HIGH）和 CAN 低线（CAN-LOW）。CAN-BUS 采用双绞线自身校验的结构，既可以防止电磁干扰对传输信息的影响，也可以防止本身对外界的干扰。系统中采用高低电平两根数据线，控制器输出的信号同时向两根通信线发送，高低电平互为镜像。并且每一个控制器都增加了终端电阻，以减少数据传送时的过调效应，如图 7-13 所示。

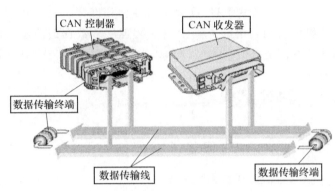

图 7-12　CAN-BUS 系统组成

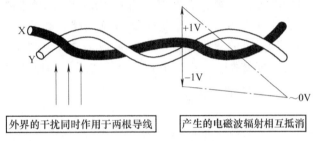

图 7-13　双绞线的结构

（5）网关　把不同速度的网络连接起来，实现数据传输。实现方式有硬件方式和软件方式。由于不同区域 CAN-BUS 总线的速率和识别代号不同，因此一个信号要从一个总线进入到另一个总线区域，必须把它的识别信号和速率进行改变，能够让另一个系统接受，这个任务由网关（Gateway）来完成。另外，网关还具有改变信息优先级的功能。如车辆发生相撞事故，气囊控制单元会发出负加速度传感器的信号，这个信号的优先级在驱动系统非常高，但转到舒适系统后，网关调低了它的优先级，因为它在舒适系统的功能只是打开门和灯。

（6）诊断总线　诊断总线用于诊断仪器和相应控制单元之间的信息交换（图 7-14），它被用来代替原来的 K 线或者 L 线的功能（废气处理控制器除外）。诊断总线大众公司目前只能在 VAS5051 和 VAS5052 下工作，而不能适用于原来的诊断工具，如 1552 等。诊断总线通过网关转接到相应的 CAN-BUS 上，然后再连接相应的控制器进行数据交换。随着诊断总线的使用，大众集团将逐步淘汰控制器上的 K 线存储器，而采用 CAN 线作为诊断仪器和控制器之间的信息连接线，我们称之为虚拟 K 线。

3. CAN-BUS 应用实例

上海大众途安轿车控制单元位置如图 7-15 所示。由于汽车不同控制器对 CAN 总线的性能要求不同，因此最新版本的 CAN 总线系统人为设定为 5 个不同的区域，分别为驱动系统、舒适系统、信息系统、多功能仪表、诊断总线等 5 个局域网（图 7-16）。其速率分别为（kbit/s）：

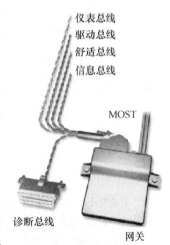

图 7-14　诊断总线的结构

图 7-15 途安控制单元位置图

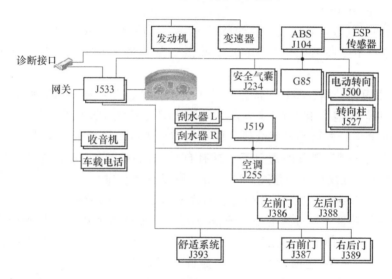

图 7-16 CAN 控制区域图

驱动系统（由 15 号线激活）：500；舒适系统（由 30 号线激活）：100；
信息系统（由 30 号线激活）：100；诊断系统（由 30 号线激活）：500；
仪表系统（由 15 号线激活）：100；Lin 总线：20；
最大承载：1000。

7.2.2 CAN 总线的特点

CAN-BUS 是 Controller Area Network 的缩写，称为控制单元的局域网，它是车用控制单元传输信息的一种传送形式。车上的布线空间有限，CAN-BUS 系统的控制单元连接方式采用铜缆串行方式。由于控制器采用串行复用方式，因此不同控制器之间的信息传送方式是广播式传输。也就是说每个控制单元不指定接收者，把所有的信息都往外发送；由接收控制器自主选择是否需要接收这些信息。

由于采用了许多新技术及独特的设计，CAN 总线与一般的总线相比，具有突出的可靠性、实时性和灵活性。其主要特点可归纳如下：

1）CAN 是到目前为止唯一具有国际标准且成本较低的现场总线。

2) CAN 为多主方式工作。网络上任一节点均可在任意时刻主动地向网络上其他节点发送信息，而不分主从，有极高的总线利用率。

3) 在报文标识符上，CAN 上的节点分成不同的优先级，可满足不同的实时要求，优先级高的数据最多可在 134μs 内得到传输。

4) CAN 采用非破坏总线仲裁技术。当多个节点同时向总线发送信息出现冲突时，优先级低的节点会主动退出发送，而最高优先级的节点可不受影响地继续传输数据，从而大大节省了总线冲突仲裁时间。尤其是在网络负载很重的情况下，也不会出现网络瘫痪的情况。

5) CAN 节点只需通过报文的标识符滤波即可实现点对点、一点对多点及全局广播等几种方式传送/接收数据。

6) CAN 的直接通信距离最远可达 10km（速率 5kbit/s 以下）；通信速率最高可达 1Mbit/s（此时通信距离最长为 40m）。

7) CAN 上的节点数主要取决于总线驱动电路，目前可达 110 个。在 CAN 2.0A 标准帧报文中标识符有 11 位，而在 CAN 2.0B 扩展帧报文中标识符有 29 位，使节点的个数几乎不受限制。

8) 报文采用短帧结构，传输时间短，受干扰概率低，使数据的出错率降低。

9) CAN 的每帧信息都有 CRC 校验及其他检错措施，具有极好的检错效果。

10) CAN 的通信介质可选择双绞线、同轴电缆或光纤。选择十分灵活。

11) CAN 节点在错误严重的情况下，具有自动关闭输出的功能，以使总线上其他节点的操作不受影响。而且发送的信息遭到破坏后，可以自动重发。

如前所述，各节点直接挂接在总线上，从而构成了多主机结构，即每一个节点都是一个主机，因而 CAN 是一种多主方式的串行通信总线。CAN 能够使用多种物理介质，如差分驱动平衡双绞线、单线（加地线）、光纤等。最常用的就是双绞线。总线上的数据可具有两种互补的逻辑值之一，显性（主控）和隐性。"显性"表示为逻辑"0"，"隐性"表示为逻辑"1"。在 ISO 的标准中两条总线上的电平见表 7-3。如果总线上的两个控制器同时向总线上发送显性电平（主控电平）和隐性电平，则总线上始终是显性电平（线"与"操作）。

在 CAN 总线中，以报文为单位进行信息传递且各节点使用相同的位速率。

表 7-3 ISO 标准对电平值的定义

CAN		显性电平	隐性电平
高速 CAN	CAN-H	3.5	2.5
	CAN-L	1.5	2.5
低速 CAN	CAN-H	5	0
	CAN-L	0	5

CAN 总线上任意两个节点之间的最大通信距离与位速率有关，表 7-4 列出了相关的数据。这里的最大通信距离指的是同一总线上两节点间的距离。

表 7-4 CAN 总线任意两个节点间的最大通信距离

位速率/(kbit/s)	1000	500	250	125	100	50	20	10	5
最大距离/m	40	130	270	530	620	1300	3300	6700	10000

7.2.3 CAN 协议

1. CAN 的分层结构

CAN 遵从 OSI 模型,按照 OSI 标准模型,CAN 结构划分为两层:数据链路层和物理层。而数据链路层又包括逻辑链路控制子层 LLC 和媒体访问控制子层 MAC,而在 CAN 技术规范 2.0A 的版本中,数据链路层的 LLC 和 MAC 子层的服务和功能被描述为"目标层"和"传送层"。CAN 的分层结构和功能如图 7-17 所示。

CAN 物理层中, PLS (Physical Signaling) 子层的功能主要由 CAN 控制芯片完成,

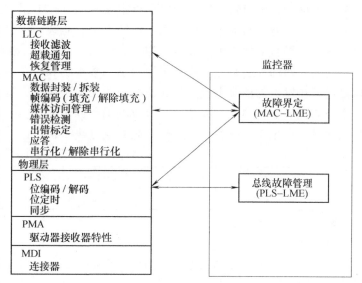

图 7-17 CAN 的分层结构和功能

PMA(Physical Medium Attachment) 子层的功能主要由 CAN 发送器/接收器电路完成, MDI (Medium Dependent Interface) 子层主要定义了电缆和连接器的特性。目前,很多支持 CAN 的微控制器内部嵌入了 CAN 控制器和发送/接收电路。PMA 和 MDI 两层有很多不同的国际或国家或行业的实施标准,也可以自行定义,目前有 ISO 11898 定义的高速 CAN 发送/接收器标准。

LLC 子层的主要功能是:为数据传送和远程数据请求提供服务,确认由 LLC 子层接收的报文实际已被接收,并为恢复管理和通知超载提供信息。在定义目标处理时,存在许多灵活性。MAC 子层的功能主要是传送规则,亦即控制帧结构、执行仲裁、错误检测、出错标定和故障界定。MAC 子层也要确定,为开始一次新的发送,总线是否开放或者是否马上开始接收。位定时特性也是 MAC 子层的一部分。MAC 子层特性不存在修改的灵活性。物理层的功能是有关全部电气特性在不同节点间的实际传送。自然,在一个网络内,物理层的所有节点必须是相同的,然而,在选择物理层时存在很大的灵活性。

CAN 技术规范 2.0B 定义了数据链路中的 MAC 子层和 LLC 子层的一部分,并描述与 CAN 有关的外层。物理层定义信号怎样进行发送,因而,涉及位定时、位编码和同步的描述。在这部分技术规范中,未定义物理层中的驱动器/接收器特性,以便允许根据具体应用,对发送媒体和信号电平进行优化。MAC 子层是 CAN 协议的核心。它描述由 LLC 子层接收到的报文和对 LLC 子层发送的认可报文。MAC 子层可响应报文帧、仲裁、应答、错误检测和标定。MAC 子层由称为故障界定的一个管理实体监控,它具有识别永久故障或短暂扰动的自检机制。LLC 子层的主要功能是报文滤波、超载通知和恢复管理。

2. 报文传送和帧结构

在进行数据传送时,发出报文的单元称为该报文的发送器。该单元在总线空闲或丢失仲裁前恒为发送器。如果一个单元不是报文发送器,并且总线不处于空闲状态,则该单元为接

收器。

对于报文发送器和接收器,报文的实际有效时刻是不同的。对于发送器而言,如果直到帧结束末尾一直未出错,则对于发送器报文有效。如果报文受损,将允许按照优先权顺序自动重发。为了能同其他报文进行总线访问竞争,总线一旦空闲,重发送立即开始。对于接收器而言,如果直到帧结束的最后一位一直未出错,则对于接收器报文有效。

构成一帧的帧起始、仲裁场、控制场、数据场和CRC序列均借助位填充规则进行编码。当发送器在发送的位流中检测到5位连续的相同数值时,将自动地在实际发送的位流中插入一个补码位。数据帧和远程帧的其余位场采用固定格式,不进行填充,错误帧和超载帧同样是固定格式,也不进行位填充。位填充方法见表7-5。

表7-5 位填充方法

未填充位流	100000xyz	011111xyz
填充位流	1000001xyz	0111110xyz

其中:$xyz \in \{0,1\}$

报文中的位流按照非归零(NRZ)码方法编码,这意味着一个完整的位电平要么是显性,要么是隐性。

报文传送由4种不同类型的帧表示和控制:数据帧携带数据由发送器至接收器;远程帧通过总线单元发送,以请求发送具有相同标识符的数据帧;出错帧由检测出总线错误的任何单元发送;超载帧用于提供当前的和后续的数据帧的附加延迟。

数据帧和远程帧借助帧间空间与当前帧分开。

(1) 数据帧 数据帧由7个不同的位场组成,即帧起始、仲裁场、控制场、数据场、CRC场、应答场和帧结束。

在CAN2.0B中存在两种不同的帧格式,其主要区别在于标识符的长度,具有11位标识符的帧称为标准帧,而包括29位标识符的帧称为扩展帧。

(2) 远程帧 激活为数据接收器的站可以借助于传送一个远程帧初始化各自源节点数据的发送。远程帧由6个不同分位场组成:帧起始、仲裁场、控制场、CRC场、应答场和帧结束。

同数据帧相反,远程帧的RTR位是隐性位。远程帧不存在数据场。DLC的数据值是没有意义的,它可以是0~8中的任何数值。

(3) 错误帧 错误帧由两个不同场组成,第一个场由来自各帧的错误标志叠加得到,后随的第二个场是错误界定符。

(4) 过载帧 过载帧包括两个位场:超载标志和过载界定符。

(5) 帧间空间 数据帧和远程帧同前面的帧相同,不管是何种帧均以称之为帧间空间的位场分开。相反,在超载帧和出错帧前面没有帧间空间,并且多个超载帧前面也不被帧间空间分隔。

3. CAN协议的特点

(1) 具有错误检测、通告和还原功能

1) 所有节点都可以检测错误(错误检测功能);当检测出错误时,该节点立即向其他节点发送出错的通知(错误通告功能);当发送信息的节点检测出错误时,其发送状态将被强制结束。被强制结束的节点会再反复传送信息，直到其信息可以正确传送为止(错误还原功能)。

2) CAN 协议的媒体访问控制层 MAC(Media Access Control)具有检测总线、填充规则校验、帧校验、CRC(Cyclic Redundancy Check)循环冗余校验和应答检测等错误检测功能，可保证数据出错率极低。错误严重的 CAN 节点能自动切断该节点与总线连接，避免对总线上其他节点造成影响。

（2）具有错误界定与处理功能

1) CAN 总线出现的错误：总线上的数据临时产生的错误(外部干扰引起)与总线上的数据连续产生的错误(节点内部错误，驱动产生故障以及总线断线、搭铁等引起的故障)。CAN 控制器具有判别错误种类的功能。当总线上的数据连续产生错误时，CAN 控制器能自动切断该节点与总线连接，避免对总线上其他节点造成影响。

2) CAN 控制器内部设有出错计数器，根据出错是本地的还是全局的，计数器决定加 1 还是加 8。每当收到信息时，该计数器中的数值就会增加或减少。如果每次收到的信息正确，则计数器减 1；如果信息出现本地错误，则计数器加 8；如果信息出现整个网络错误，则计数器加 1；通过查询出错计数器中的数值就可以知道网络通信质量。

3) 出错计数器的计数方式能够确保单个故障节点不会阻塞整个 CAN 网络。如果某个节点出现本地错误，其计数值将很快达到 96、127 或 255。当计数值达到 96 时，出错计数器向 CAN 控制器发出中断，提示当前通信质量差；当计数值达到 127 时，该节点假定其处在"被动出错状态"，即继续接收信息，停止要求对方重发信息；当计数值达到 255 时，该节点脱离总线不再工作，只有硬件复位后，才能恢复工作状态。

7.2.4　CAN 控制器局域网

1. 控制器局域网的连接

1) CAN 总线与 CPU 之间的接口电路通常包括 CAN 控制器和 CAN 收发器(图 7-18)。

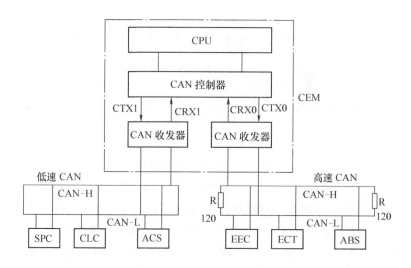

图 7-18　CAN 总线与 CPU 之间的接口电路

2) 动力与传动系统的控制器采用 C 类高速 CAN 总线连接，传输速度可达 500kbit/s，以实现高速实时控制。

3) 车身控制系统的控制器采用低数据传输速率的 B 类 CAN 网络连接，传输速度可达 125kbit/s。

4) 各电控单元之间依据 CAN 通信协议互相通信，从而完成各种数据的交换。在中央控制电子组件(CEM)中，CAN 控制器有双通道(CRX0、CTX0 通道；CRX1、CTX1 通道)的 CAN 接口，经过 CAN 收发器分别与高速(500kbit/s) CAN 总线和低速 CAN 总线连接，各电控单元通过 CAN 总线与 CAN 收发器相互交换数据。

5) 在汽车内部网络中，CAN 总线是由 2 根线 CAN-H(CAN High 或 CAN+) 和 CAN-L(CAN Low 或 CAN-)构成的，在一些高档轿车的控制器局域网中设有第 3 条 CAN 总线，用于卫星导航和智能通信系统。

① CAN 控制器根据 2 根总线的电位差(由于每根总线受到的外来干扰是相同的，故其差值不受影响，这种总线有很强的抗干扰能力)来判定总线的电平。

② 总线电平分为显性电平与隐性电平。

显性电平：逻辑"0"电平，有电流通过电阻；隐性电平：逻辑"1"电平，没有电流通过电阻。

总线上的接收节点，在 CAN-HIGH 与 CAN-LOW 的差值小于 0.5V 时，认为总线是隐性状态；如果 CAN-HIGH 与 CAN-LOW 的差值大于 0.9V 时，认为总线是显性状态，图 7-19 所示是总线状态的一个例子。

③ CAN-BUS 的收发器如图 7-20 所示，使用一个电路进行控制，也就是说控制单元在某一时间段只能进行发送或接受一项功能。

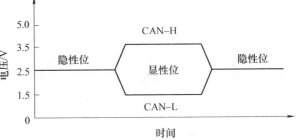

图 7-19 显性与隐性状态

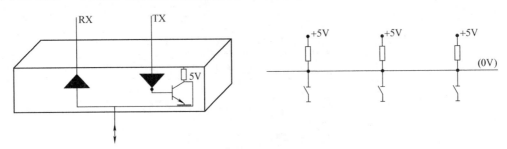

图 7-20 CAN-BUS 收发器

逻辑"1"：所有控制器的开关断开；总线电平为 5V 或 3.5V；CAN-BUS 未通信。

逻辑"0"：某一控制器闭合；总线电平为 0V；CAN-BUS 进行通信。

当用 2 个以上的控制器连接在 CAN-BUS 总线上，采用线与逻辑如下：

① 任何开关闭合，总线上的电压为 0V，只要任何一个控制器激活，则总线激活的总线称为显性电平。

② 所有开关断开，总线上的电压为 5V，所有控制器关闭，总线处于未激活状态，未激活的总线电平称为隐性电平。

③ 与总线相连的所有节点都可以发送信息，发送信息的节点通过改变所连总线的电平就可将信息发送到接收节点。在两个节点同时发送信息的情况下，具有优先最高信息的节点获得发送权，其他节点转为信息接收状态。

2. 控制器局域网通信速率的设定

控制器局域网的种类繁多，网络种类不同，其形式、功能和通信速率也不相同。

（1）汽车动力与传动系统通信速率的设定　汽车动力与传动系统的控制器包括发动机电子控制系统（EEC）、电子控制自动变速器（ECT）、防抱死制动系统（ABS）、电子调节悬架系统（EMS）、车轮防滑转控制系统（ASR）、电子控制制动力分配系统（EBD）、电子控制制动辅助系统（EBA）、动态稳定控制系统（DSC）和巡航控制系统（CCS）等。由于汽车动力与传动系统控制的对象与汽车行驶或发动机转速直接相关，要求有很好的实时性，其控制器局域网采用 C 类网络。

（2）汽车车身控制系统通信速率的设定　汽车车身控制系统包括座椅安装位置调节系统（SPC）、中央门锁控制系统（CLC）、自动空调系统（ACS）和天窗控制系统（TWC）等，这些系统一般以低速率进行通信，可选用 B 类总线。

（3）CAN 总线用于汽车车身控制系统的连接　连接时，一般采用容错式总线，即总线内置容错功能。汽车内部 CAN 总线是由两根线（CAN-H、CAN-L）构成，采用双线串行通信方式传输数据，当 2 条总线中的 1 条出现断路或短接而搭铁时，网络可切换到 1 线工作方式。CAN 要求通信协议从 2 线切换至 1 线工作期间不丢失数据位，为此其物理层芯片比动力传动系统更复杂，数据传输速度较低（125kbit/s），此类总线由于成本较高逐渐被低成本的 LIN 代替。

7.2.5　CAN 芯片

1. CAN 控制器 SJA1000

SJA1000 是 Philips 公司生产的适合汽车环境和一般工业系统环境的独立 CAN 控制器，是 PCA82C200（Philips 公司早期生产的一种支持基本 CAN 的独立控制器芯片）的换代产品，它的软件和硬件与 PCA82C200 兼容。SJA1000 支持 CAN2.0B，而且具有一些新的特性，应用非常广泛，是比较典型的独立 CAN 控制器。

SJA1000 有两种操作模式：基本 CAN 模式（与 PCA82C200 完全兼容）和具有很多扩展功能的 PeliCAN 模式。

（1）SJA1000 的基本特性　SJA1000 具有以下基本特性：

1）引脚与独立 CAN 控制器 PCA82C200 兼容。

2）电气指标兼容 PCA82C200。

3）具有与 PCA82C200 兼容的软件模式。

4）扩展了的接收缓冲器（64B 的 FIFO）。

5）支持 CAN2.0B 标准。

6）支持 11 位标准标识符格式和 29 位扩展的标识符格式。

7）传输速度可达 1Mbit/s。

8）PeliCAN 模式功能扩展：

——可以读写故障计数器

——可编程设置故障报警错误计数上限

——最新故障码登记

——每一个 CAN 总线错误都可触发中断

——具有位置描述(在哪一位上丧失仲裁)的仲裁丧失中断

——具有非重发发送方式

——具有只听模式(Listen Mode,只监听总线,不作响应)

——支持热接插(软件驱动的位速率检测)功能

——扩展的接收过滤(4B 编码,4B 屏蔽码)

——具有接收自身发送的信息功能

9) 24MHz 时钟频率。

10) 支持多种微控制器接口模式。

11) CAN 输出驱动配置可编程。

12) 适应汽车使用环境温度:-40~125℃。

(2) SJA1000 的硬件结构

如图 7-21 所示,SJA1000 由接口管理逻辑、发送缓冲寄存器、接收缓冲寄存器、接收过滤器、位流处理器、位定时逻辑和错误处理逻辑七个主要功能模块和复位、时钟电路构成。

1) CPU 接口管理逻辑(IML, Interface Management Logic)。这部分逻辑电路是 SJA1000 与 CPU 之间的总线接口。它的功能是解释 CPU 的命令,实现 CAN 寄存器的寻址,向 CPU 提供中断信息和 CAN 控制器状态信息。

2) 发送缓冲寄存器(TXB,

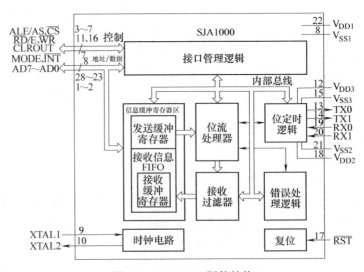

图 7-21 SJA1000 硬件结构

Transmit Buffer)。发送缓冲寄存器是 CPU 与位流处理器(BSP)之间的接口。它可以存储要通过 CAN 发送的整个信息。这个缓冲寄存器为 13B,由 CPU 写入,由位流处理器读出。

3) 接收缓冲寄存器(Receive Buffer,RXB)。接收缓冲寄存器是接收过滤器和 CPU 之间的接口。它用于存储从 CAN 总线上接收的信息,是 CPU 访问接收先进先出存储器(RXFIFO)的一个 13 字节长的窗口。SJA1000 的 RXFIFO 存储区共有 64B。由于这 64B 存储区的缓存作用,CPU 在处理一个信息时,SJA1000 可以接收其他的信息。

4) 接收过滤器(Acceptance Filter,ACF)。接收过滤器通过把接收信息的标识符与接收过滤器寄存器的内容进行比较,决定是否接受这个信息,通过过滤的整个信息被接收并存入 RXFIFO 中。

5) 位流处理器(Bit Stream Processor,BSP)。位流处理器完成信息位流在发送缓冲寄存器、RXFIFO 和 CAN 总线之间的传送控制。在控制传送的过程中,还完成错误检测、优先权仲裁、位填充和在 CAN 总线上发布错误信令等功能。

6) 位定时逻辑(Bit Timing Logic,BTL)。位定时逻辑监控 CAN 总线和完成总线相关的定时功能。它通过总线状态由"隐性"到"显性"的变化进行信息启动传送的同步(硬同步),在传送过程中调节位时间关系以保持同步(软同步)。位定时逻辑具有对位时间段编程的功能,以补偿或调节位传送中的延迟或相移,确保在正确的时间采样总线状态。

7) 错误处理逻辑(Error Management Logic,EML)。错误处理逻辑完成传输层的错误处理。它接收位流处理器传来的错误消息,然后向位流处理器和上层错误处理逻辑发出错误状态。

(3) SJA1000 的封装与引脚　引脚功能定义见表 7-6。SJA1000 引脚排列与名称如图 7-22 所示。

表 7-6　SJA1000 的引脚功能

符　号	引　脚	功　能
AD7~AD0	1,2,24~28	地址/数据复用线
ALE/AS	3	ALE—Intel 模式时的地址锁存信号;AS—Motorola 模式的地址有效信号
$\overline{CS}$	4	SJA1000 的片选信号,低电平有效
$\overline{RD}$/E	5	RD—Intel 模式时的 CPU 读信号;E—Motorola 模式的使能信号
$\overline{WR}$	6	Intel 模式时的 CPU 写信号,Motorola 模式的读/写信号
CLKOUT	7	由 SJA1000 发出的时钟输出信号
V_{SS1}	8	逻辑电路地
XTAL1	9	振荡器放大器输入,外部振荡器信号输入
XTAL2	10	振荡器放大器输出,当使用外部时钟时必须开路
MODE	11	模式选择:0—Motorola 模式;1—Intel 模式
V_{DD3}	12	输出驱动的 5V 电源
TX0	13	CAN 驱动器输出端 0
TX1	14	CAN 驱动器输出端 1
V_{SS3}	15	输出驱动电路地
$\overline{INT}$	16	中断请求输出。当内部中断寄存器的任何一个位置时,INT 变低,发出中断请求;OC 门输出;当外部电位为低时,唤醒 SJA1000
$\overline{RST}$	17	复位输入。低电平有效,使用 RC 上电复位电路时,R 可以取 50Ω,C 取 1μF
V_{DD2}	18	输入比较器的 5V 电源
RX0,RX1	19,20	SJA1000 总线输入端 0 和 1。如果 SJA1000 在休眠状态,输入显性状态信号将唤醒 SJA1000;如果 RX1 高于 RX0,为显性状态;相反,如果 RX0 高于 RX1,为隐性状态;当只有 RX0 有效时,其高表示为隐性状态,低为显性状态
V_{SS2}	21	输入比较器的地
V_{DD1}	22	逻辑电路的 5V 电源

2. CAN 总线驱动器 TJA1050

(1) 总述　TJA1050 是控制器区域网络(CAN)协议控制器和物理总线之间的接口。TJA1050 可以为总线提供不同的发送性能,为 CAN 控制器提供不同的接收性能。

TJA1050 是 PCA82C250 高速 CAN 收发器的后继产品。TJA1050 在以下方面作了重要的

改进:
- CAN-H 和 CAN-L 理想配合,使电磁辐射减到更低
- 在有不上电节点时,性能有所改进

TJA1050 的主要特征如下:
- 与 ISO 11898 标准完全兼容
- 速度高(最高可达 1MB)
- 低电磁辐射(EME)
- 带有宽输入范围的差动接收器,可抗电磁干扰(EMI)
- 没有上电的节点不会对总线造成干扰
- 发送数据(TXD)控制超时功能
- 发送禁能时的静音模式
- 在暂态时自动对总线引脚进行保护
- 输入级与 3.3V 装置兼容
- 热保护
- 对电源和地的防短路功能
- 可以连接至少 110 个节点

图 7-22 SJA1000 引脚排列与名称

(2)TJA1050 功能框图 TJA1050 的功能框图如图 7-23 所示,其各引脚功能见表 7-7。TJA1050 的引脚排列与名称如图 7-24 所示。

表 7-7 TJA1050 的引脚功能表

名称	引脚	功 能 描 述	名称	引脚	功 能 描 述
TXD	1	发送数据输入	V_{REF}	5	参考电压输出
GND	2	接地	CANL	6	低电平 CAN 总线
V_{CC}	3	电源	CANH	7	高电平 CAN 总线
RXD	4	接收数据输入	S	8	选择进入高速模式还是静音模式

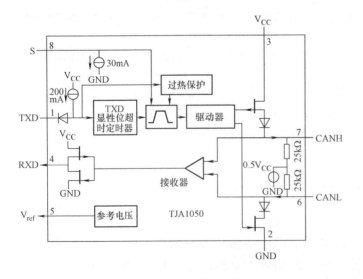

图 7-23 TJA1050 的功能框图

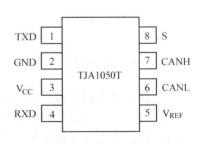

图 7-24 TJA1050 的引脚排列与名称

利用 TJA1050 还可以方便地在 CAN 控制器与驱动器之间建立光电隔离，以实现总线上各节点之间的电气隔离。

在控制器局域网中，只要将独立 CAN 控制器和 TJA1050 总线接口作为外围器件与原有的微控制器连接在一起（图 7-25），重新设置控制命令参数，即可组成网络节点挂接到总线上。集成了 SJA1000 的网络节点内部逻辑，系统中传输介质选用价格低廉、安装方便的双绞线，也可选用性能更高的塑料光纤。

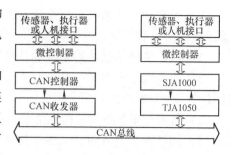

图 7-25　CAN 节点与总线互联结构图

7.3　CAN 总线的维修与检测

7.3.1　故障类型及检测诊断方法

1. 故障类型

装有 CAN-BUS 多路信息传输系统的车辆出现故障，维修人员应首先检测汽车多路信息传输系统是否正常。因为如果多路信息传输系统有故障，则整个汽车多路信息传输系统中的有些信息将无法传输，接收这些信息的电控模块将无法正常工作，从而为故障诊断带来困难。对于汽车多路信息传输系统故障的维修，应根据多路信息传输系统的具体结构和控制回路具体分析。一般说来，引起汽车多路信息传输系统故障的原因有三种：一是汽车电源系统引起的故障；二是汽车多路信息传输系统的链路故障；三是汽车多路信息传输系统的节点故障。

（1）汽车电源系统故障引起的汽车多路信息传输系统故障　汽车多路信息传输系统的核心部分是含有通信 IC 芯片的电控模块 ECM，电控模块 ECM 的正常工作电压在 10.5～15.0V 的范围内。如果汽车电源系统提供的工作电压低于该值，就会造成一些对工作电压要求高的电控模块 ECM 出现短暂的停止工作，从而使整个汽车多路信息传输系统出现短暂的无法通信。这种现象就如同用微机故障诊断仪在未起动发动机时就已经设定好要检测的传感器界面，当发动机起动时，往往微机故障诊断仪又回到初始界面。

（2）节点故障　节点是汽车多路信息传输系统中的电控模块，因此节点故障就是电控模块 ECM 的故障。它包括软件故障即传输协议或软件程序有缺陷或冲突，从而使汽车多路信息传输系统通信出现混乱或无法工作，这种故障一般成批出现，且无法维修。硬件故障一般由于通信芯片或集成电路故障，造成汽车多路信息传输系统无法正常工作。对于采用低版本信息传输协议或点到点信息传输协议的汽车多路信息传输系统，如果有节点故障，将出现整个汽车多路信息传输系统无法工作。

（3）链路故障　当汽车多路信息传输系统的链路（或通信线路）出现故障时，如：通信线路的短路、断路以及线路物理性质引起的通信信号衰减或失真，都会引起多个电控单元无法工作或电控系统错误动作。判断是否为链路故障时，一般采用示波器或汽车专用光纤诊断仪来观察通信数据信号是否与标准通信数据信号相符。

2. 诊断步骤

通过对三种汽车多路信息传输系统故障的分析，可以总结出该系统诊断一般步骤如下：

1) 了解该车型的汽车多路传输系统特点(包括:传输介质、几种子网及汽车多路信息传输系统的结构形式等)。

2) 汽车多路信息传输系统的功能,如:有无唤醒功能和休眠功能等。

3) 检查汽车电源系统是否存在故障,如:交流发电机的输出波形是否正常(若不正常将导致信号干扰等故障)等。

4) 检查汽车多路信息传输系统的链路是否存在故障,采用替换法或采用跨线法进行检测。

5) 如果是节点故障,只能采用替换法进行检测。

3. CAN 双线式总线系统的检测方法

CAN 数据总线指用于传递和分配数据的系统。CAN 双线式数据总线系统是一个有两条线的总线系统,通过这两条数据总线,数据便可按顺序传到与系统相连的控制单元。这些控制单元就是通过 CAN 总线彼此相通的(即通过 CAN 总线传递数据)。CAN 双线式数据总线系统目前已经广泛应用在电控汽车上,国产一汽宝来(BORA)、一汽奥迪 A6、上海帕萨特 B5 和波罗(POLO)轿车上均不同程度地采用了 CAN 双线式数据总线系统。因此,掌握 CAN 双线式数据总线系统的故障检测方法已经成为当务之急。

在检查数据总线系统前,须保证所有与数据总线相连的控制单元无功能故障。功能故障指不会直接影响数据总线系统,但会影响某一系统的功能流程的故障。例如:传感器损坏,其结果就是传感器信号不能通过数据总线传递。这种功能故障对数据总线系统有间接影响。这会影响需要该传感器信号的控制单元的通信。如存在功能故障,先排除该故障。记下该故障并消除所有控制单元的故障码。

排除所有功能故障后,如果控制单元间数据传递仍不正常,检查数据总线系统。检查数据总线系统故障时,须区分两种可能的情况。

(1) 两个控制单元组成的双线式数据总线系统的检测 检测时,关闭点火开关,断开两个控制单元(图 7-26)。检查数据总线是否断路、短路或对正极/地短路。如果数据总线无故障,更换较易拆下(或较便宜)的一个控制单元试一下。如果数据总线系统仍不能正常工作,更换另一个控制单元。

(2) 三个或更多控制单元组成的双线式数据总线系统的检测 检测时,先读出控制单元内的故障码(图 7-27)。如果控制单元 1 与控制单元 2 和控制单元 3 之间无通信,关闭点火开关,断开与总线相连的控制单元,检查数据总线是否断路。如果总线无故障,更换控制单元 1。如果所有控制单元均不能发送和接收信号(故障存储器存储"硬件故障"),则关闭点火开关,断开与数据总线相连的控制单元,检测数据总线是否短路,是否对正极/地短路。

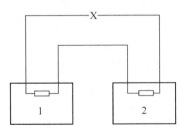

图 7-26 两个控制单元组成的双线式数据总线系统

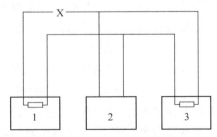

图 7-27 三个控制单元组成的双线式总线系统

如果数据总线上查不出引起硬件损坏的原因，检查是否某一控制单元引起该故障。断开所有通过 CAN 数据总线传递数据的控制单元，关闭点火开关，接上其中一个控制单元，连接 VAG1551 或 VAG1552，打开点火开关，清除刚接上的控制单元的故障码。用功能 06 来结束输出，关闭并再打开点火开关，打开点火开关 10s 后用故障阅读仪读出刚接上的控制单元故障存储器内的内容。如显示"硬件损坏"，则更换刚接上的控制单元；如未显示"硬件损坏"，接上下一个控制单元，重复上述过程。

7.3.2 故障实例分析

1. 故障实例一

（1）故障现象　一辆上海别克轿车，在车辆行驶过程中，时常出现转速表、里程表、燃油表和冷却液温度表指示为零的现象。

（2）故障检测过程　用 TECH2 扫描工具（微机故障诊断仪）读取故障码，发现各个电控模块均没有当前故障码，而在历史故障码中出现多个故障码。其中：SDM（安全气囊控制模块）中出现 U1040——失去与 ABS 控制模块的对话，U1000——二级功能失效，U1064——失去多重对话，U1016——失去与 PCM 的对话；IPC（仪表控制模块）中出现 U1016——失去与 PCM 的对话；BCM（车身控制模块）中出现 U1000——二级功能失效。

（3）故障分析和排除　经过故障码的读取可以知道，该车的多路信息传输系统存在故障，因为 OBD-Ⅱ规定 U 字头的故障码为汽车多路信息传输系统的故障码。通过查阅上海别克轿车的电源系统的电路图（图 7-28）可以知道，上面的电控模块共用一根电源线，并且通过前围板。由于故障码为间歇性的，可能是这根电源线发生间歇性断路故障。

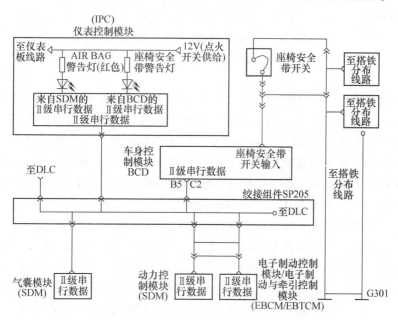

图 7-28　仪表控制、座椅安全带开关、铰接组件、安全气囊控制模块、ABS 控制模块/ABS 与牵引力控制模块电路图

经检查发现，此根电源线由于磨损导致接触不良，经过处理后故障排除。

2. 故障实例二

（1）故障现象　一辆上海帕萨特B5轿车在使用中出现机油压力报警灯与安全气囊故障指示灯报警，同时发动机转速表不能运行故障。

（2）故障检测　用V.A.G.1552故障阅读仪读取发动机控制系统的故障码，发现有两个偶发性故障码：18044/P165035——安全气囊控制单元无信号输出；18048/P165035——仪表数据输出错误。用V.A.G.1552故障阅读仪读取仪表系统的故障码为：01314049——发动机控制单元无通信；01321049——到安全气囊控制单元无通信。

（3）故障分析与排除　通过读取故障码可以初步判断故障在于汽车多路信息传输系统。通过对汽车电气线路进行分析，电源系统引起故障的概率很小，故障很可能是节点或链路故障。用替换法尝试安全气囊控制单元，故障得以排除。

3. 故障实例三

（1）故障现象　一辆奥迪100轿车的电控自动空调系统在开关接通的情况下，鼓风机能工作，但是空调系统却不制冷。

（2）故障检测　通过观察，发现空调压缩机的电磁离合器不吸合，但发动机工作正常。检查电磁离合器线路的电阻值，电阻值符合规定值，检查空调控制单元的输出端没有输出信号。此时用V.A.G.1552故障阅读仪读取发动机控制系统和空调控制系统的故障码，均无故障码。用V.A.G.1552故障阅读仪读取空调控制单元的数据流，发动机的转速数据为零。由于发动机工作正常，因此发动机控制单元接收的发动机转速信号应该正常，检查发动机控制单元和空调控制单元之间的通信线路，发现两者之间的转速通信线的接脚变形造成链路断路，修复接插件后故障排除。

4. 故障实例四

（1）故障现象　一辆途安2.0手动变速器轿车，起动发动机，仪表板上ABS指示灯、安全气囊指示灯、动力转向指示灯、ESP指示灯均不熄灭，且发动机转速表也不动作，转向盘无转向助力。

（2）故障检测与分析　连接5051对该车进行自诊断，首先进行仪表系统检测，发现5051无法建立通信；接着进入ABS，还是不能建立通信；于是干脆对该车进行全车电脑的故障扫描，结果发现ABS控制单元J104、安全气囊控制单元J234、转向控制单元J500、转向柱控制单元J527、数据总线控制单元J533即网关均无法建立通信，而发动机控制单元内却记录较多故障码，基本含义是驱动数据总线故障及驱动总线上各相关控制单元无通信。

CAN数据总线是一种控制单元间的数据传输形式，它将各个控制单元连接成一个整体。各个控制单元并联在数据上并相互发送和接收数据。如数据总线出现故障，相连的各控制单元将无法正常工作。途安轿车将CAN总线进行了划分，分别为驱动总线、舒适总线、信息娱乐总线、仪表总线和诊断总线。驱动总线因连接着发动机、变速器、ABS、助力转向、安全气囊等重要系统，一旦出现故障将直接影响车辆正常行驶与安全。分析故障码含义，初步诊断故障原因有以下几种可能：①驱动总线短路；②驱动总线断路；③驱动总线上某一控制单元内部短路或者故障，造成信息错误以至于各控制单元间无法建立通信。

按照分析开始排除故障，如图7-29所示。查看J533（图7-30）通过B390与B383连接到驱动总线各控制单元的连接电路图，在驱动数据总线上的控制单元有J527、J234、J104、J500、J127、J220等，但为何J220可以通信呢？原因是发动机控制单元到诊断接口有K线

学习情境7 汽车CAN总线系统智能节点的设计

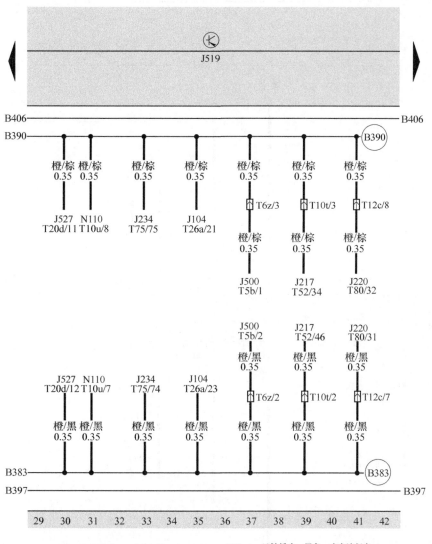

图 7-29 上海大众途安轿车动力传动系统 CAN 总线图

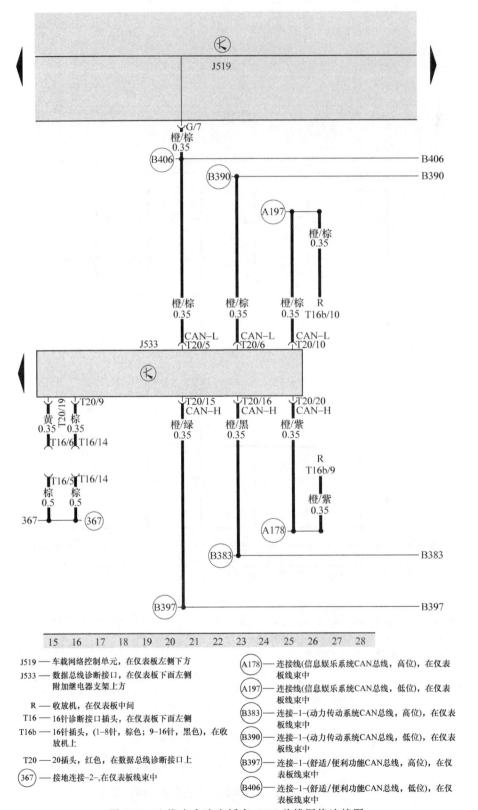

图 7-30 上海大众途安轿车 CAN 总线网络连接图

通信。拆下仪表板左侧的下盖板，可以查到 J533，拆掉蓄电池电源线，拔下 J533 的 20 孔的接头。按照电路图 7-30 找到 T20/6 和 T20/16 号插孔，即驱动总线的橙/棕和橙/黑线，测量其对地与电源+B 的电阻都大于 1kΩ，可以看出数据总线未对地与电源短路。测量 T20/6 和 T20/16 之间的电阻为 66Ω，这是数据总线上的终端电阻，目的是防止数据在线端被反射，以回声的形式返回，影响数据的传输，可见 CAN-High 与 CAN-Low 既无断路又无相互短路。再测 J533 本身的 T20/6 和 T20/16 号针脚之间的电阻超过 1000Ω，控制单元内部也未发现有短路的情况。更换一个 J533 安装后试车，故障依旧，用 5051 检测结果还是一样，看来问题不是 J533 了，而故障部位可能在驱动总线上的任一控制单元，那么多的控制单元该如何判断是哪一个坏了呢？

遇到这种情况一般只有一个原始的方法，就是将各个控制单元的插头逐一断开，同时用 5051 检测，来判断是哪一个控制单元影响了驱动总线的通信。但是有些控制单元安装位置比较隐蔽，且拆装困难，因此应该将各控制单元的逐一排除排个顺序。

（3）故障分析与排除　采取由易到难的原则，同时考虑到控制单元所安装位置的环境是否恶劣而更容易产生故障，ABS（J104）和转向助力（J500）的控制单元因拔插接头相对容易，其所处环境在驾驶室以外，相对恶劣，所以决定先对其进行检查，然后再对其他控制单元进行检查。拔下 J104 接头，连接 5051 还是无通信，不是 J104 的问题。拔下 J500 接头，连接 5051，通信成功，问题就是 J500！拆下方向机总成发现 J500 与方向机做成了一体，不能单独更换，于是更换了方向机总成，重新做基本设定后试车，故障排除！

7.4　新数据总线系统

7.4.1　LIN 总线

1. LIN 总线简介

车身控制系统局部互联网（LIN）是一种低成本的车载局域网。由奥迪、宝马、戴姆勒—克莱斯勒、沃尔沃、大众以及半导体厂商（火山通信技术公司）、摩托罗拉组成的协会（称为 LIN 协会）于 1999 年提出的串行通信协议，LIN 为单总线，2003 年投入使用，主要用于开关与操作系统。LIN 代表 Local Interconnect Network（局部互联网络）。局部互联指的是所有控制单元被安装在一个有限的结构空间（例如车顶）内。它也被称为"局部子系统"。一辆汽车中各个 LIN 总线系统之间的数据交换是通过 CAN 数据总线进行的，而且每一次只交换一个控制单元的数据。单线总线数据传送 LIN 实例如图 7-31 所示。

2. LIN 总线与 CAN 总线的关系

LIN-BUS 是内部网络的缩写。所谓汽车中的内部网络是指所有的控制单元都在一个总成内（如空调等），并且有主控制器和子控制器之分，整个总成内（主控制器和子控制器,子控制器和子控制器）信息都由 LIN-BUS 相连，然后由主控制器通过 CAN-BUS 与外界相连。LIN-BUS 是 CAN-BUS 的子网，但它只有一根数据线，线截面积为 $0.35mm^2$，并且没有屏蔽措施。LIN-BUS 系统规定一个主控制单元最多可以连接 16 个子控制单元。

1）低速 CAN 总线用于车身控制网络成本太高。LIN 作为低成本的车载局域网正好弥补 CAN 的不足。同时，LIN 总线的目标是作为 CAN 的辅助总线，用于车身控制网络的低端场合，实现汽车车身网络的层次化，降低汽车网络的复杂程度和生产成本。

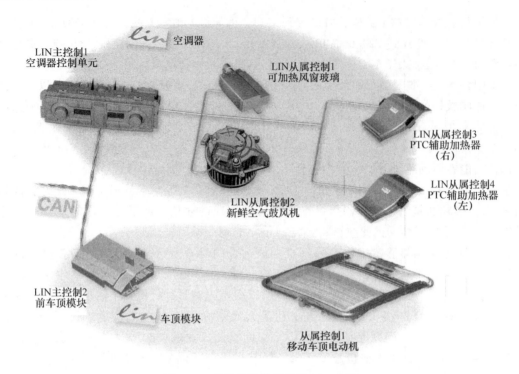

图 7-31 单线总线数据传送 LIN 实例

2) LIN 总线主要应用在汽车车身中的联合装配单元,如车门模块、车顶模块、座椅模块、空调模块、组合仪表板模块、车灯模块等。模块内部各节点通过 LIN 总线构成一个低端通信网,完成对外围设备的控制。各个模块又作为一个节点,通过主控单元(智能服务器)连接到低速 CAN 总线上,构成上层主干网,使整个车身电子系统形成一个基于 LIN 总线的层次化网络,实现分布式多路传输,发挥网络连接的优点,LIN 总线与 CAN 总线的连接关系如图 7-32 所示,实例如图 7-33 所示。

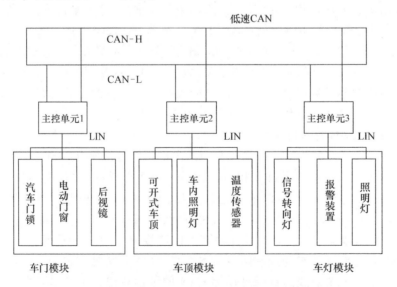

图 7-32 LIN 总线与 CAN 总线的连接关系

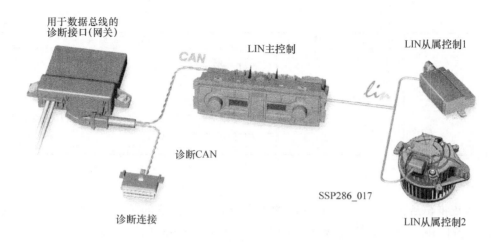

图 7-33 LIN 总线与 CAN 总线的连接实例

3. LIN 协议的特点

LIN 是一种低成本的串行通信网络，用于实现汽车中的分布式电子系统控制。LIN 的目标是为现有汽车网络提供一种低速总线技术标准，它能满足 CAN 总线所不要求的带宽和功能，比如传感器和执行器的通信，使用 LIN 总线可大大节省成本。在使用 LIN 总线的网络中，电控单元的集成是将汽车上分布的智能 ECU 连成一个局部网络，如将门上的电动窗、集控门锁、电动后视镜连成一个局部网络，然后再通过网关将这个网络挂接到车辆的主体网络中去，LIN 总线和 CAN 总线可以通过网关来完成信息交换。

LIN 的标准简化了现有的基于多路解决方案的低端 SCI，同时降低了汽车电子装置的开发、生产和服务费用。LIN 的开发应用速度很快，这是由于其开发环境简单，可以利用 C 或者 C++进行编程，系统连接也不烦琐，且网络性能优良，稳定性好。

LIN 技术规范中，除定义了基本协议和物理层外，还定义了开发工具和应用软件接口。因此，从硬件、软件以及电磁兼容性方面来看，LIN 保证了网络节点的互换性。这极大地提高了开发速度，同时保证了网络的可靠性。LIN 采用低成本的单线连接，传输速度最高可达 20kbit/s，对于低端的大多数应用对象来说，这个速度是可以接受的。LIN 通信是基于 SCI（DART）数据格式，它的媒体访问采用单主控制器/多从设备的模式，不需要进行仲裁，同时在从节点中不需要晶体振荡器而能进行自同步，这极大地降低了硬件平台的成本。

4. LIN 总线的诊断

如表 7-8 所示，对 LIN 总线系统的诊断是通过 LIN 主控制单元的地址字进行的。所有 LIN 从属控制单元都可以执行自诊断功能。LIN 总线将诊断数据从 LIN 从属控制单元传送到 LIN 主控制单元。

表 7-8 LIN 总线系统的诊断

故障位置	故障内容	存储故障的原因
LIN 从属控制单元	无信号/不通信	在 LIN 主控制单元软件规定的时间内，LIN 从属控制单元没有传送数据 导线开路或短路 LIN 从属控制单元的电源有故障 LIN 从属控制器或 LIN 主控制部件选择错误 LIN 从属控制单元发生故障

(续)

故障位置	故障内容	存储故障的原因
LIN 从属控制单元	不可信的信号	校验和错误 传送的信息不完整 LIN 导线上有电磁干扰 LIN 导线的电容和电阻值改变(例如插头壳体受潮,有污垢) 软件问题(部件选择错误)

5. LIN 接口器件

LIN 协议推出后,Motorola 与 Philips 生产了支持 LIN 协议的芯片:LIN 主节点的微控制器(Micro Controller Unit,MCU),Motorola 的 MC33399,Philips 的 TJA1020。

7.4.2 MOST 总线

1. 简介

除了使用人们熟悉的 CAN 总线之外,Audi A8 车(2003 年款)中首次使用了光学总线系统。该数据总线系统起源于"面向媒体的系统传送(MOST)合作组织"。这是一个由各种汽车制造厂及其供货商和软件公司组成的协会,其目的是要开发出一个标准的高速数据传送系统。术语"面向媒体的系统传送"代表一个以媒体为本的数据传送网络,这意味着与 CAN 数据总线相反,以地址为本的信息被传送到特定的接收机。这一技术被用在 Audi 汽车上来传送文娱新闻的系统数据。文娱新闻系统提供如下描述的各种各样现代的信息和娱乐媒介(图 7-34)。

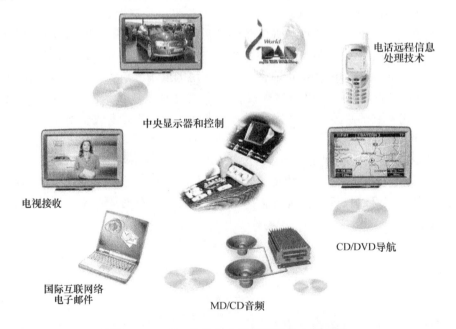

图 7-34 MOST 总线在文娱新闻系统中的应用

光学数据传送是传播复杂的文娱新闻系统的适当手段,因为当前使用的 CAN 数据总线发送数据的速度不够快,所以不能满足大量数据传送的要求。传送视频和音频信息需要许多Mbit/s(兆比特/秒)的传送率,传送立体声的数字式电视信号需要约为6Mbit/s的传送率,MOST总线允许的传送率可达212Mbit/s。光学MOST总线可以在相关的部件之间以数字的形式交换数据,除了使用较少导线和重量较轻之外,光波传送具有极高的数据传送率,与无线电波相比,光波的波长很短。而且,它们既不产生电磁干扰波,电磁干扰波也不敏感,这些因素使得光波具有很高的数据传送率和高级别的抗干扰性能。

2. 控制单元的结构

MOST总线中控制单元的结构如图7-35所示。

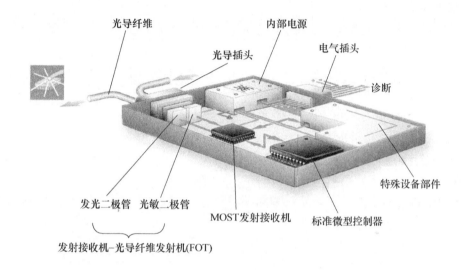

图7-35　MOST总线中控制单元的结构

(1) 光导插头　通过这个插头,光信号进入控制单元或产生的光信号被传送到下一个总线用户。

(2) 电气插头　这个插头连接电源、环状故障诊断和输入输出信号。

(3) 内部电源　内部电源系统把通过电气插头供给控制单元的电源分配给各个部件。这一方式可以临时断开供给控制单元中个别部件的电源从而减小闭路电流。

(4) 光导纤维发射机(FOT)　这由一个光敏二极管和一个发光二极管组成,之后电压信号传送至MOST发射接收机,发光二极管的功能是把MOST发射接收机的电压信号转换成光信号。所产生兆波的波长为650nm并且是看得见的红色,数据通过光波调制传送,然后,这一已调制的光导纤维被传送至下一个控制单元。

(5) MOST发射接收机　MOST发射接收机由两个部件组成,即发射机和接收机,发射机把要被传送的信息以电压信号的形式传送到FOT(光导纤维发射机),接收机接受来自FOT的电压信号并把所需的数据传送至控制单元的标准型控制器(中央处理器)。来自其他控制单元的无用信息经过发射接收机但不会被传送至中央处理器,信息以未被改变的形式传送至下一个控制单元。

(6) 标准微型控制器(CPU)　标准微型控制器(CPU)是控制单元的中央处理器,它包括一个能控制控制单元主要功能的微处理器。

(7) 设备专用部件　这些部件执行特定控制单元的功能,例如:CD驱动器、无线电调谐器。

(8) 光敏二极管　把光波转换成为电压信号。

(9) 光导纤维　光导纤维能够把一个控制单元发射机产生的光波传送至另一个控制单元的接收机。

(10) 插头　使用专门的光学插头来连接光导纤维与控制单元。

3. MOST 总线的环形结构

如图 7-36 所示,MOST 总线系统的显著特点就是它的环形结构。控制单元单方向通过一根光导纤维把数据传送至环形结构的下一个控制单元。这个过程一直持续到数据返回至原先传送它们的控制单元。MOST 总线系统的诊断是借助于数据总线的诊断接口和诊断 CAN 进行的。

4. MOST 协议的特点

1) 使用光纤作通信媒质,传输速率可达 24.8Mbit/s,可支持最多 15 路未经压缩的 CD 品质的音频信号。或者最多 15 路 MPEG1 音频/视频信号,或

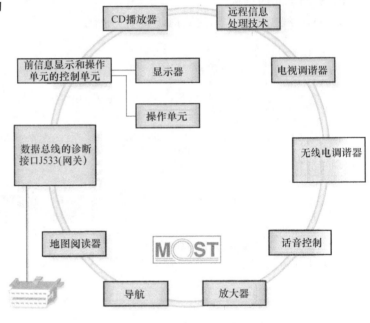

图 7-36　MOST 总线的环形结构

几路 MPEG2 音频/视频信号(取决于 MPEG2 的具体实现方式),除了这些同步源数据外,MOST 还为控制、通信和异步应用保留了部分带宽。

2) 带旁路模式的环形拓扑 MOST 要求在网络中实现一个物理环路和一个逻辑环路。网络上的第 n 个设备通过输入端口从第 $n-1$ 个设备收到信号,并将收到的信号在它的输出端口发送到第 $n+1$ 个设备。传统的环状结构网络存在一个固有的问题:环上一个节点出问题,就会因为传递中断而导致整个网络无法工作。MOST 通过在每个节点上实现即使掉电时也可工作的"旁路模式"(Bypass Mode)解决了这一问题。

3) 使用同步方式,无需缓存在 MOST 网络中,多媒体信号都是同步传输的,这就意味着 MOST 网络支持即使是最简单的多媒体设备。如它支持传声器之类的模拟/数字转换器和音箱之类的数字/模拟转换器,这类设备内部一般都没有缓存机构。不需要使用缓存机构是 MOST 网络一个最为重要的特性。

4) 电路交换 MOST 使用的是一种电路交换技术,提供了两个部件之间的直接连接,这和早期的电话网比较类似。其优点是整体的数据吞吐效率高,实现简单,而其缺点则是无法提供对数据传输的控制,错误检测、流控制都必须由用户在应用层完成。

[项目实践]

1. CAN 总线系统智能节点硬件设计

这里将要介绍的 CAN 总线系统智能节点，采用 ATMEL 的 89C51 作为微处理器，在 CAN 通信接口中，CAN 通信控制器采用 SJA1000，CAN 总线驱动器采用 TJA1050。

图 7-37 为 CAN 总线系统智能节点硬件电路原理图。从图中可以看出，电路主要由四部分所构成：单片机 89C51、独立 CAN 通信控制器 SJA1000、CAN 总线驱动器 TJA1050 和高速光耦合器 TLP113。单片机 89C51 负责 SJA1000 的初始化，通过控制 SJA1000 实现数据的接收和发送等通信任务。

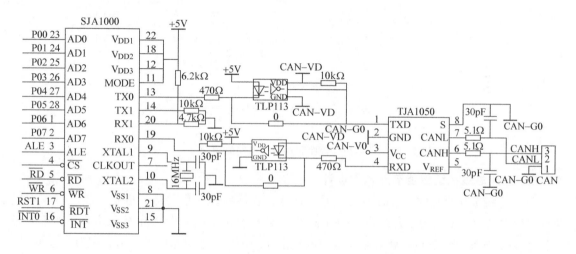

图 7-37　CAN 总线系统智能节点硬件电路原理图

在进行节点设计时，为了增强节点的抗干扰能力，采用在 SJA1000 和 TJA1050 之间加接高速光耦 TLP113，这样就很好地实现了总线上各 CAN 节点间的电气隔离。此时光耦部分电路所采用的两个电源 V_{CC} 和 V_{DD} 必须完全隔离，否则采用光耦也就失去了意义。电源的完全隔离可采用小功率电源隔离模块或带 5V 隔离输出的开关电源模块实现。此处选用 B0505S-W25 电源隔离模块，电源电路原理如图 7-38 所示。

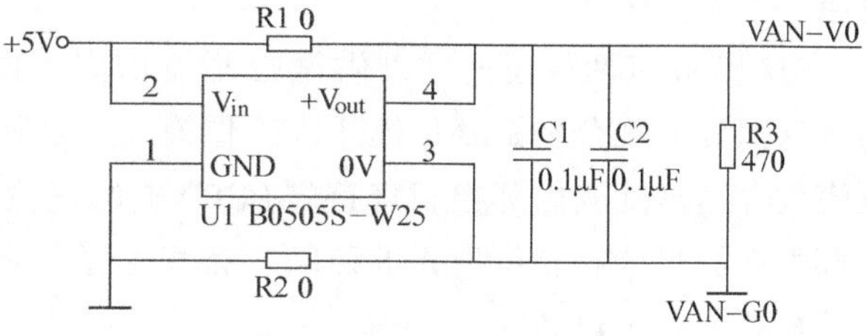

图 7-38　电源电路原理图

微控制器 89C51 负责 SJA1000 的初始化，通过控制 SJA1000 实现数据的接收和发送等通信任务。微控制器电路设计主要有两方面内容：①将微控制器的地址线、数据线和控制线引出，通过地址分配与片选对 CAN 控制 SJA1000 进行操作。②设计可靠的复位电路。P0 口各引脚与图 7-39 中对应的 AD0~AD7 连接。复位电路设计中，选择三管脚的微控制器复位芯片 MAX810L，这是一种单一功能的微控制器复位芯片，用于监控微控制器和其他逻辑系统的电源电压。它可以在上电、掉电和节电情况下向微控制器提供复位信号。在设计复位电路时，使用了 100kΩ 的上拉电阻，这样能在 VCC<1V 时仍使 RESET 有效。微控制器接口电路原理如图 7-39 所示。

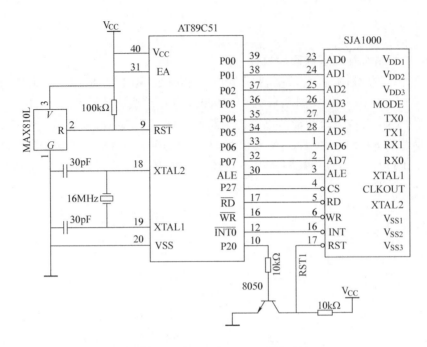

图 7-39　微控制器接口电路原理图

2. CAN 总线系统智能节点软件设计

CAN 总线节点要有效、实时地完成通信任务，软件的设计是关键，也是难点。CAN 总线节点的软件设计主要包括三大部分：CAN 总线节点初始化、报文发送和报文接收。如果要设计更完善的 CAN 总线节点，就必须有相应的错误处理机制，能对总线的异常情况及时处理。

（1）SJA1000 的原理　SJA1000 与微控制器的接口非常简单，微控制器以访问外部存储器的方式来访问 SJA1000。在设计接口电路时，SJA1000 的片选地址应与其他外部存储器的片选地址在逻辑上无冲突。微控制器和 SJA1000 之间的数据交换通过 SJA1000 内部的缓冲器完成。

SJA1000 有两种模式可以供微控制器访问其内部寄存器，两种模式下的访问是有区别的，这两种模式分别是复位模式和工作模式。当硬件复位、控制器掉线时，SJA1000 进入复位模式。当清除其内部控制寄存器（CR）中的复位请求位时，SJA1000 进入工作模式。有些内部寄存器只能在复位模式下访问，有些寄存器只能在工作模式下访问，而有些寄存器在这两种模式下都可以访问。

SJA1000 内部寄存器分布于 0~31 连续的地址空间中，包括控制段和信息缓冲区。控制段在初始化载入时可被编程来配置通信参数（例如波特率、位时序）。微控制器也是通过这个段来控制 CAN 总线上的通信状态。信息缓冲区分为发送缓冲区和接收缓冲区。微控制器将要发送的信息写入发送缓冲区，然后启动发送命令后，就可进行报文的发送。符合接收条件的接收到的信息放入接收缓冲区，微控制器可以读出这些信息，并进行处理。

综上所述，对 SJA1000 的操作，其实就是微控制器对外部数据存储器的操作，通过读写 SJA1000 内部寄存器的控制段来控制 SJA1000，通过读写 SJA1000 内部寄存器的信息缓冲区来处理数据的发送和接收，如图 7-40 所示。

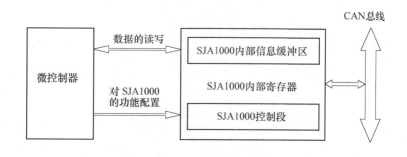

图 7-40　SJA1000 操作框图

（2）初始化程序设计　SJA1000 的初始化只有在复位模式下才可以进行，初始化主要包括工作方式的设置、接收滤波方式的设置、接收屏蔽寄存器和接收代码寄存器的设置、波特率参数设置和中断允许寄存器的设置等。在完成 SJA1000 的初始化设置以后，SJA1000 就可以回到工作状态，进行正常的通信任务。初始化程序设计流程图如图 7-41 所示。

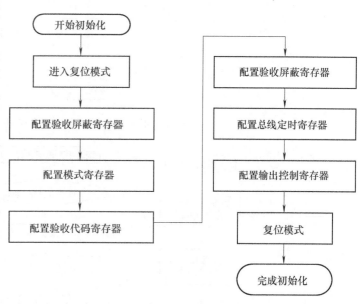

图 7-41　初始化程序设计流程图

（3）发送子程序设计　发送子程序负责节点报文的发送。发送时用户只需将待发送的数据按特定格式组合成一帧报文，送入 SJA1000 发送缓存区中，然后启动 SJA1000 发送即可。发送子程序设计流程如图 7-42 所示。在发送子程序中，要用到状态寄存器的 TCS 位和 TBS 位来判断程序流程。这是因为，向 SJA1000 发送缓冲区写入一帧数据，并启动它的发送之前，首先就要判断 SJA1000 是否正在发送数据，是否已经释放发送缓冲区。如果 TCS 和 TBS 都为 1，那么就代表 SJA1000 的发送缓冲区已经释放，可以向里面写入要发送的数据；如果它们为 0 就说明 SJA1000 正在发送数据，那么就等待一段时间，再去判断 TCS 和 TBS；如果它们为 1，那么可以向发送缓冲区写入想要发送的数据，如果还是为 0，就返回启动发送失败。

（4）接收子程序设计　接收子程序负责节点报文的接收以及其他情况处理。接收子程序比发送子程序要复杂一些，因为在处理接收报文的过程中，同时要对诸如总线脱离、错误报警、接收溢出等情况进行处理。SJA1000 报文的接收主要有两种方式：中断接收方式和查询接收方式。车身系统节点对通信的实时性要求不是很强，采用查询接收方式。动力传动系统的节点都有对通信实时性要求较高的特点，需要采用中断接收方式，两种接收方式编程的思路基本相同。图 7-43 所示为中断方式接收程序框图。

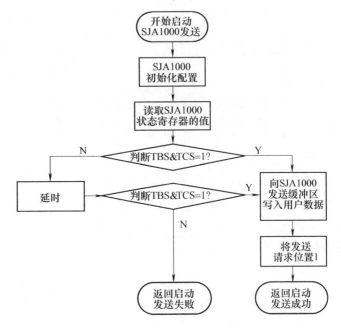

图 7-42 发送子程序设计流程图

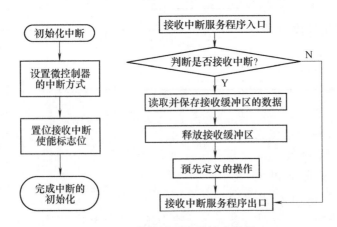

图 7-43 接收子程序设计流程图

[项目拓展]

FlexRay 数据总线

采用 FlexRay 总线是为了满足将来对汽车控制单元联网结构更高的要求，特别是为了实现更快的数据传输率、更强的实时控制和更高的容错运算。比如动态控制、车距控制 ACC 和图像处理功能。

奥迪 A8 2010 款、A7 Sportback、A6L（C7）、新款 Q7（4M）等车型都采用了 FlexRay 数据总线。FlexRay 数据总线是双线式总线系统，其数据传输速度是 10 Mbit/s。这两根总线导线一根标为正总线（导线颜色为粉红色），另一根标为负总线（导线颜色为绿色）。FlexRay 数据总线在单线状态时是无法工作的，因为工作中要对这两条线之间的电位差进行分析。该总线系统的数据传送采用定时方式（时间控制），其优点是：开发人员可以准确获知,某个控制单元何时将数据信息发送到总线上,这些数据信息何时到达接收者处。

1. FlexRay 网络的定义

2010 款奥迪 A8 上采用了一个新的总线系统,即 FlexRay 总线。那么,FlexRay 究竟是什么系统呢?FlexRay 联盟是一个研发企业联合组织,成立于 2000 年,成立后,联盟成员不断增加,其中也包括大众汽车。

FlexRay 代表什么意思?

1) Flex = Flexibilität(灵活)。

2) Ray = Rochen(FlexRay 联盟标志中的鳐鱼)。

2. FlexRay 网络的特点

1) 双线式总线系统。

2) 时间控制式数据传输(时间触发)。

3) 数据传输率:最高 10Mbit/s。

4) 数据传输有三个信号状态:①Idle(空闲);②Data 0(数据 0);③Data 1(数据 1)。

5) 实时控制。

6) 可实现分散调节并可用于与安全相关的系统。

3. FlexRay 网络的基本原理

FlexRay 总线的基本工作方式与使用至今的数据总线系统(CAN 总线、LIN 总线和 MOST 总线)不同。CAN 总线与 FlexRay 总线比较见表 7-9。

表 7-9 CAN 总线与 FlexRay 总线比较

	CAN 总线	FlexRay 总线
布线	双绞线	双绞线
信号状态	0:显式;1:隐式	空闲;Data 0;Data 1
数据传输率	500 kbit/s	10 Mbit/s
访问方式	事件触发	时间触发
拓扑结构	总线,被动星型	点对点,主动星形
优先设定	先发送优先级别比较高的信息	无,数据在固定的时间点发送
确认信号	接收器确认接到有效的数据帧	发送器不会获得数据帧是否正确传输的信息
故障日志	在网络中能用故障日志标故障和错误	每个接收器自行检测接到的数据帧是否正确
帧数据长度	有效数最长 8 字节	有效数最长 256 字节
传输	按需要传输,可以使用 CAN 总线的时间点由负载决定,CAN 总线可能超载	传输数据帧的时间点确定,传输持续时间确定,即使不需要,也保留时间槽
到达时间	不可知	可知

4. FlexRay 信号状态

FlexRay 总线有两条导线,分别是 Busplus 和 Busminus。两条导线上的电平在最低值 1.5V 和最高值 3.5V 之间变换,如图 7-44 所示。FlexRay 的信号状态有三种:

1) 空闲:两导线的电平都为 2.5V。

2) Data 0:Busplus 上低电平,Busminus 上高电平。

3) Data 1：Busplus 上高电平，Busminus 上低电平。

一个比特占 100ns 带宽。传输时间与导线长度以及总线驱动器的传输用时有关。接收器通过两个信号的差别确定本来的比特状态。典型的数值是 1.8~2.0V 的压差。发送器附近必须至少有 1200mV 的压差；接收器处的直接最小压差为 800mV。如果在 640~2660μs 之内总线上没有变化，FlexRay 总线自动进入休眠模式（空闲）。

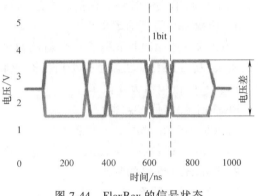

图 7-44 FlexRay 的信号状态

5. FlexRay 网络的应用

如图 7-45 所示，FlexRay 总线的拓扑结构可以分为点对点连接的主动星形拓扑结构（支路 3）和总线型拓扑结构（支路 1、2 和 4）。数据总线诊断接口 J533 用作控制器，上面为四个支路（支线）接口。其他总线用户围绕着数据总线诊断接口 J533 分布在若干支路上。在奥迪 A8L 中，每条支路上最多连接两个控制单元。其中，主动星形连接器以及支路上的"末端控制单元"终接低电阻（内电阻较低，约 90Ω），而"中间控制单元"则终接高电阻（内电阻较高，约 2.6kΩ）。

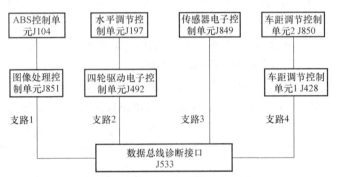

图 7-45 FlexRay 总线的拓扑结构

一条 FlexRay 支路上的中间控制单元通过四个芯脚与 FlexRay 总线连接，其中两个用来将总线信号转送给下一个控制单元；另外两个用于直接与 FlexRay 总线通信末端控制单元，例如 ABS 控制单元 J104，只有两个芯脚。

6. FlexRay 总线的功能流程

唤醒：如果 FlexRay 总线处于休眠模式，系统会先通过唤醒过程使 FlexRay 变成待机模式。

启动阶段：冷态启动和同步控制单元启动网络，并建立同步。只有当两个以上其他总线用户在 FlexRay 总线上发送信息后，非冷态启动控制单元才可以发送信息。

初始化阶段：引导启动过程的冷态启动控制单元 1 以本身未经修正的时基开始传输数据。冷态启动控制单元 2 与冷态启动控制单元 1 的数据流建立同步。仅当两个以上冷态启动控制单元开始通信后，非冷态启动控制单元才与 FlexRay 总线建立同步。

冷态启动和同步控制单元如下：

1) 数据总线诊断接口 J533。
2) ABS 控制单元 J104。
3) 传感器电子控制单元 J849。

7. FlexRay 总线的诊断和维修

（1）出现故障时 FlexRay 总线的表现

1）一条导线对地短路。数据总线诊断接口 J533 识别到一个持续不变的压差。相关的总线支路关闭，直到再次"空闲"，也就是说，识别到休眠模式的电平。

2）两条导线相互短路。数据总线诊断接口 J533 识别到"空闲"电压持久不变。该总线支路上再也无法发送和接收数据。

3）控制单元持续发送"空闲"。数据总线诊断接口 J533 识别到总线支路"空闲"，并关闭总线支路。

（2）FlexRay 总线的诊断　数据总线诊断接口 J533 识别到网络中的故障，并使没有故障的区域可以继续工作。故障可能仅出现在某一部分网络内，也有可能涉及整个网络。下列 FlexRay 总线故障可以用车辆诊断测试仪诊断（地址码 19——数据总线诊断接口）：

1）控制单元无通信。

2）FlexRay 数据总线损坏。

3）FlexRay 数据总线初始化失败。

4）FlexRay 数据总线信号出错。

（3）FlexRay 总线的维修　FlexRay 线与 CAN 线一样，是绞接线，如图 7-46 所示。

该线另有保护层。保护层不是起屏蔽作用的，而是用于尽量降低外部干扰（比如湿度和温度）对导线特性阻抗的影响。

理论上讲，FlexRay 总线在修理时可逐段更换。期间需注意拆绞长度和去皮长度。

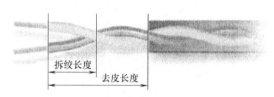

图 7-46　FlexRay 总线的维修

小　　结

本单元讲述了汽车单片机局域网的基本概念和参考模型，并结合大众系列车型分析了汽车 CAN-BUS 结构，了解汽车传感器及 ECU 在车辆上的分布，以及各 ECU 在 CAN-BUS 上的连接方式，数据的交换方法。

本单元讲述了逻辑链路控制（LLC）子层、介质访问控制（MAC）子层的结构、功能和工作原理；介绍了常用的 CAN 控制器与收发器。

本单元讲述了 CAN-BUS 总线的维修与检测的步骤与方法，结合实际案例对电源系统故障、节点故障、链路故障这 3 种基本故障类型进行检测、分析故障机理，排除故障。

本单元讲述了 LIN 总线与 MOST 总线的结构与特点。

本单元从汽车 CAN 总线系统智能节点的设计项目入手，介绍了汽车 CAN 总线系统智能节点设计的概念和方法。

习　　题

1. 简述多路传输的原理。

2. CAN-BUS 的结构与特点如何？
3. 简述 LLC 子层和 MAC 子层的基本结构与工作原理。
4. 简述典型控制器 SJA1000 的特点。
5. 什么是节点故障？其故障机理是什么？如何排除？
6. 什么是链路故障？其故障机理是什么？如何排除？
7. LIN 总线与 CAN 总线的区别和关系如何？
8. MOST 总线的结构与特点如何？
9. FlexRay 总线信号状态与诊断方法如何？
10. 画出 CAN 总线系统智能节点硬件设计原理图。

参 考 文 献

[1] 郑扣根,等. 嵌入式系统使用 68HC12 和 HCS12 的设计与应用[M]. 北京:电子工业出版社,2006.
[2] 宁海春. 汽车电脑原理与维修精华[M]. 北京:机械工业出版社,2007.
[3] 杨宝玉. 汽车电脑[M]. 北京:人民交通出版社,2005.
[4] 胡思德. 汽车车载网络技术详解[M]. 北京:机械工业出版社,2006.
[5] 管秀君. 汽车单片机及局域网技术[M]. 北京:人民交通出版社,2005.
[6] 杨维俊. 怎样维修汽车车载网络系统[M]. 北京:机械工业出版社,2006.
[7] 周志光,刘定良. 单片机技术与应用[M]. 长沙:中南大学出版社,2006.
[8] 吴诰珪. 汽车电子控制技术和车内局域网[M]. 北京:电子工业出版社,2003.
[9] 蔡朝洋. 单片机控制实习与专题制作[M]. 北京:北京航空航天大学出版社,2006.
[10] 李全利. 单片机原理及应用技术[M]. 北京:高等教育出版社,2006.
[11] 南金瑞. 汽车单片机及车载总线技术[M]. 北京:北京理工大学出版社,2005.
[12] 李涵武. 国产大众车系电路分析[M]. 北京:机械工业出版社,2005.
[13] 王旭东. 汽车电子控制装置与应用[M]. 北京:机械工业出版社,2007.
[14] CEAC 信息化培训认证管理办公室. 单片机应用[M]. 北京:高等教育出版社,2006.
[15] 秦贵和. 车上网络技术[M]. 北京:机械工业出版社,2003.
[16] 于万海. 汽车单片机与车载网络技术[M]. 北京:西安电子科技大学出版社,2007.
[17] 饶运涛,邹继军,王进宏,等. 现场总线 CAN 原理与应用技术[M]. 北京:北京航空航天大学出版社,2008.
[18] 吴文琳. 汽车电脑原理与检修[M]. 北京:人民邮电出版社,2008.
[19] 曹琳琳,曹巧媛. 单片机原理及接口技术[M]. 长沙:国防科技大学出版社,2001.
[20] 杨智勇,等. 威驰轿车维修技术问答[M]. 北京:金盾出版社,2004.

读者服务

机械工业出版社立足工程科技主业,坚持传播工业技术、工匠技能和工业文化,是集专业出版、教育出版和大众出版于一体的大型综合性科技出版机构。旗下汽车分社面向汽车全产业链提供知识服务,出版服务覆盖包括工程技术人员、研究人员、管理人员等在内的汽车产业从业者,高等院校、职业院校汽车专业师生和广大汽车爱好者、消费者。

一、意见反馈

感谢您购买机械工业出版社出版的图书。我们一直致力于"以专业铸就品质,让阅读更有价值",这离不开您的支持!如果您对本书有任何建议或意见,请您反馈给我。我社长期接收汽车技术、交通技术、汽车维修、汽车科普、汽车管理及汽车类、交通类教材方面的稿件,欢迎来电来函咨询。

咨询电话:010-88379353   编辑信箱:cmpzhq@163.com

二、课件下载

选用本书作为教材,免费赠送电子课件等教学资源供授课教师使用,请添加客服人员微信手机号"13683016884"咨询详情;亦可在机械工业出版社教育服务网(www.cmpedu.com)注册后免费下载。

三、教师服务

机工汽车教师群为您提供教学样书申领、最新教材信息、教材特色介绍、专业教材推荐、出版合作咨询等服务,还可免费收看大咖直播课,参加有奖赠书活动,更有机会获得签名版图书、购书优惠券。

加入方式:搜索QQ群号码317137009,加入机工汽车教师群2群。请您加入时备注院校+专业+姓名。

四、购书渠道

机工汽车小编
13683016884

我社出版的图书在京东、当当、淘宝、天猫及全国各大新华书店均有销售。

团购热线:010-88379735

零售热线:010-68326294 88379203